国家出版基金项目
NATIONAL PUBLICATION FOUNDATION

欧亚历史文化文库

总策划 张余胜

兰州大学出版社

蒙元史考论

下册

丛书主编 余太山

刘迎胜 著

图书在版编目（C I P）数据

蒙元史考论 / 刘迎胜著. -- 兰州 : 兰州大学出版社，2014.5
（欧亚历史文化文库 / 余太山主编）
ISBN 978-7-311-04466-4

Ⅰ. ①蒙… Ⅱ. ①刘… Ⅲ. ①中国历史－研究－元代 Ⅳ. ①K247.07

中国版本图书馆CIP数据核字(2014)第106166号

策划编辑　施援平
责任编辑　施援平　杨　洁
装帧设计　张友乾

书　　名　蒙元史考论(下册)
作　　者　刘迎胜　著
出版发行　兰州大学出版社　(地址:兰州市天水南路222号　730000)
电　　话　0931-8912613(总编办公室)　0931-8617156(营销中心)
　　　　　0931-8914298(读者服务部)
网　　址　http://www.onbook.com.cn
电子信箱　press@lzu.edu.cn
印　　刷　兰州人民印刷厂
开　　本　700 mm×1000 mm　1/16
总 印 张　47.75
总 字 数　653千
版　　次　2014年8月第1版
印　　次　2014年8月第1次印刷
书　　号　ISBN 978-7-311-04466-4
总 定 价　150.00元(上、下册)

(图书若有破损、缺页、掉页可随时与本社联系)
淘宝网邮购地址:http://lzup.taobao.com

目录

上册

文献编

专题研究编

下册

其他

21 钦察亲军左右翼考

钦察侍卫亲军在世祖朝起初不过是在元代诸卫军中的一支，但却在武宗至顺帝朝初期的二十余年中，逐步发展成为一支足左右元朝政治的军事力量的过程，这究竟是什么原因？有关钦察亲军的主要史料主要是从钦察贵族土土哈—床兀儿—燕帖木儿家族的角度记载钦察亲军的历史，其中主要谈论的是这个家族几代武臣在平定北方诸王叛乱战争中，及在泰定帝逝后扶立文宗的斗争中的功勋。

侍卫亲军中色目人的武装有好几支。《元经世大典·军制》记载“诸国人之勇悍者，聚为亲军宿卫，而以其人名曰钦察卫、康里卫、阿速卫、唐兀卫，内外卒皆以时践更”，[1]为何独有钦察卫从诸卫军中脱颖而出？要说战斗力，阿速卫与叛王对垒时冲锋陷阵，勇猛甚至超过钦察军，为何武宗、文宗独独依赖钦察亲军？与武宗家族关系密切的文臣、武将不在少数，为什么单单这个钦察贵族燕帖木儿得以控制朝政？假使有人问上述问题，该如何回答？

如果比较一下上述几支以“诸国人之勇悍者”组成的侍卫亲军的编制，我们发现，钦察亲军的编制较其他几支色目军的编制要大得多。据《元史·百官志》记载，钦察侍卫亲军的编制为42个千户所，其中：

钦察右卫：行军千户所18，屯田千户所2，共计20个千户所。

钦察左卫：行军千户所10，守城千户所1，屯田千户所1，共计12个千户所。

钦察龙翊卫：行军千户所9，屯田千户所1，共计10个千户所。[2]

而战斗力与钦察亲军并称的阿速卫的编制不超过20个千户，其

[1]《元文类》卷41，四部丛刊，叶60。

[2]《元史》卷86《百官志二》，标点本，页2175-2177。

中：

阿速右卫：行军千户所，千户7员；把门千户，二员。

阿速左卫：围宿把门千户所13翼。

至于唐兀亲军，总兵力不过三千人，千户所9翼。[1]康里卫，置于至大三年。《兵志》未言其编制。[2]

相较之下，钦察诸卫的编制的确比其色目军人组成的侍卫亲军要大好几倍。钦察军在与北方诸王的作战中，力量迅速扩大：既有编制的扩大，也有兵员的增加。而对比元代的整个军队情况，钦察亲军三个卫的编制兵力，尽管在色目人的军队中算是强大的力量，但蒙古军中也有由好几个万户府组成的重兵集团。故而土土哈家族如果仅仅依靠的是这些兵力，也并不足成为一支控制朝政的力量。那么钦察军与其他卫军相较，还有哪些特点呢？

记载元代军队编制的主要史料是《元史·百官志》与《元史·兵志》与吐吐哈家族的家传资料。细读上述史料，可知钦察亲军从宪宗蒙哥命忽必烈南征时的一支负责捣制马乳酒的哈剌赤军起家，逐渐扩大。其扩编的过程一是不断析分，即从钦察卫分为钦察左、右卫，然后再增设龙翊卫，最终形成三卫；二是各卫自身编制的扩充，即钦察各卫中千户数的增设。

《元史·百官制》提到：

> 大都督府，正二品。管领左右钦察两卫、龙翊侍(御)[卫]、[3]东路蒙古军元帅府、东路蒙古军万户府、哈剌鲁万户府。[4]

值得注意的是，根据上述史料，钦察军除了自身的武装之外，还有两支与之关系极为密切的军队为其左右翼，即还包括了东路蒙古军万户府、东路蒙古军元帅府与哈剌鲁万户府。它们与钦察诸卫一起，组成了一个军事集团。本文拟从编制角度入手剖析这支色目军。

---

〔1〕《元史》卷86《百官志二》，标点本，页2167–2169。

〔2〕《元史》卷99，页2528。

〔3〕中华书局标点本校勘记(13)“龙翊侍(御)[卫]，据后文及本书卷九九兵志改”。

〔4〕《元史》卷86《百官志》，标点本页2175。

21.1 元哈剌鲁万户府

土土哈家传资料提到，至元二十五年(1288)在土剌河之战击败东道诸王叛王哈丹之后，元廷设东路万户府以镇其地。而在打败叛王乃颜、也不干等人之后，也即至元二十六年(1289)，又设哈剌鲁万户府。[1]

而《百官志》记载：

> 哈剌鲁万户府，掌守禁门等处应直宿卫。至元二十四年(1287)，招集哈剌鲁军人，立万户府。寻移屯襄阳。后征交趾。大德二年(1298)置司南阳。天历二年(1329)，奏隶大都督府。定置官，达鲁花赤一员，万户一员，经历、知事各一员，提控案牍一员。镇抚一员，吏目一员。[2]

《百官志》所记哈剌鲁万户设立于至元二十四年(1287)，较前述土土哈家传资料所记之至元二十六年(1289)早了两年。据《百官志》记载，哈剌鲁万户府下辖千户所3个。

此外，《百官志》与土土哈家传资料有关哈剌鲁万户府记载的一个重要区别是，《百官志》称此万户府由哈剌鲁人组成。[3]而土土哈家传资料则说哈剌鲁万户府系由原先隶属东道诸王的康里、钦察民众编成。两说孰是，我们下面再作讨论。

21.1.1 脱因纳、只儿哈朗父子小考

据笔者所见，现存史料中所提到的将领中，与体现哈剌鲁万户府与钦察亲军关系最重要人物是脱因纳父子。《元史》卷135有《脱因纳传》，提到：

> 脱因纳，答答叉氏。世祖时从征乃颜，以功受上赏。大德七年

[1]据苏天爵记载，连在安西王位下的钦察人，也被编入土土哈军。见《枢密句容武毅王》，《元朝名臣事略》，中华书局标点本，页48。

[2]《元史》卷86《百官志》，标点本，页2176。

[3]《元史》卷86《百官志》，标点本，页2177。

(1303),授钦察卫亲军千户所达鲁花赤、武德将军,赐金符。八年(1304),改太仆少卿。十年(1306),迁阿儿鲁军万户府达鲁花赤,易金虎符,进阶怀远大将军。寻改中奉大夫、太仆少卿,仍兼前职。至大二年(1309),拜甘肃行尚书省参知政事、通奉大夫。四年(1311),入为太仆卿,升正奉大夫。皇庆元年(1312),授阿儿鲁万户府襄阳汉军达鲁花赤,仍领太仆卿。延祐三年(1316),拜资德大夫、甘肃行中书右丞。至治二年(1322),改通政使,转会福院使,寻复通政。致和元年,分院上都。秋八月,为倒剌沙所杀。文宗即位,特赠宣力守义功臣、荣禄大夫、上柱国、中书平章政事,追封冀国公,谥忠景。

有子曰定童、只(沈)[儿]哈朗。〔1〕定童袭父职,阿儿鲁万户府襄阳万户府汉军达鲁花赤,佩金虎符,明威将军。只(沈)[儿]哈朗,初授钦察亲军千户所达鲁花赤,佩金符,武略将军。改授朝列大夫、通政院副使,历同知,升院使,积官中奉大夫。〔2〕

这位脱因纳父子的任职经历非常值得注意。脱因纳本人大德七年(1303)为钦察亲军千户达鲁花赤。按前引《元史》卷86《百官志》的记载,钦察右卫设行军千户十八所,达鲁花赤各有一员,还有屯田千户所二,达鲁花赤亦有二员。钦察左卫有守城千户所一翼,达鲁花赤一员,屯田千户所一翼,达鲁花赤一员。但该志未言明千户所达鲁花赤所设之时间。据此可知,此职务至少在大德年中已经存在。

三年后,即大德十年(1307)脱因纳从钦察卫调入阿儿鲁万户府。这个阿儿鲁万户府应当就是前引《百官志》是提到的哈剌鲁万户府。在13世纪以前的蒙古语中,"在语音方面最突出的特点,在词首原音上出现摩擦音h。如aran读作haran,elige读作helige,on读作hon等。"〔3〕南宋彭大雅1232至1233年的北使记录《黑鞑事略》,该书在列举蒙古"残

〔1〕中华书局标点本此处校勘记为"只(沈)[儿]哈朗'只沈哈朗',于蒙古、突厥语无释,'沈'为'儿'字之误,今改。下同。'只儿哈朗'蒙古语,言'幸福'。"(见页3290)

〔2〕《元史》卷135《脱因纳传》,中华书局标点本,页3287。

〔3〕额尔登泰、乌云达赉、阿萨拉图著:《〈蒙古秘史〉词汇选释》,内蒙古人民出版社,1980年。

虐诸国”“已争而未竟者”时，提到蒙古“西南曰斛速益律子”，其下有小字注“水靼靼也”。“斛速益律子”之末字“子”为“干”之讹，故当订正为“斛速益律干”。“斛速”为蒙古语husu之音译，意为“水”。入元后，词首的摩擦音逐渐脱落，故而《元朝秘史》与元代其他史料中，蒙古语“水”的音译多作兀速（usu）。哈剌鲁（Qarluq）本为突厥语名称，即唐代之歌逻禄，突厥语文献古代史诗《乌古思可汗传》以俗辞源学释作“有雪”（qarluq）。史料中为何将哈剌鲁（Qarluq）读为阿儿鲁（Arluq）？合理的解释是脱因纳家族已经相当蒙古化了。

此后在皇庆元年（1312）脱因纳又被授予“阿儿鲁万户府襄阳汉军达鲁花赤”，同时“仍领太仆卿”。据本文前引《元史》卷86《百官志》的记载，哈剌鲁万户府为诸卫军之一，初置于至元二十四年（1287）时，其职掌为“掌守禁门等处应直宿卫”。后来“移屯襄阳”。[1]脱因纳任职襄阳正与哈剌鲁万户府从蒙古草原移驻中原的记载相符。在脱因纳死于至治末英宗被弑之乱后，其二子之一定童袭职阿儿鲁（即哈剌鲁）万户府汉军达鲁花赤，这也证明了《百官志》所记哈剌鲁万户府后来驻在襄阳的记载不误。脱因纳另一子为只儿哈朗。

脱因纳应为突厥/蒙古语toïn的音译，源自汉语“道人”，指佛教徒。而只儿哈朗应为蒙古语jirɣal“祝福”的音译。Jirɣal是一个普通的蒙古名称，元代叫只儿哈朗的人并不止一位。《经世大典》中提到过一位只儿哈朗，其族属为“灭乞里台”氏。灭乞里台（Mekritei），为蒙古语男子名，意为灭乞里（Mekri）部的男子。灭乞里（Mekri），明代音译为乜可里，据《史集·部族志·乃蛮传》记载，为乃蛮人的一支。与土土哈父子一样，这位灭乞里台氏只儿哈朗在世祖至元后期也在御马的太仆寺中任职，为寺卿。元廷设西域亲军之后，以这位只儿哈朗为都指挥。他逝于大德

〔1〕《元史》卷86《百官志》，标点本，页2176。

四年(1300),其子孙一直继掌着西域亲军。[1]显然,上述《经世大典》中所提到的这位只儿哈朗并非我们所关注的这位脱因纳之子只儿哈朗。

《元史》卷135《脱因纳传》提到,脱因纳本人在升迁"阿儿鲁万户府、襄阳汉军达鲁花赤"之前,曾任"钦察亲军千户所达鲁花赤"。在他死后,其另一子只儿哈朗回到钦察亲军任千户。这证明脱因纳在钦察卫中有很深的根基,即便他进职为哈剌鲁万户府万户之后,仍然对钦察亲军保持着足以使其子继承职位的影响力。

如果仅据上引《百官志》的记载,哈剌鲁万户府与钦察诸卫均受制于大都督府,似乎不过是两个互相平行的军事单位,其间并无从属关系。而理清脱因纳、定童与只儿哈朗父子三人在钦察左卫与哈剌鲁万户府的任职线索,有助于说明不仅在编制上,而且在武将的任职交流上,钦察亲军与阿儿鲁万户均是两支关系非常密切的军队。

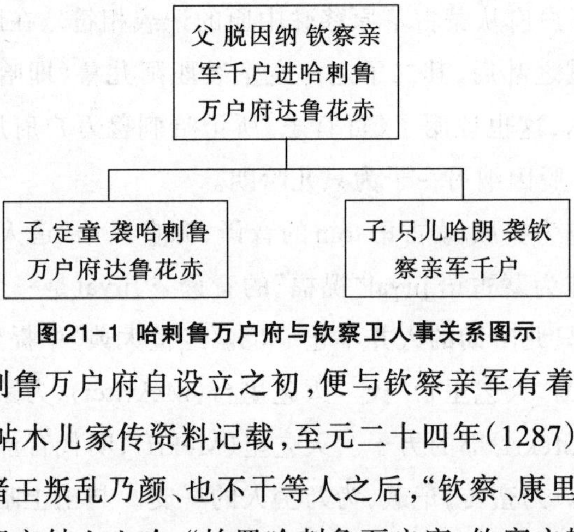

图21-1 哈剌鲁万户府与钦察卫人事关系图示

其实哈剌鲁万户府自设立之初,便与钦察亲军有着密切的关系。据土土哈/燕帖木儿家传资料记载,至元二十四年(1287),在土剌河之战击败东道诸王叛乱乃颜、也不干等人之后,"钦察、康里之属,自叛所来归者",旋即交付土土哈,"始置哈剌鲁万户府,钦察之散处安西诸王

〔1〕《永乐大典》7329卷,叶28-29:"附　只儿哈郎　《经世大典》哈郎,灭乞里台氏。至元二十四年(1287)授昭武大将军,太仆卿。元贞元年(1295)进阶资德大夫,是年立西域司,改授资德大夫、御使大夫、太仆寺卿、西域亲军都指挥使司达鲁花赤,佩虎符。寻进荣禄大夫。大德四年(1300)以疾卒。子秃鲁不花至大元年(1308)授开府仪同三司、丰国公,遥授平章政事,行太府院使,西域亲军都指挥使,佩虎符。寻又特授左丞相,行知枢密院事。至大元年(1308)以疾卒。子咬住哥,授嘉议大夫,西域亲军都指挥使司达鲁花赤。皇庆二年(1312),进通议大夫。至治三年(1323),改授正义大夫,同知典瑞院使兼职。天历元年(1328)秋九月,有战功。二年(1329),授云南总管府达鲁花赤。"——中华书局影印本,第3册,1986年,页322-323。

部下者”，悉令土土哈统之。[1]按此记载，哈剌鲁万户府的首任长官便是土土哈。

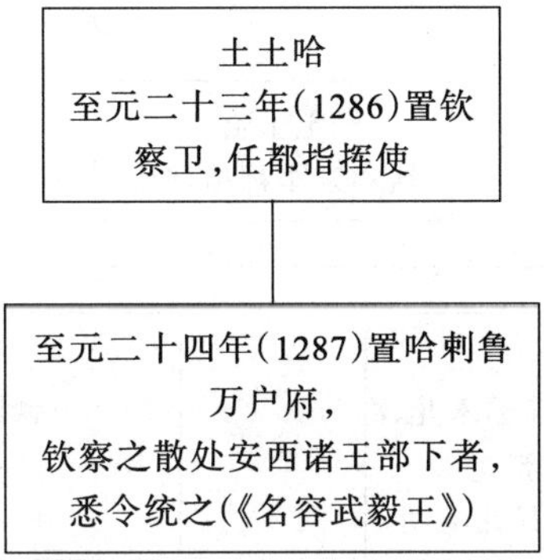

图21-2 土土哈家传资料所见哈剌鲁万户府与钦察卫关系图示

比较以上两图，可发现它们有一个共同点，即脱因纳与土土哈是均先在钦察亲军，后执掌哈剌鲁万户府。这一点应当不是偶然的。

上引《脱因纳传》的记载仅提到，脱因纳与其子只儿哈朗均在钦察卫中任千户之事，但并未提及是钦察军的哪一个卫。由于只儿哈朗乃荫袭父职，故而他应在其父脱因纳曾任职的千户之中。钦察亲军初分为左、右卫，另一个龙翊侍卫设置较晚，此处可暂置不论。那么《脱因纳传》所提到的脱因纳、只儿哈朗父子所担任的钦察亲军千户所达鲁花赤，究竟属于左卫还是右卫？前引《元史·兵志》记载称“左钦察卫：亦至治二年(1322)立。始至元中立卫时，设行军千户十有九所，屯田三所。大德中，置只儿哈郎、铁哥纳两千户所。”[2]足见只儿哈朗所执掌千户是大德年增设的，至治年分为左、右卫时，他似乎是钦察左卫中的一个千户。

比较一下土土哈家传资料，可知钦察左卫正是土土哈家族所控制的一支军队，其孙燕帖木儿于皇庆元年(1312)袭职为钦察亲军左卫都指挥使。[3]而燕帖木儿之子唐其势(Tengiz)天历元年十二月(1328—1329)掌控的钦察左卫9个千户从该卫分出，置龙翊卫。

〔1〕《枢密句容武毅王》，《元朝名臣事略》，中华书局标点本，页48。

〔2〕《元史》卷99《兵志》，中华书局标点本，页2529。

〔3〕《元史》卷138《燕帖木儿传》，标点本，页3326。

因此,可以说钦察左卫是钦察军最核心的力量,脱因纳家族既出于此卫,与土土哈家族之间也应有着某种尚不为人知关系。这种关系的线索具体如图21-3:

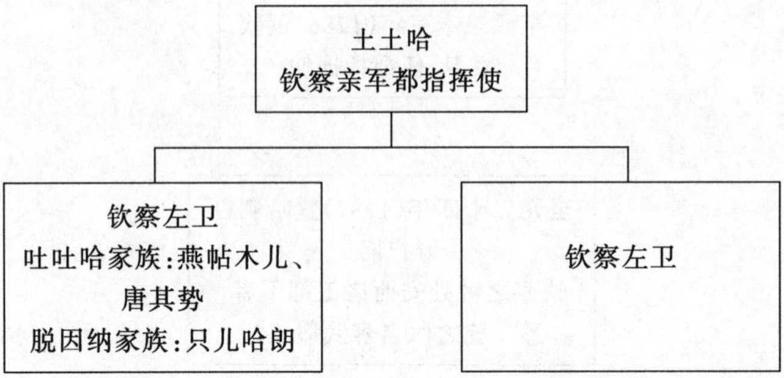

图21-3 脱因纳与土土哈家族关系线索图示

只儿哈朗被冤杀后,在顺帝朝得以平反。顺帝下诏回顾其功绩,追封他为威宁郡王,追封其夫人申台为威宁王夫人。〔1〕威宁王的封号使我们回想起至于至大至延祐年间在漠北金山一也儿的石之地与床兀儿并肩对察合台汗国作战的骁将脱火赤。〔2〕延祐二年(1315),脱火赤因击败也先不花而受封为咸宁郡王。〔3〕床兀与脱火赤两人之间的关系至周王北奔时方破裂。顺帝即位后,原先为维护其父周王/明宗储君与国君地位的诸臣均得平反,原先被视为叛臣的脱火赤亦当如此。如果只儿哈朗的咸宁王封号是脱火赤咸宁郡王封号的晋封的话,则脱火赤与脱因纳家族之间也许有某种血缘联系。

21.1.2 答答叉族属考

《元史·脱因纳传》称其为答答叉氏,此部族属不明。查《元史》卷

〔1〕《只儿哈朗封威宁王制》,《只儿哈朗妻申台封威宁王夫人制》,《金华黄先生文集》,卷7,查四部丛刊,上海涵芬楼借印常熟瞿氏上元宗氏日本岩崎氏藏元刊本,叶9-10;王颋辑点:《黄溍全集》,天津古籍出版社,2008年,页160-161。

〔2〕参见拙文:《脱火赤丞相与元金山戍军》,载于《南京大学学报》,1994年第4期;杉山正明:《モンゴル帝国と大元ウルス》(《蒙古帝国与大元兀鲁思》),东洋史研究丛刊之六十五,京都大学学术出版会,2004年,见页340、342、362等。此书承杉山正明教授赠送,谨志谢意;党宝海:《元朝延祐年间北方边将脱忽赤叛乱考——读〈大元赠岭北行省右丞忠愍公庙碑〉》,载于《西域研究》,2007年,第2期。

〔3〕《元史》卷25《仁宗纪》,标点本,页571。

135所收各传主及其族属分别为：

铁哥术，高昌人

塔出，《本证》卷46，证名10：塔术，世祖纪至元二十二年。氏族不明。

塔里赤，康里人

塔海帖木儿，塔塔里带人

只儿吉，阿速氏

忽都，蒙古兀罗带氏

孛儿速，脱脱忒氏

月举连海牙，畏兀儿人

阿塔赤，阿速氏

明安，康里氏

忽林失，八鲁剌带氏

失剌拔都儿，阿速氏

彻里，阿速氏

曷剌，兀儿速吉氏

乞台，察台氏

脱因纳，答答叉氏

和尚，蒙古乃蛮台氏

可见该卷所收多数为色目将领，但也包括部分蒙古人。如考虑其末字"叉"为"儿"之讹，则他可能是塔塔儿人。但解释为个塔塔儿人家族是如何在钦察人为主体的钦察亲军中发迹，是一个难题。而钦察有文献记为"可弗叉"，如果考虑"答答叉"为"可弗叉"之讹写的可能性，则必须面对"答答"与"可弗"字形相差较大，不易相混的事实。

笔者注意到，虽然辽金时代塔塔儿（Tatar）部落的主体在俱伦泊周围，即今蒙古高原的东部的呼伦贝尔一带，但在此前二百余年的唐代中后期，鞑靼（达达）已经成为蒙古高原中部游牧民族的共名。这证明塔塔儿人的势力很早便已经扩展至突厥-回鹘汗国的中心地带。

历史上中国西北地区曾多次发生过游牧民族从东向西的迁移运

动，原因不外乎扩张领土、寻求新牧场或战败逃窜。仅见之于汉籍的，西汉时有月氏、乌孙的西迁，东汉时有北匈奴远遁，魏晋时有高车西行，唐代又有歌逻禄和回鹘的西迁等。毫无疑问，上述这些见诸史籍的游牧民西迁运动均为规模较大的行动，历史上肯定还有多次汉籍所缺载的或记载不够详细的较小规模的、零星的迁移运动和向西的扩张行为，例如辽初契丹人的西征、11世纪辽将耶律化哥追击阻卜叛部至也儿的石河（Irtiš，今额尔齐斯河）、辽末耶律大石率契丹残部的西征垂河流域建西辽、11世纪中叶克烈部内讧中失败后王罕投奔西辽、13世纪初克烈部灭亡后王罕之子桑昆出亡西辽控制区苦叉、乃蛮塔阳罕之子屈出律亡命西辽与篾儿乞残部在乃蛮覆灭后西奔钦察之事等。1236年术赤之孙拔都率领蒙古各枝宗王驸马长子西征后，留居亦的勒河（Itil）河流域，建钦察汗国。随之西征的蒙古人被当地百姓更多地称为鞑靼（Tatar），即沿用塔塔儿的名字。那么人们不禁会问，塔塔儿这个族名是通过什么渠道传到钦察人的故土的？塔塔儿之名是否比蒙古更早为欧亚草原的游牧人所知？

查波斯地理学家葛尔迪齐写于1050年前后的著作《报导的装饰》，书中提到他那个时代一部分塔塔儿人的向西迁移，到达也儿的石河（Irtiš）河流域，建立Kimäk部落，并与钦察人为邻的一件事，其文曰：

> 至于诸Kimäk人[1]，其来源是这样的。塔塔儿人（Tatarān）[2]的首领死后遗下二子，长子占据了君位，幼子妒忌其兄，幼弟名设（Šad）[3]。他企图杀死其兄，但办不到，［从此］他为自己担忧起来。为位设（Šad）有一个年轻的女奴（kanizak）[4]，是他的情人（a'shiqe）。他带上这位女奴从其兄的帐廷出逃。他前往一地，那里有一条大河（āb-i buzurg）[5]，有许多树木和丰富的猎物。他在那里札

〔1〕Kimäkiyān“诸Kimäk人”，乃波斯语Kimäkī“Kimäk人”的复数。

〔2〕Tatarān“塔塔儿诸部”“塔塔儿人民”，即Tatar“塔塔儿”的波斯语复数。

〔3〕突厥官号，指别部典兵官，唐代又音译为刹等。参见韩儒林师《突厥官号考释》，载于《穹庐集》，上海人民出版社，1982年，页319。

〔4〕kanizak，波斯语意为次妻、妾。

〔5〕āb-i buzurg，波斯语或意为“一个大湖”“一片大水面”。

帐，定居下来(furūd āmad)。

后来，

七个出自塔塔儿(Tatar)的muwalidān[1]来到他们这里。第一位是Imi，第二位是Imak，第三位是塔塔儿(Tatar)，第四位是Bilandir[2]，第五位是钦察(Qipčaq)，第六位是Laniqaz，第七位是Ajlad。这是一伙带着其主人们(khudāwandān)的马匹放牧的人，但这些马匹的所在地已无多余的牧场。于是他们去这位设(Šad)所在地去寻找牧场。当那位女奴看到他们时，她出来，并说道："irtiš"，意为"你们下马"。由于这个原因，此河被命名为也儿的石河(Irtiš)。[3]

按上述葛尔迪齐的记载，西迁的塔塔儿人是驻牧于也儿的石河地区的Kimäk人的主要组成部分。他们定居下来以后，仍然有其它塔塔儿人陆续前来。除此以外，还有钦察人加入。在Kimäk人中，塔塔儿人与钦察人比邻而居。

根据葛儿迪齐的记载，笔者认为不妨考虑脱因纳家族出自早期西迁钦察人中的塔塔儿人的可能性。换而言之，他们可能既是塔塔儿人，也是钦察人。

21.1.3 哈剌鲁万户府二三事

据笔者所知，学界对哈剌鲁万户府研究不足，以致关于这支军队有多少史料可资利用也不甚清楚。笔者过去在搜寻元代哈剌鲁人资料时发现，有些哈剌鲁人主要在南方活动。前引《元史·百官志》有关哈剌鲁万户府的记载提到，该万户府在平定东道诸王叛乱中设立之后，不久移镇襄阳，还曾奉调至交趾作战。大德二年(1298)设万户府于襄阳。这一线索为我们寻找有关哈剌鲁万户府的材料提供了新思路。我们先试讨论几则有关史料。

〔1〕muwalidān，此字波斯无意义，可能拼写有误。笔者推测此字可能是muqaliyān，意为仆人，乃阿拉语借词的波斯语复数。

〔2〕Bilandir，或应拼为Bayandur。

〔3〕见马儿丁奈兹：《葛尔迪齐书中关于突厥人的两章》，载于《中古欧亚文献》，第2辑(A.P. Martinez, *Gardiziz's two Chapters on the Turks*, in *Archivum Eurasiae Medii Aevi*, no.2)，1982，见本书第1章，注(32)，页120-121。

一则为《元史》卷122《铁迈赤传》。据该传记载，铁迈赤为合鲁氏，即哈剌鲁人。他原先为成吉思汗的忽兰皇后斡耳朵挏马官，即负责搗制酸马乳，与土土哈之父班都察一样，是成吉思汗家族的牧奴。世祖朝，铁迈赤之孙塔海（虎都铁木禄兄子）从土土哈充哈剌赤。至元二十四年（1287），扈驾征乃颜。他们被编入哈剌鲁万户的当在此时。

铁迈赤之子虎都铁木禄（Qudu Temür）曾从皇子镇南王征交趾。此时其家在南阳。至元二十八年（1291）以后，湖广行省平章政事刘国杰奏伐交趾，造战船五百于广东。世祖遣虎都铁木禄督办，事既集而归。天历元年（1328）冬十月，元廷内乱。塔海充枢密佥院，守潼关及河中府，并在南阳与上都军作战。事后，文宗传旨晋升为大都督。

对比《元史》卷86《百官志》，可知至元二十四年（1287）哈剌鲁万户府设置后，寻移屯襄阳，后征交趾。大德二年置南阳。[1]铁迈赤家族正是从辽海前线回到内地，先参与镇南王所领远征交趾之战。而此时铁迈赤之子虎都铁木禄（汉名汉卿）的家庭恰恰定居南阳。至天历之变时，塔海在南阳与上都军作战时所领之军，应当是哈剌鲁军。

故而铁迈赤家族属哈剌鲁万府。该传证实，哈剌鲁万户府中确有哈剌鲁人。还有一点应当指出的是，该传两还次提到脱因纳乃其上司。[2]而脱因纳恰恰执掌着哈剌鲁万户府。

另一则重要史料是卷133《昔都儿传》。据该传记载，昔都儿为钦察人。其父名秃孙，中统三年（1262）从丞相伯颜讨李璮。至元十一年（1274），昔都儿从大军南征灭宋。十四年（1277），从诸王伯木儿追击折儿凹台、岳不忽儿等于黑城哈剌火林之地，[3]平之。十七年（1280）亡宋犹有未附城邑，昔都儿言于省，愿自领兵下之，省从其请，诸城闻风而附。此后一直留在南方。这里提到的折儿凹台即宏吉剌部驸马只儿瓦台，而岳不忽儿即昔里吉叛王集团中的药木忽儿。此役显然就是土土

〔1〕《元史》卷86《百官志》，标点本，页2175–2176。

〔2〕《元史》卷122《铁迈赤传》，标点本，页3003–3005。

〔3〕《元史》标点本校勘记10注曰“岳不（思）［忽］儿本书卷107宗室世系表作‘药木忽儿’，卷108诸王表作‘药木忽儿’‘要木忽尔’，卷115显宗传作‘岳木忽儿’，据改。蒙史已校。”

哈与其父班都察赴辽东、漠北作战之事。

该传接着提到，至元二十四年(1287)秋，率军从镇南王征交趾。冬十月，兵至其境。在此役中，其直接上司是湖广行省的阿八赤。南征归还后，镇南王悯其劳，命枢密臣奏升其秩。二十六年(1289)授广威将军、炮手军匠万户府达鲁花赤。〔1〕

本文前引之土土哈家传资料与《元史·百官志》记载，哈剌鲁万户府设于至元二十四年平定东道诸王叛乱之后。而《百官志》又进一步提到，哈剌鲁万户府从辽东、漠北前线回到南方后，曾参与征交趾之役。〔2〕

上述《昔都儿传》所属军队也是从辽东、漠北撤回至汉地，继而调往南方，从镇南王征交趾。可见钦察人昔都儿所属的这支军队乃哈剌鲁万户府，且哈剌鲁万户府并不能单从其名称判断它主要是由哈剌鲁人组成，在其中钦察人起着重要作用。

前面提到，《元史·百官志》称哈剌鲁万户府由哈剌鲁人组成。〔3〕而土土哈家传资料则说哈剌鲁万户府系由原先隶属东道诸王的康里、钦察民众编成。根据上述两传，我们发现，哈剌鲁万户府既有哈剌鲁人，也有钦察人，《百官志》所记不确。

21.2　元东路蒙古军

前引《元史·百官志》的记载表明，钦察亲军与东路蒙古军两支关系密切的武装，同属大都督府。东路蒙古军包括东路蒙古军万户府与东路蒙古军元帅府两支力量。

〔1〕《元史》卷133，页3238-3239。

〔2〕《元史》卷86《百官志》，标点本，页2175-2176。

〔3〕《元史》卷86《百官志二》，标点本，页2177。

21.2.1 东路蒙古军万户府

据《句容郡王世绩碑》记载，至元二十五年(1288)，“也只里王[1]为叛王火鲁哈孙所攻甚急。五月，王从成宗移师援之，败诸兀鲁灰，还至哈剌温山，夜渡贵列河，败叛王哈丹之军，尽得辽左诸部。置东路万户府以镇之”。[2]这里提到的“东路万户府”，应即东路蒙古军万户府。碑文并未提及它的设置年代，只是将其事系于至元二十五年项下。东路蒙古军万户府究竟设于何年尚待考察。

关于这支军队的设立，《元史·柏铁木儿传》有更为详细的记载：

伯帖木儿，钦察人也。至元中，充哈剌赤，入备宿卫，以忠谨，授武节将军，佥左卫亲军都指挥使司事。二十四年(1287)，征叛王乃颜，隶御史大夫玉速帖木儿麾下，败乃颜兵于忽尔阿剌河，追至海剌儿河[3]，又败之。乃颜党金家奴、别不古率众走山前，从大夫追战于札剌马秃河[4]，杀其将二人，追至梦哥山[5]，并擒金家奴。

二十五年，超授显武将军。冬，哈丹王叛，从诸王乃麻歹讨之，至斡麻站、兀剌河等处，连败其党阿秃八剌哈赤军，转战至帖麦哈

[1]也只里，又作也只烈，封济南王。按《元史》卷107《宗室世系表》记载，也只里为成吉思汗之弟哈赤温四世孙：哈赤温→济南王按只吉歹→次子察忽剌大王→济南王也只里(标点本，页2711)；陶宗仪：《南村辍耕录》卷1“大元宗室世系”条：济王哈赤温→济南王按只吉歹→察忽列王→济南王也只里(中华书局标点本，1980年，页2)。

《史集》记载，也只里为哈赤温六世孙：哈赤温→额勒只带那颜→察忽剌→兀忽剌虎儿→胜剌哈儿→也只里(《史集》汉译本，第1卷第2册，页76-77之间附表)。拉施都丁此补记“这个也只里那颜据一额勒只带的兀鲁思，并为合罕效忠”(同上书，同页同表)。这里的额勒只带即汉文史料中的按只吉歹。

后来也只里以其妹塔伦嫁土土哈，其另一妹也先忽都鲁则嫁土土哈之子床兀儿。见《世绩碑》。

[2]《句容郡王世绩碑》，《道园学古录》卷23，四部丛刊本，叶9。苏天爵在编修《国朝名臣事略》抄录此碑时，文字略有变化：

“二十五年，诸王也只里部众为叛王火鲁哈孙所掠，遣使告急。公复奉命从成宗率帅往援。夏五月，与敌战于兀鲁灰，彼军败衄，也只里部众尽复。师还，至哈剌温山，闻叛王哈丹轶我边鄙，宵济贵烈河，大败敌军，哈丹脱身以窜，辽左诸部悉为我有，乃置东路万户府，镇守其地。绩纪碑”。——见《元朝名臣事略》，中华书局，标点本，页50。

[3]《本证》卷49，证名13：哈剌河，洪万传。

[4]《本证》卷49，证名13：扎剌马秃河，洪万传。

[5]《本证》卷49，证名13：蒙可山，洪万、王綧传。

必儿哈[1]，又败之。进至明安伦城，哈丹迎战，败走，追至忽兰叶儿，又与阿秃一日三战，手杀五人，擒裨将一人。至帖里揭[2]，突击哈丹，挺身陷阵，身中三十余箭而还，大夫亲视其创[3]，而罪溃军之不救者。车驾亲征，驻驆兀鲁灰河，伯帖木儿以兵从大夫至贵列儿河，哈丹拒王师，伯帖木儿首战却之，获其党驸马阿剌浑，帝悦，以所获贼将兀忽儿妻赐之。至霸郎儿，与忽都秃儿干[4]战，杀其裨将五人，生擒曲儿先。九月，大夫令率师往纳兀河东等处，招集逆党乞答真一千户、达达百姓及女直押儿撒等五百余户。

二十六年春正月，师还，复遣戍也真大王之境。[5]五月，海都谋扰边，有旨令伯帖木儿以其军先来，行至怯吕连河，值拜要叛，伯帖木儿即移兵致讨，擒其党伯颜以献，帝深加奖谕，赐以所得伯颜女茶伦。是年冬，立东路蒙古军上万户府，统钦察、乃蛮、捏古思、那亦勤等四千余户。升怀远大将军、上万户，佩三珠虎符。[6]

据此，东路蒙古军万户府为上万户，始设于至元二十六年(1289)冬，下辖钦察、乃蛮、捏古思、那亦勤等四千余户。其长官为钦察人伯铁木儿，他也是哈剌赤出身，至元中曾任左卫亲军都指挥使的佥事。按《百官志》的记载，左卫亲军置于至元八年(1271)，佥事之职始设于至元二十年(1283)，二十二年(1285)又增佥事一员。[7]伯帖木儿任佥事职大致当于此时。值得注意的是，土土哈之子床兀儿亦担任过左卫亲军的指挥。这支军队的虽然号称蒙古军，但军人包括钦察与乃蛮人，其首任长官则是钦察人。

---

[1]《本证》卷49，证名13：贴满哈，洪万传。

[2]《本证》卷49，证名13：贴列可，洪万传。

[3]《本证》卷18，证误18：案谓御史大夫玉昔帖木儿也，称官非例。下“大夫至贵列儿河”“大夫令率师”，误同。

[4]《本证》卷46，证名10：古土秃鲁干，洪万传。古都秃鲁干，王綧传。

[5]《元史》卷15《世祖纪》记载，至元二十五年(1288)八月“诸王也真言：‘臣近将济宁投下蒙古军东征，其家皆乏食，愿赐济南路岁赋银，使易米而食。’诏辽阳省给米万石赈之”。说明东路蒙古军驻守于辽阳。

[6]《元史》卷131《伯帖木儿传》，页3195-3196。

[7]《元史》卷86《百官志》，页2185。

有关该万户府的资料笔者只搜捡到有限的几则，主要集中在《元史》中。《元史·英宗纪》提到，至治二年(1322)三月“万户哈剌那海[1]以私粟赈军，赐银、币，仍酬其直。”这里虽然没有明确提到哈剌那海所执掌的是哪一个万户，但从后来“天历之变”中“两都之战”时，那海所率的军队为东路蒙古军万户府看，他至少7年前已经掌控着这支军队。[2]至治三年(1323)秋七月“东路蒙古万户府饥，赈粮两月”。[3]

东路蒙古军万户府设于平定东道诸王叛乱之时，此后一直驻守于辽东。泰定帝死后，回回大臣倒剌沙在上都会集部分诸王奉泰定帝子阿剌吉八为帝，燕帖木儿等武宗旧部控制大都，支持武宗之子周王与怀王，大都方与上都两方爆发武装冲突，史称“天历之乱”。燕帖木儿等人所掌控的是大都周围的侍卫亲军，特别是左右钦察两卫。而倒剌沙等人的武力中，辽东军为重要组成部分，东路蒙古军万户府即为其中劲旅之一。辽东军越燕山古北口而南。据《文宗纪》记载，在檀州前线，燕帖木儿击败辽东军，“其万户以兵万人降”。[4]该史料虽然没有说明，这支投向燕帖木儿的是辽东军的哪一个万户，但《元史·燕帖木儿传》也记载了这一次战役。该传云“是日，撒敦遣报秃满迭儿军复入古北口，燕铁木儿遂以师赴之，战于檀州南野，败之。东路蒙古万户哈剌那怀[5]率麾下万人降，余兵东溃，秃满迭儿走还辽东。”[6]足见上引《文宗纪》所提到的在檀州前线倒戈的上都军，乃哈剌那怀所统辖的东路蒙古军万户府。考虑到东路蒙古军与钦察亲军的密切关系，哈剌那怀率部投向大都方面，当非出于偶然。

文宗即位后，于至顺二年(1331)正月下旨“改东路蒙古军万戸府为东路蒙古侍卫亲军指挥使司”。[7]《文宗纪》所记同年五月“赈辽阳东路

[1]哈剌那海当为蒙语Qara Noqai的音译，意为“黑狗”。

[2]《元史》卷28《英宗纪二》，标点本，页621。

[3]《元史》卷28《英宗纪二》，标点本，页632。

[4]《元史》卷32《文宗纪一》，标点本，页715。

[5]《本证》卷46，证名10：哈剌那海，同传。

[6]《元史》卷138《燕帖木儿传》，标点本，页3330。

[7]《元史》卷35《文宗记四》，标点本，页774。

蒙古万户府饥民三千五百户粮两月”[1]应当指的就是这支军队。《元史·兵志》中所录之“东路蒙古侍卫亲军都指挥使司”[2]所本即为这一时期的资料。

顺帝即位，燕帖木儿死后，元廷政局重组。后至元元年(1335)六月月底，蔑儿乞氏伯颜捕杀燕帖木儿子唐其势。撒敦子答里举兵叛乱。东路蒙古军万户哈剌那海站在伯颜一边，而答里兵“为搠思监、火儿灰、哈剌那海等所败”。[3]此后东路蒙古军的情况有待于进一步研究。

21.2.2 东路蒙古军元帅府

笔者见闻范围内，未找到提及这个元帅府设置时间的史料。《元史·柏帖木儿传》提到，至元二十六年(1289)东路蒙古军万户府初设时，便是上万户府。[4]按元制，万户区分为上、中、下三等，上万户府管军七千之上。[5]故而笔者推测，东路蒙古军元帅府可能是从它分出的。

东路蒙古军元帅府在“天历之乱”的“两都之战”中起了极大的作用。《元史·明宗纪》的记载，天历元年(1328)九月“倒剌沙在上都，立泰定皇帝子为皇帝，乃遣兵分道犯大都”，燕帖木儿与其弟撒敦、子唐其势等，帅师与战，屡败之。上都兵皆溃。[6]十月“齐王月鲁帖木儿、元帅不花帖木儿乃起兵向开平”，[7]上都方面不支，倒剌沙乃奉皇帝宝出降，两京道路始通。”[8]

马祖常与《明宗纪》均未言明，大都方面参与围攻上都的元帅不花帖木儿是什么人；而在《元史·文宗纪》中则明确指出，不花帖木儿的头衔为东路蒙古军元帅。足见参与围攻上都，给倒剌沙以致命打击的军

---

[1]标点本，页785。

[2]《元史》卷99《兵志二》，标点本，页3530。

[3]《元史》卷138《燕帖木儿传》，标点本，页3334。

[4]《元史》卷131《伯帖木儿传》，页3196。

[5]《元典章》，吏部之三，典章9，“军官”，中国广播电视出版社，影印元刊本，1998年，页290；《元史》卷91《百官志七》，标点本，页2310。

[6]《元史》卷31《明宗纪》，标点本，页695。

[7]马祖常：《太师太平王定策元勋之碑》，《元文类》卷26，四部丛刊本，叶12。

[8]《元史》卷31《明宗纪》，标点本，页695。

队之一,是东路蒙古军的一支武装。攻取上都后,“庚戌,帝御兴圣殿,齐王月鲁帖木儿、诸王别思帖木儿、阿儿哈失里、那海罕及东路蒙古元帅不花帖木儿等奉上皇帝宝。倒剌沙等从至京师,下之狱。”〔1〕

《文宗纪》提到,上都方面失败后,文宗论功行赏,“以诸王火沙第赐燕铁木儿继母公主察吉儿”。而倒剌沙在大都的宅邸则被赐给不花帖木儿。燕铁木儿还辞去知枢密院事一职,命其叔父东路蒙古元帅不花帖木儿代之〔2〕。

据土土哈家传资料,土土哈有八子,分别为:

塔察儿,北庭元帅

太不花,御位下博儿赤

创兀儿,妻察吉儿(楚王牙忽都女)、也先帖你(塔塔儿真)、也先忽都鲁(宗室也只里女弟)、哈剌真(塔塔儿真)

别里不花,钦察亲军千户

帖木儿不花,管理建康、庐饶等处土土哈并哈剌赤户计答鲁花赤

欢差,钦察亲军千户

岳里帖木儿,佥武卫亲军都指挥使、兼大都屯田事

断古鲁班,钦察亲军都指挥使

而床兀儿有子七人,分别为:

小云石不花,钦察亲军千户

燕赤不花,大司农卿

燕帖木儿,太平王

撒敦,宣徽院使

燕秃哈儿,阑遗少监

答里,××国公

泼皮罕,早卒

〔1〕《元史》卷32《文宗一》,中华书局标点本,页713-718:“齐王月鲁帖木儿、东路蒙古元帅不花帖木儿等以兵围上都,倒剌沙等奉皇帝宝出降。梁王王禅遁,辽王脱脱为齐王月鲁帖木儿所杀,遂收上都诸王符印”。

〔2〕《蒙兀儿史纪》卷15下注据虞集《句容郡王世绩碑》提出疑问:“土土哈八子中无不花帖木儿,却有帖木儿不花,然其仕履未尝为东路蒙兀元帅,亦未封武平郡王,岂制碑在前故也?”

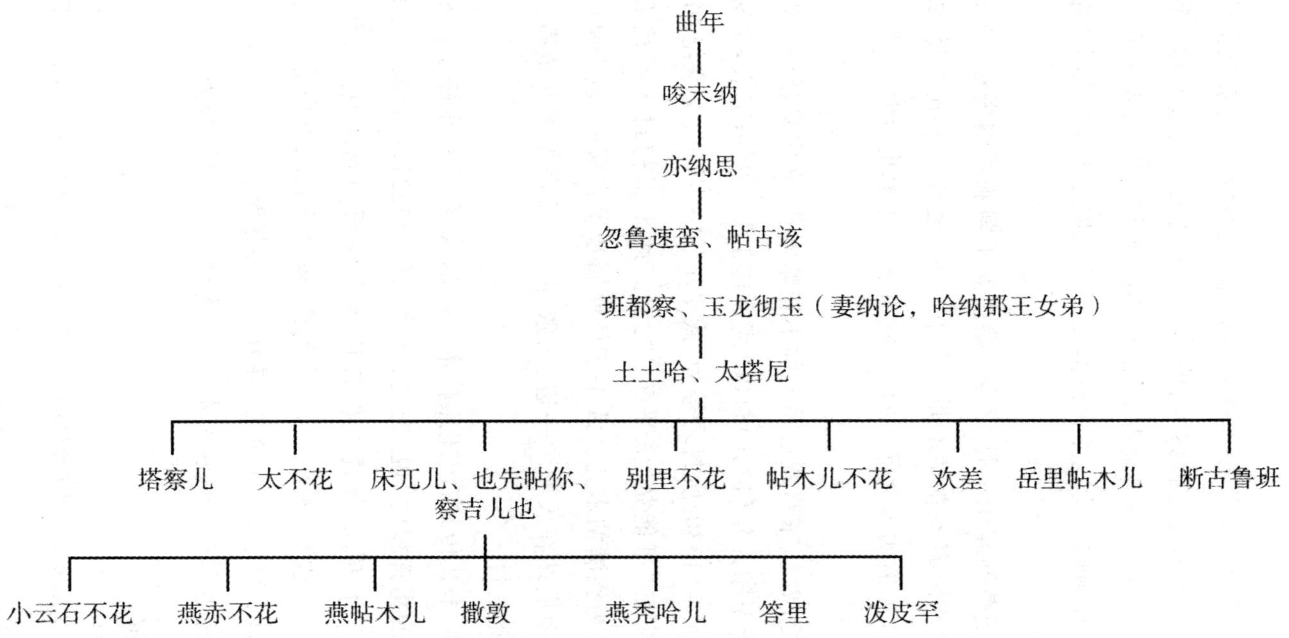

图21-4　土土哈家系图示

《元史》既云不花帖木儿为燕帖木儿之叔,则他肯定当为床兀儿同辈人。

虽然屠寄对上述《文宗纪》有关不花帖木儿为燕帖木儿叔父的说法提出疑问,但不花帖木儿是钦察人,他与燕帖木儿之间是近亲却不容怀疑。这也解释了为什么东路蒙古军元帅府在"两都之战"中毫不犹豫地站在大都方面,且燕帖木儿竟然愿意辞去知枢密院之职,让予不花帖木儿的原因。

据《元史》记载同年十一月"乙亥,赐西安王阿剌忒纳失里、齐王月鲁帖木儿、知枢密院事不花帖木儿金各五百两、银各二千五百两、钞各万锭"。〔1〕次月"加伯颜为太保,知枢密院事不花帖木儿为太尉,香山为司徒。"〔2〕

燕帖木儿之叔父、东路蒙古军元帅不花帖木儿,文宗除授以知枢密院事以外,还于至顺元年(1330)封以"武平郡王"。〔3〕《诸王表》中称不花帖木儿至顺元年(1330)所封之号为"武平王"。〔4〕故而《文宗纪》中所提到的"武平郡王"可能是"武平王"之讹。武平王初封于延祐五年(1318),受封者为秃满帖木儿。武平王位原属昔里吉家族,也许是因为"两都之战"中他们站在天顺帝一边,失败夺封。不花帖木儿依靠钦察家族的势力获此王封。

《元史·燕帖木儿传》在记述燕帖木儿控制钦察三卫、东路蒙古军及哈剌鲁万户府的指挥权时,说"先是,至治二年(1322),以钦察卫士多,为千户所者凡三十五,故分置左右二卫,至是又析为龙翊卫。二年,立都督府,以统左、右钦察、龙翊三卫,哈剌鲁、东路蒙古二万户府,〔5〕东路蒙古元帅府,而以燕铁木儿兼统之,寻升为大都督府。"

《元史·百官志》与上述《燕帖木儿传》均称,钦察卫划分为左右两卫

〔1〕标点本,页720。

〔2〕标点本,页723。

〔3〕《元史》卷34《文宗纪三》至顺元年(1330),三月"封知枢密院事不花帖木儿为武平郡王"(标点本,页754)。

〔4〕《元史》卷108《诸王表》,标点本,页2743。

〔5〕笔者按,当指哈剌鲁万户府与东路蒙古军万户府(哈剌那海所辖)。

时在至治二年(1322)。但《元史·英宗纪》则说,"置左、右钦察卫亲军都指挥使司"事在至治三年(1323)二月。而此时执掌钦察左右二卫的,却是木华黎后人拜住。[1]而燕帖木儿发迹乃在此后。

按《百官志》的记载,钦察亲军的上司机构大都督府,设于天历二年(1329)文宗即位之初。燕帖木儿在拥立文宗的斗争中立有大功,那么设立大都督府,将钦察三卫、东路蒙古军哈剌鲁万户府统置于大都督府掌控之下,是不是一项葆奖燕帖木儿功绩的举措呢?

查《元史·百官志》,大都督府初设时机构名为钦察亲军都督府,此后才改为大都督府。足见大都督府是一个有浓厚钦察色彩的军事指挥机构。除此而外,文宗于至顺元年(1330),六月下旨"改东路蒙古军元帅府为东路钦察军万户府"。[2]这一命令揭开了东路蒙古军表面上蒙古军的外衣,显示出它是一支钦察人武装的实质。可见钦察三卫、东路蒙古军与哈剌鲁万户均以钦察贵族为主体的武装力量。

至此我们可以回答上面的提问,钦察亲军与东路蒙古军、哈剌鲁万户共属大都督府的节制,并非只是因为文宗为褒奖燕帖木儿家族在"天历之乱"中的拥立之功而授以更大的兵权,而是因为这三支武装力量在形成的历史、种族与构成以及统率将领上,均有深厚钦察背景。

顺帝即位后,扫除燕帖木儿家族的势力,于至正七年(1347)下旨,撤除东路钦察军万户府的名称,将这支军队重新冠以东路蒙古军元帅府的旧名,以抹去其钦察亲军的色彩。[3]

---

〔1〕《元史》卷28《英宗二》,标点本,页619。

〔2〕《元史·百官志》,标点本,页759。

〔3〕《元史》卷41《顺帝纪四》至正七年(1347)春正月丁巳条,标点本,页876。《元史》卷92《百官八》"东路都蒙古军都元帅府,至正八年(1348)正月置"(标点本,页2339),《元史本证》已注意到这一矛盾。

21.3 余言

21.3.1 与大都督府有关的两个人

《元史·百官志》虽然提到了大都督府的设置时间与官属组成,但土土哈/燕帖木儿家传资料并未提及燕帖木儿在此机构中与何人共事。欲了解进一步情况,须查找其他史料。《元史·乞台传》记载:

> 乞台,察台氏。[1]至元二十四年(1287)为钦察卫百户,从土土哈征叛王失烈吉及乃颜有功,赐金符,升千户。从征忽剌出,战于阿里台之地。元贞二年(1296),以疾卒[2]。
>
> 子哈赞赤袭职,从创兀儿于魁烈儿之地,与哈答安战有功。大德五年(1301),从战杭海。从武宗亲征哈剌阿答。复从创兀儿征不别、八怜,为前锋,以功受赏赉。皇庆二年(1313),授金符,为千户。明宗居潜邸,延祐四年(1317)命从西征,与秃满帖木儿战于失剌塔儿马失之地,以功复受厚赏,居其地十五年。[3]天历二年(1329),赐金符,授昭勇大将军、同知大都督府事。卒。[4]

该传所记明宗居潜邸,延祐四年(1317)命乞台子哈赞赤从西征之事,即当仁宗即位后,违背与武宗即位时兄弟之间所立之盟,将武宗二子周王与怀王分别远放至云南与广西,而立己子爱育黎拔力八达为皇太子之事。周王至延安后,向漠北出逃。哈赞赤既为床兀儿部将,即武宗旧将,乃听周王之命,护送他西行。泰定帝死后,他又护送明宗回漠北即位。而支持脱火赤的哈赞赤在天历二年(1329)明宗被杀后,被朝廷授为同知大都督府事。据《百官志》大都督为正二品,该府设同知二员,正三品。合赞赤为昭勇大将军,恰为正三品,其位在燕帖木儿之下。

---

〔1〕校勘记(13):"察台氏蒙史云:'旧传作察台氏,乃钦察台氏之脱误。'"同意此说。

〔2〕《本证》卷19,证误19:案叙乞台止五十余言,详其子哈赞赤事。

〔3〕校勘记(14):"居其地十五年按自延祐四年至天历二年当为十三年。蒙史改'五'为'三',疑是。"

〔4〕《元史》卷135《乞台传》,标点本,页3286-3287。

上文在论述哈剌鲁万户府时曾提到，哈剌鲁人铁迈赤为哈剌赤，在土土哈辖下。其家族后随哈剌鲁万户府迁居南阳。铁迈赤之孙塔海曾为世祖宝儿赤，武宗时迁和宁总管，后改汴梁。〔1〕《嘉庆重修一统志》中提到塔海在汴梁时的一件事：

塔海 武宗时为汴梁路总管。先是朝廷令民自实田土，有司绳以峻法民多虚报以塞命。其后差税无所征，民多逃窜。塔海言于朝，省民间虚粮二十二万，民赖以安。〔2〕

天历元年(1328)冬十月，控制上都在倒速沙奉泰定帝子阿剌吉八为帝，而燕帖木儿则在大都迎立武宗子图帖睦尔，元廷爆发"两都之战"。居于南阳的哈剌鲁人塔海受命充枢密佥院，守潼关及河中府，并在南阳督诸卫军与上都军作战。〔3〕事后，文宗传旨晋升为大都督。

塔海在南阳与上都军作战时所领之军虽为诸卫军，但其核心应即哈剌鲁万户府。而他的战后所授之"大都督"，〔4〕应当就是统钦察诸卫、东路蒙古军与哈剌鲁万户府的"大都督"。土土哈家传资料在言及家史时，只称燕帖木儿被授予大都督衔，节制钦察三卫、东路蒙古军及哈剌鲁万户。但据《百官志》记载，大都督府有大都督三员，均为正二品，燕帖木儿应为其中之一，而塔海则当为其中另外一员。

21.3.2 有关康里人与哈剌鲁人的一个问题

在侍卫亲军中，元廷专设置了康里卫，但编制与兵力均很小。为何入元的康里人未尽收入此卫，而是编入钦察军及其左右翼哈剌鲁万户与东路蒙古军？

如果观察一下成吉思汗西征以前至蒙古国时代的欧亚草原，我们发现，康里人(Qanglï)实际只是一个种属的概念，而非政治概念。这一点与蒙古旧部伯岳吾氏(Baya'ut)及成吉思汗的家奴札剌亦儿(Jalayir)

〔1〕《元史》卷122《塔海传》，页3005。

〔2〕四部丛刊本，册2291。

〔3〕《塔海传》只言他在南阳与上都军作战事。《文宗纪》提到，战事在河南极为激烈。上都方面诸王"铁木哥兵入襄阳，本路官皆遁。襄阳县尹谷庭珪、主簿张德独不去，西军执使降，不屈，死之。时佥枢密院事塔海拥兵南阳不救。"(卷32，标点本，页720。)

〔4〕《元史》卷122《铁迈赤 虎都铁木禄塔海传》，标点本，页3003–3005。

的情况有几分相似。在成吉思汗时代,虽然蒙古人中有伯岳吾氏,但并无统一的伯岳吾部。伯岳吾人散居于蒙古草原及中亚康里人与钦察人之中。[1]札剌亦儿人在辽代的某个时期曾有自己的部落,但后来沦为蒙古部贵族的奴隶,其成员散处蒙古部各贵族帐落。

康里的情况也如此。即便是元人所谓的"康里王族"在并入蒙古之前,所统治的也只是一部分康里人,并不存在一个统治全体康里人的康里国。其种落分布甚广:从今咸海以北、乌拉尔河、花剌子模至漠北的克烈部。他们各自在不同的时代投向蒙古,与蒙古贵族的关系亲疏不同。因而编入康里卫只是一部分康里人。康里人属北部突厥人,其语言风俗与同操北部突厥语的钦察人相近。甚至钦察部中可能就有一部分康里人。因此他们与钦察人的关系更为密切。

我们还会设问,元廷既然设立了哈剌鲁万户府,为不设置哈剌鲁卫,以与其他各色目侍卫亲军相并列,而将其种人编入钦察色采相当浓厚的哈剌鲁万户?

考察一下成吉思汗时代以前的哈剌鲁人,可以发现他们的情况与康里人很类似。在成吉思汗西征以前,哈剌鲁人分为几支:讹迹刊(Özkend——今费尔干纳盆地乌兹别克斯坦的乌兹根)、虎思斡鲁朵(Quz Ordu——西辽都城,今吉尔吉斯斯坦托克马克附近Burana遗址)、阿力麻里(今新疆霍城)、海押立(今哈萨克斯坦塔尔迪库尔干),他们各自为政,互不相属。这些哈剌鲁人降附蒙古的时间不同,分属不同的诸王驸马,也没有一个统治所有哈剌鲁人的王族,故而入元后无法编成一支军队,由其种人的贵族执掌,而是受制于钦察人。

21.4 结语

在本文启首处,笔者设问"钦察亲军的战争力源自何处"?及"燕帖

[1]参见韩儒林师《西北历史札记》:"三、钦察、康里、蒙古之三种伯牙兀台氏",收于《穹庐集》,上海人民出版社,1982年,页80-86;拙文:《9—12世纪民族迁移浪潮中的一些突厥、达旦部落》,载南京大学《元史及北方民族史研究集刊》,第12—13期,1989—1990年,页80-106。

木儿家族为何能在元代中后期能够控制朝政”？

既往的研究多集中于：钦察人来自今伏尔加河、乌拉尔河之间草原，保留了游牧民族彪悍善战的传统。蒙古国时代驻守于漠北的多为蒙古军，当发生诸王驸马叛乱时，便造成蒙古军同族血肉相残。故而元代的蒙古军在漠北、辽东平叛时战斗力低下。而钦察人为世祖牧奴，为使主爪牙。

床兀儿、燕帖木儿父子通过支持武宗、仁宗与文宗即位，培育了自己的势力。

本文则试图说明：

（1）与其他几支色目卫军相比，钦察亲军在编制上更大。《元史·燕帖木儿传》提到，英宗至治二年（1322）以前，钦察亲军在分置左、右卫之前，其编制千户数已达35个，故而在此年以前在侍卫亲军中已“以钦察卫士多”而著称。

（2）钦察亲军除自身千户远多于其他各色目卫之外，还有与之关系极近的东路蒙古军与哈剌鲁万户为其左右翼，尽管它们分驻各地，但相互之间仍然联系密切。

（3）东路蒙古军不能顾名思义理解为是一支蒙古人的军队，而实际上是受钦察贵族控制的军队。哈剌鲁万户亦同样。

（4）钦察亲军也不能顾名思义理解为一支纯钦察人的军队，康里贵族在其中也起着重要作用。这也是钦察亲军势力大于其他诸色目卫的原因之一。

（5）钦察军的中坚是钦察左卫。

（6）钦察诸卫及其左右翼东路蒙古军与哈剌鲁万户府所组成的强大武装集团，使得土土哈家族的实力倍于其他卫军，使钦察亲军具有了与元朝任何一支军队对垒的实力。这是床兀儿-燕帖木儿家族支持武宗、仁宗与文宗的基础。

（7）元《经世大典·军制》中有一段史料“初则有蒙古军、探马赤军。蒙古军皆国人，探马赤军则诸部族也”[1]曾为许多学者引据。本文中所

[1]《元文类》卷41，四部丛刊本，叶59。

涉及的东路蒙古军万户府与元帅府均是受钦察贵族控制的武装，与通常理解意义上的蒙古军不同。这一点对研究元代军制应当有重要意义。

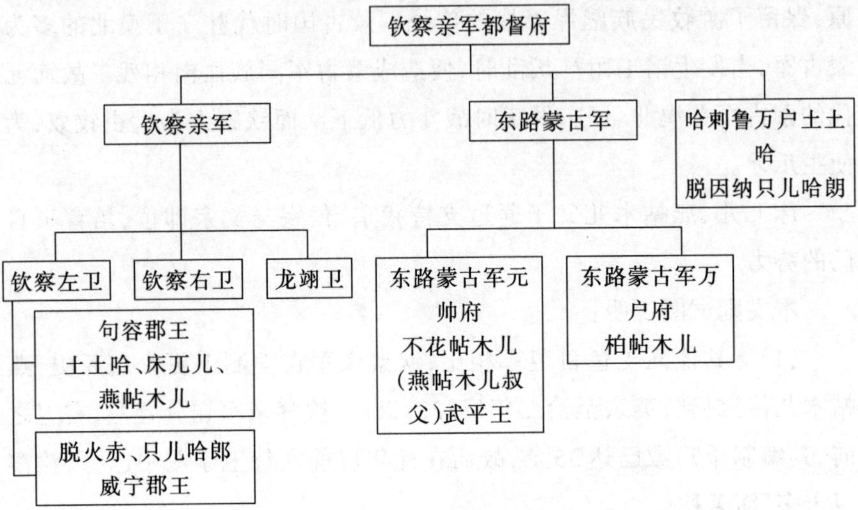

21-5 钦察亲军主要贵族势力线索图示

（原刊于《元史论丛》第11辑，天津古籍出版社，2009年，页10-25。）

22 元统二年收田事件研究

——国家与贵族、寺院争夺土地的背后

22.1 问题的提起

《至正条格》提到了顺帝元统二年(1334)四月二十八日,中书省官员与顺帝之间有关将前朝拨赐予蒙元贵族与寺院的田产重新收回的讨论。其文曰:

户部官俺根底与文书:"至元三十年(1293)以后,今岁续拨与了诸王、公主、驸马、百官、寺观等田数。其间寺观自有常住,百官已有俸禄,诸王、公主各有分拨城池、岁赐钱帛。又复拨赐田粮,合拘收还官。"说有。俺于文卷内照得:今岁拨赐地土数多。如今除世祖皇帝时分,并有影堂的寺院里拨赐外,寿宁公主、南加八剌公主、札牙八剌公主、班丹公主、速哥八剌公主、奴伦妃子、班的荅八哈失、庆寿长生观、明慧报恩寺、搠思丹姑姑寺、承天永福寺、崇恩寺,将这的每根底,元拨赐与来的地土,验数还官。将拨赐与住奴皇后的一百顷田内,将五十顷还官。塔失帖木儿驸马母亲道道的一百顷田内,五十顷还官。普纳公主的四百九十九顷九十二亩内,一百九十九顷九十二亩还官。荅里海牙公主的五百顷田内,二百顷还官。大长公主的五百顷田内,二百顷还官。赵王的五百顷田内,二百顷还官。孛罗大王的一百四十九顷六十九亩田内,九十九顷六十九亩还官。拜住丞相的一百顷田内,五十顷还官。普安大万圣祐国寺的五百顷田内,二百顷还官,福藏司徒昭福寺的三十顷[田内],二十顷还官。原教寺的一百顷田内,五十顷还官。畏兀儿

哈蓝寺的三百一十三顷五十九亩田内,一百一十三顷五十九亩还官。永福寺的五十顷五亩田内,三十顷五亩还官。圣安寺的九十一顷二十一亩田内,三十一顷二十一亩还官。天庆寺的五十顷田内,三十顷还官。难的沙律(津)爱护持[寺][1]的五十顷田内,三十顷还官。延(廷?)洪寺的一百五十顷田内,七十五顷还官。妙净寺的四十顷田内,二十顷还官。阿怜帖木儿八哈赤寺的五十顷田内,二十五顷还官。失剌千姑姑至大寺的一百四十八顷五十一亩田内,七十四顷二十五亩半还官。崇真万寿宫的一百顷田内,五十顷还官,永安寺的五十顷田内,三十顷还官呵,怎生?"奏呵,奉圣旨:"那般者。"[2]

从文字内容看,中书省与顺帝之间元统二年四月二十八日,所讨论的是一项户部所提出的有关重新审查前朝赐地的问题,换而言之,即是希望压缩朝廷开支,增加政府控制之下的土地与人口。

压缩开支有各种途径,可以要求所有既往不合理政策的受惠者一体承担所有压缩开支措施,换而言之,通过相对"公平"的措施来实施;也可以要求部分受惠者承担压缩措施,通过相对不那么"公平"的措施来实施。

那么元统二年顺帝决定收回部分贵族与寺院赐田的事件,与当时朝廷的政治有无关系,这是笔者希望理清的问题。

上述泰定三年决定设大天源延圣寺之后,中书省所列举的耗费巨资的几项开支,乃指乃成宗、武宗及武宗、仁宗之子英宗等人,矛头所指十分清楚,即真金后裔中除甘麻剌以外者。

而本文上述所引《元史》所记中书省提议的措施为"除累朝期年忌日"之外,停止其余佛事仪式,似乎未刻意地损害某些利益集团,但并不能因此判断中书省在这件事上是相对"公平"。而与之有关的《至正条格》提到的收还既往赐田的具体措施的出台,反映的是历朝历代都存在

---

[1]此处"难的沙律爱护持"当为"难的沙津爱护持寺"之误。"沙津爱护赤"为畏兀儿官号,在元代汉文文献中数见。

[2]卷26,韩国中央研究院,2007年,影印残本,页56-58;校注本,页59-61。

的朝廷与贵族与寺院之间，争夺土地与人口的斗争，还是其他性质的问题，是对比上述两则史料后笔者的第二个疑问。

本文设想探求真相的步骤是：

调查至元末至元统初朝廷赐田问题，以期了解《至正条格》所提及的贵族与寺院，是否涵盖了至元三十年(1293)以后至元统二年(1334)间，所有接受过赐田的贵族与寺院？换而言之，归还赐田的政策究竟是仅仅针对部分蒙元贵族与官寺，还是全体曾受赐田者？

如果涉案者仅系部分贵族与官寺，那么选择收官的依据是什么？换而言之，对《至正条格》所提及的蒙元贵族与寺院的政治背景调研。

涉案贵族、寺院田产的几种分析视角：

(1)原有田产数量最高者。(2)还官田产数、还官比例与剩余田产数所反映的问题。

通过所选择的典型，探究涉案事主之背景。

22.2 对文献本身的考察

上述《至正条格》所记顺帝与中书官员讨论户部提出的收回前朝对贵族与寺院的赐地，事在元统二年四月二十八日。经查《元史·顺帝纪》元统二年(1334)四月中有如下记载：

> 乙酉，中书省臣言："佛事布施，费用太广，以世祖时较之，岁增金三十八锭、银二百三锭四十两、缯帛六万一千六百余匹、钞二万九千二百五十余锭。请除累朝期年忌日之外，余皆罢。"从之。[1]

对比上述两则记载，不禁会产生几个疑问。第一个疑问是，两则记载之间有什么关系吗？本文先从以下三点分析这一问题：

22.2.1 日期

上述《元史》记载中所提到的中书省向顺帝报告的时间是四月乙酉

〔1〕《元史》卷38《顺帝纪》，元统二年(1334)四月条，标点本，页821-822。

日,即此年之四月二十八日,相当于公历1334年5月31日;[1]而上述《至正条格》所记中书省向顺帝报告户部向中书省汇报事也是四月二十八日,两者恰为同一天。

22.2.2 奏报内容

《元史·顺帝纪》所记为有关节约佛事花费事项,具体建议的措施是,除累朝期年忌日之外,要求停止其余佛事仪式。

而《至正条格》所记则为,中书省向顺帝报告,户部认为,官寺已各有自己的常住,百官已有俸禄,诸王、公主各有分拨城池、岁赐钱帛,因而至元三十年(1293)以后至元统二年(1334)的40年间,又复向贵族与寺院所拨赐田地是不合理的,因此其具体建议是将这些增赐的田产"拘收还官"。可见其内容是减少贵族与寺院所控制下的土地与人口,核心是增加国家的收入。

《元史·顺帝纪》所记的重点在于,议论过去政府佛事开支太大,因此要省减。而《至正条格》所录的内容,则为重新审视过去40年间朝廷向贵族与官寺赐田事项,其言下之意是向本身已经拥有常例收入的贵族与寺院增赐的田产,是朝廷开支太大的根源。换而言之,《顺帝纪》所记,是中书省对朝廷佛事开支太大提出总体处置意见得到顺帝批准;而《至正条格》所录,则为户部为落实中书省意见而提出的部分具体措施。

因此结论是,上述两则史料所反映的显然是同一件事。

22.2.3 赐田收官名单中的重复问题

《至正条格》提到的涉案蒙元贵族与寺院时,所开列的名单分为两个部分。第一部分中书省建议"将这的每根底",即对这些贵族与寺院"元拨赐与来的地土,验数还官"。按字面上理解,要收还他们所有的赐地。其名单为:寿宁公主、南加八剌公主、札牙八剌公主、班丹公主、速哥八剌公主、奴伦妃子、班的荅八哈失、庆寿长生观、明慧报恩寺、搠思丹姑姑寺、承天永福寺、崇恩寺。但仔细对比会发现本部分名单与下一

[1]洪金富编著:《辽宋夏金元五朝日历》,台湾中央研究院历史语言研究所目录索引丛刊,2004年,页436。

部分有若干重复之处，其中南加八剌公主即鲁国大长公主，与第二部分的大长公主[1]重复；速哥八剌公主即赵国公主，与第二部分的赵王重复；承天永福寺，与第二部分的永福寺重复。

第二部分是具体涉案贵族与寺院的收官田产书，其名单为：住奴皇后、塔失帖木儿驸马母亲道道、普纳公主、(荅)[益]里海牙公主、大长公主、赵王、孛罗大王、拜住丞相、圣安寺、天庆寺、难的沙(律)[津]爱护持[寺]、延(廷?)洪寺、妙净寺、阿怜帖木儿八哈赤寺、失剌千姑姑至大寺、崇真万寿宫、永安寺。从内容看，本部分均为部分田产应收官者。如前所述，本部分的大长公主，即第一部分之南加八剌公主，亦即鲁国大长公主；赵王与第一部分之速哥八剌公主为夫妇；而永福寺则第一部分之承天永福寺重复。

这两部分名单的重叠，表明某些赐田产既见于第一部分，亦见于第二部分。难道某些贵族与寺院既要上交全部赐田，同时又要上交部分田产，岂非矛盾？限于篇幅，这两个名单的事实真相，还有待于将来考察。

22.3 元代官寺与贵族赐田的收租权与还官问题

22.3.1 赐田收租权归官

按元制，朝廷拨赐给贵族与寺院的田地，并非由地主自行收租，而是由政府统一收租，然后再将应得的部分回拨给受赐的贵族与寺院。《通制条格》中专有一条《拨赐田土》，其中提到：

皇庆二年(1313)四月二十六日，中书省奏："台官人每与俺文书：江南平江等处有的系官地内，拨赐与了诸王、驸马并寺观诸官员每的地土，他每自委付着管庄的人每，比官司恣意多取要粮斛分例搔扰，教百姓每生受有。合追复还官，供给国家。么道，说有。

〔1〕详论见下文。

杭州行省也这般与文书来。俺与御史台、集贤、翰林院老的每一同商量来，除与了诸王、公主、驸马寺观的田地，依已了的圣旨，与他每佃户合纳的租粮，官仓里收了，各枝儿却于仓里验着纳来的数目关支。这般呵，百姓每不被扰。其余官员、诸人每根底与来的田地，都教还官呵，怎生？"奏呵，"那般者"。么道，圣旨了也。钦此。[1]

这里是说，中书省向仁宗奏报，称御史台与"杭州行省"（即江浙行省）均向中书省报告：平江（即苏州）所受赐田的诸王、驸马与寺院均自行派人向佃户收取远远超过一般官田租额的田租，使租户苦不堪言。中书省在与御史台、集贤院与翰林院的官员商议后提出，受田诸王、公主、驸马与官寺，均不再对赐田自行收租，而应按规定政府统一收租，再从官库里按比例分支给他们。其余官员所受赐田则应还官。这一提议得到仁宗的同意。关于此事，《通制条格》中还有一条记载：

皇庆二年（1313）十月二十三日，中书省奏："江南地面里，平江等处有的系官地内，诸王、公主、驸马根底，各寺观里并官人每根底与来的，他每委着人，比官司纳来的之上多取粮的上头，百姓每生受。"么道，台官每言着呵，今春众人商量了："诸王、驸马根底并各寺观里与来的，将合纳的租米官仓里纳了，似阿合探马儿一般，各投下于官仓里拨与。"奏了，各处行了文书来。前者崇祥院官人每："将普庆寺里江南拨与来的田地内出产的子粒，不教其余的指例，崇祥院管辖的提举司收着。"么道，奏了，与俺文书来。俺商量来，将那粮他每收呵，止是那里粜卖。依已了的圣旨，官仓里收了，取勘了数目，验本处开仓时，(古)[估]拨与价钱呵，怎生？么道，奏呵，"那般者"。么道，圣旨了也。钦此。[2]

《通制条格》这里记载的，与半年前中书省与仁宗所讨论的是同一件事。中书省再次提出受田贵族与寺院自行收租的弊端，按赐田由政

[1]《通制条格》卷16，方龄贵校注本，中华书局，2001年，页485；黄时鉴标点本，页205。

[2]《通制条格》卷16，方龄贵校注本，中华书局，2001年，页485-486；黄时鉴标点本，页205-206。

府统一收租，再按“阿合探马儿”，即颁赐的办法，依例分发给田主的指导意见向全国发了行文。但管理仁宗影堂普庆寺的机构崇祥院提出，他们不应依照此例，而应自行委派下其的提举司对其江南赐田收租。原因是他们要将所收租粮粜卖为钱。中书省提出的解决方案是：仍然维护政府对赐田统一收租的规定，但对普庆寺网开一面，将统一收租折为钞币交付。此议得到仁宗的批准。

皇庆二年(1313)六月初六日，中书省奏：至元十三年(1276)收附江南时分，一个姓毛的、一个姓柴的人不伏归附、谋叛逃窜了的上头，将他每的家私、物业断没入官来。曲律皇帝[1]时分，将那断没了的地土、山场，都与了刘司徒的爷来。去年，又“那地土内，教与刘参政；地土、山场教与不鲁罕丁[2]者。”么道，圣旨有呵，行将文书去，依着圣旨体例与了来。前者俺与台官并翰林、集贤院官一同商量定：“诸王、公主、驸马并各寺里与来的田土，依旧交属他每官仓里收了子粒，似阿哈探马儿一般与他每，官员人等根底与来的，都教还官者。”么道，奏了也。“依着圣旨，已了的，都教还官呵，怎生？”么道，奏将来有。“那地土、山场内每年多出产钱物有。这几年他每要了的勾也者，其余都教还了官。他每根底与来的，不教还官呵，偏负有。教还官呵，怎生？”奏呵，“那般者”。么道，圣旨了也。钦此。[3]

但实际上诸王驸马自行派官往赐地收租的情况并未禁绝。延祐七年(1320)七月“晋王也孙铁木儿遣使以地七千顷归朝廷，请有司征其租，岁给粮钞，从之。”[4]天历二年(1329)十月“辛丑……诸王、公主、官

---

〔1〕即武宗海山。

〔2〕方龄贵注曰：不鲁罕丁，《元史》卷26《仁宗纪》，延祐七年(1320)春正月壬午“御史台臣言：‘比赐不儿罕丁山场、完者不花海舶税，会计其钞，皆数十万锭，诸王军民贫乏者，所赐未尝若是，苟不撙节，渐致帑藏虚竭，民益困矣。’中书省臣进曰：‘台臣所言良是，若非振理朝纲，法度愈坏。臣等乞赐罢黜，选任贤者。’帝曰：‘卿等不必言，其各共乃事。’”其不儿罕丁，当即不鲁罕丁。——见页489，注(2)。完者不花，见本文有关赐田史料延祐七年(1320)部分。

〔3〕《通制条格》卷16，方龄贵校注本，中华书局，2001年，页488；黄时鉴标点本，页207。

〔4〕《元史》卷27《英宗纪》，延祐七(1320)年七月条，标点本，页605。

府、寺观拨赐田租,除鲁国大长公主听遣人征收外,其余悉输于官,给钞酬其直。"[1]上述两则史料反映出,晋王自行派员往赐地收租直至延祐七年(1320),而下嫁宏吉剌家族的鲁国大长公主则始终自行收租。

户部负责朝廷的财政的收支。系官土地支出过大,朝廷的财政便难以为继。从月赤察儿在受赐后,向武宗推辞时说"万亩之田,岁入万石"看,当时贵族与寺院所受江南官地折算的田租是每亩年租一石,政府所收的数字当高于此。元代官地数量巨大,朝廷的收入表面上很高,但除出折算为赐田的租粮支出之外,数量就大减了。

22.3.2 武、仁两朝贵族赐田夺还问题研究

——以月赤察儿家族为例

通常看待朝廷收回过去曾经赐予高官、贵族与寺院问题的视角,是国家与豪强势要之间争夺土地与人口的斗争。而如果从省减朝廷开支的角度来看,历朝历代的政府,除籍没受到惩处的官员、贵族的土地之外,重新审视与压缩过去的开支,剔除其中"不合理者",也是常见的行为,并无什么特别之处。

在元代,收还前朝所赐田产之事亦非始于顺帝即位以后,武宗即位之初,便曾有过拘收前朝赐田之举,《元史》记曰:

> 大德十一年(1307)九月"塔剌海言:'比蒙圣恩,赐臣江南田百顷。今诸王、公主、驸马赐田还官,臣等请还所赐。'从之。仍谕诸人赐田,悉令还官。"[2]

上述史料所涉及的塔剌海,为月赤察儿之子。据元明善记载,月赤察儿有七子,长"曰:塔剌海,夫人赤邻所生,端良刚毅,有古大臣风。至元三十年(1293)佩金虎符,特授昭勇大将军,左都威卫使。大德元年(1297)三月加阶昭武,七月迁荣禄大夫、徽政使,仍左都威卫使。四年(1300),兼枢密副使。六年(1302),迁同知枢密院事。八年(1304)兼宣

---

[1]《元史》卷33《文宗纪》,天历二年(1329)十月条,标点本,页743。

[2]《元史》卷22《武宗纪》,大德十一年(1307)九月条,标点本,页487-488。

徽使。十年(1306)闰正月加光禄大夫,七月迁知枢密院事。"[1]

世祖朝末期,塔剌海所受之昭勇大将军,为元武官正三品,大德元年加阶之"昭武",即昭武大将军,为武官正三品最高阶。[2]塔剌海母亲"夫人赤邻",即月赤察儿诸妻之一赤邻夫人,乃"别速氏千户玉龙铁木儿女"[3]。塔剌海在世祖朝末期至成宗朝,除受赐田之外,官阶也一再上升。

塔剌海所称自己前朝所受赐田一百顷事,当与《元史·成宗纪》所记大德八年(1304)二月"赐秃赤及塔剌海以所籍朱清、张瑄田,人六十"[4]之事有关。"人六十",即秃赤与塔剌海每人得到所籍没的朱清与张瑄的土地60顷。与塔剌海同时获得赐地的秃赤,为月赤察儿之弟,成宗时为御使大夫。[5]大德二年(1298)漠北铁坚古山之战后,成宗为了解战况"使御史大夫秃赤、知枢密院事塔剌海、也可札鲁火赤秃忽鲁即赤纳思之地,聚诸王军将问战胜功状。"[6]成宗所派出的三位大臣中两位出自月赤察儿家族。故而上述两则有关赐田的史料均与月赤察儿家族有关。

塔剌海所提过去所受赐地,应当如同其他贵族与寺院一样还官的要求,虽然得到武宗的同意,但其父月赤察儿的赐地非但没有动,反而还有所增加。同年十一月:

> 庚寅,赐太师月赤察儿江南田四十顷。时赐田悉夺还官,中书省为言,有旨:"月赤察儿自世祖时积有勋劳,非余人比,宜以前后所赐,合百顷与之。"仍敕行省平章别不花领其岁入。[7]

月赤察儿在武宗朝赐田还官风潮中,仍受赐田之事,在元明善《太师淇阳忠武王碑》中记载得更为详细:

---

[1]《太师淇阳忠武王碑》,《国朝文类》卷25,上海涵芬楼影印元至正杭州西湖书院刊本,四部丛刊;并见《清河集》卷2,清光绪刻藕香拾零本。

[2]参见拙文:《〈元史·百官志〉武官正三品资阶订误》,载于《历史研究》,2009年,第6期,页174-181。

[3]"玉龙铁木儿"(Ürüŋ Temür),突厥-蒙古语合成词,此言"白铁"。

[4]《元史》卷21《成宗纪》,大德八年(1304)二月条,标点本,页458。这段记载前面已经引用。

[5]见阎复:《太师广平贞宪王碑》卷23,《国朝文类》,上海涵芬楼影印元至正杭州西湖书院刊本,四部丛刊。

[6]虞集:《句容郡王世绩碑》卷26,《国朝文类》,四部丛刊本。

[7]《元史》卷22《武宗纪》,大德十一年(1307)十一月条,标点本,页491。

他日诏曰:"成宗常赐卿江南田六千亩,今加赐四千。"奏曰:"万亩之田,岁入万石。臣待罪,宰相先规己利,人谓臣何。江南民力极矣,请辞万石之入入官,以苏[1]民力。"上悦而允。……是年六月特授荣禄大夫、宣徽使。九月加仪同三司、右丞相,仍赐江南良田万亩。奏曰:"臣首受此田,指以求赐者多矣。臣愿还田县官。"有敕依至大元年(1308)二月加阶开府兼尚服使。[2]

月赤察儿是最受成宗信任的大臣之一,在伊利汗国史臣哈沙尼所著《完者都史》中,提到过一位至大年间元廷驻和林行省的高官,名"白胡子太师"(Aq Saqal),当即此人。[3]进入至大年,武宗收赐田归官的措施依然在执行,至大二年(1309)九月:

丁酉,御史台臣言:"比者近幸为人奏请,赐江南田千二百三十顷,为租五十万石,乞拘还官。"从之。[4]

由此可见,将贵族与官寺赐田收归国家之举早已有之,并非始于顺帝元统年。

22.3.3 皇家寺院的巨额开支

历代元帝均有滥加赏赐与大作佛事的行为。税入是立国的基础,而土地是税收的基础。滥赐土地,意味着国家税基的缩小,是国之大敌。泰定帝时,廷臣就为此进过言。《元史》记:

泰定三年(1326)十月"赐大天源延圣寺钞二万锭,吉安、临江二路田千顷。中书省臣言:'养给军民,必籍地利。世祖建大宣文弘教等寺[5],赐永业,当时已号虚费。而成宗复构天寿万宁寺[6],

---

[1]原文为苏,当为舒。

[2]《国朝文类》卷23,四部丛刊本,卷26。

[3]参见拙文《脱火赤丞相与元金山戍军》,载于《南京大学学报》,1992年,第4期,页34-42。

[4]《元史》卷22《武宗纪》,至大二年(1309)十一月条,标点本,页516。

[5]"大宣文宏教寺,今静宜园之万安山法海、法华二寺相传即其遗址。"——〔清〕于敏中、窦恺鼐等纂修:《日下旧闻考》,北京古籍出版社,2001年,卷155,页2505。

[6]大德九年(1305)二月"乙未,建大天寿万宁寺。"——《元史》卷21《成宗纪》,标点本,页462。

泰定四年(1327)五月"乙巳,作成宗神御殿于天寿万宁寺。"——《元史》卷30《泰定帝纪》,标点本,页679。

较之世祖，用增倍半。若武宗之崇恩福元〔1〕，仁宗之承华普庆〔2〕，租榷所入，益又甚焉。英宗凿山开寺，损兵伤农，而卒无益。夫土地祖宗所有，子孙当共惜之。臣恐兹后藉为口实，妄兴工役，侥福利以逞私欲，惟陛下察之。'帝嘉纳焉。"〔3〕

廷臣所提到的上述几所寺院多为皇家原庙，即影堂。其中，大天源延圣寺原为泰定帝祖父晋王甘麻剌影堂，后为明宗帝后影堂，详见后文。大崇恩福元寺，即南寺，后为武宗影堂。武宗初即位时乃为其父答剌麻八剌建。其建造过程姚燧在《崇恩福元寺碑》文中有明确记载，称武宗即位后为其父答剌麻八剌：

诔行定谥曰顺宗昭圣衍孝皇帝，琢玉宝册，纳诸庙中，尊皇太后以仪天兴圣慈仁昭懿寿元之号，迩之为子，远之为孙，其孝以慈，可谓致极，而于宸心犹若未然。明年至大之元(1308)，诏群臣曰：昔朕万里抚军北荒，险阻践踰同，躬擐甲胄，北寇底平，实艰实棘。时有愿言皇曾考妣、皇祖考妣之丰功茂德，皇考、太后之厚泽深仁，图以报塞，必俟他日。振旅而南，大建宝刹，凭依佛乘，上为往圣荐福，冥冥慈闱，祝厘昭昭。

这里是说，大德十一年(1307)成宗逝后，武宗登极，为其父答剌麻八剌定谥号为顺宗，并尊其母为皇太后，并说自己抚军北荒时就有意建寺褒扬其祖父母，即真金夫妇，及自己的父母答剌麻八剌夫妇。等南还大都后，要大建佛寺，为祖先祝福。为此，武宗：

銮辂亲巡，胥地所宜，于都城南不杂阛阓，得是吉卜。敕行工曹，甓其外垣为屋，再重踰五百，础门其前而殿于后，左右为阁楼，其四隅大殿孤峙，为制正方。四出翼室，文石席之。玉石为台，黄金为趺，塑三世佛。后殿五佛，皆范金为席。台及趺与前殿一，诸天之神，列塑诸庑，皆作第一颗梵像，变相诡形，怵心骇目，使人劝以趋善，惩其为恶。有不待翻诵其书，已悠然而生者矣。至其榱题

〔1〕此处"崇恩福元"指大崇恩福元寺。

〔2〕"承华普庆"指大承华普庆寺。

〔3〕《元史》卷30《泰定帝纪》，泰定三年(1326)十月条，标点本，页674。

棁桷，藻绘丹碧，缘饰皆金，不可赀筭。楯槛衡纵，捍陛承宇，一惟玉石，皆前名刹所未曾有，榜其名曰大崇恩福元寺，用实愿言。外为僧居；方丈之南，延为行宁，属之后殿，库、厩、庖、湢，井井有条。所置隆禧院，比秩二品，守以相臣。割田外郡，收其租入，以给祝发，日廪月饩。〔1〕

姚燧所记"割田外郡，收其租入，以给祝发日廪月饩"是有具体内容的。黄溍提到：

先是武宗皇帝命以故宋太后汤沐地，悉归于大崇恩福元寺，平章政事伯颜持不可，上震怒，犹抗论不已。〔2〕

武宗建大崇恩福元寺花费巨资，极尽奢华，泰定帝时受到当时廷臣的廷巨的批评不足为怪。武宗逝后，此寺成为其影堂。

大普庆承华寺，后为仁宗影堂。虞集记曰："大承华普庆寺者，仁庙所建佛祠也。出金谷之产以资之，丰赡无筭，特命以为都总管。仁庙宾天，奉神御于寺中，至今领焉。"〔3〕姚燧的《普庆寺碑》与赵孟頫的《大元大普庆寺碑铭》均记建寺始末，两人所撰碑文有异有同。在碑文开头处赵孟頫写道："世祖圣德神功文武皇帝，聪明冠古，无远弗烛，雄略盖世，而神武不杀，命将出师，不再举而宋平。分裂者余二百年，一旦一之，遐陬荒裔，咸受正朔。幅员之大，古所未有。"此言世祖灭宋，统一天下，结束了国家分裂的局面，使远裔边邮，亦受中央统治，中国疆域之大旷古所未见。

至于建寺之初衷，姚燧记乃为其祖母真金妃徽仁裕圣皇后伯蓝也

〔1〕《崇恩福元寺碑》，《牧庵集》，上海商务印书馆缩印清武英殿聚珍版，四部丛刊，卷10；并见《国朝文类》，四部丛刊本，卷22。

〔2〕《宣徽使太保定国忠亮公神道第二碑》，《黄金华先生集》，四部丛刊本，卷24。

〔3〕虞集：《大宗正府也可札鲁火赤高昌王神道碑》，《道园学古录》卷16，四部丛刊景明景泰翻元小字本。

怯赤。[1]姚、赵二人均称她为“乃心下为皇孙武宗、圣上择师取友，督劝于学，俾知先王礼、乐、刑、政，以为治国平天下之具”。姚燧还称她“外接宗亲之会见，内饬宫臣之率职，致孝极慈，敦睦示严，如是而善韬智晦明，以藏其用。”

对于世祖逝后，成宗即位之事，姚燧在《崇恩福元寺碑》中提到：

> 廿九年(1292)，顺考[2]陟方。又二年，大帝登遐，柱倾于天，维绝于地。急变秋也，徐为图回，未尝大声以色……枹鼓一鸣，召至成庙于抚军万里之外，授是神鼎，易天下岌岌者为泰山之安，俾圣子神孙得以乘承今亿万年。大德二年(1298)，诏武宗复抚军于北，日侍慈闱者惟今皇上一焉耳。故情不分而爱弥笃，怡言煦之，摩手抚之，食焉而羹，息焉而膚，又伺有无而增益之。

赵孟頫所撰文字与此大致相同，即是说，至元二十九年(1292)，真金去世。两年后，世祖辞世。真金妃伯蓝也怯赤不动声色地将皇孙铁穆耳从万里之外的前线召回，扶登大宝，使天下转危为安。大德二年(1298)，当成宗命海山出镇漠北后，留在真金妃伯蓝也怯赤身边的只有后来的仁宗。故而真金妃伯蓝也怯赤格外疼爱仁宗。这段记载使人联想起武宗从漠北回来后，在由谁即位的问题上，其母在武、仁两兄弟之间犹豫；而后来仁宗即位后，违背前约，弃武宗之子，而立已子爱育黎拔力八达之皇太子之事。

大德四年(1300)，海山兄弟的祖母真金妃伯蓝也怯赤去世后，姚燧提到留居大都的弟弟爱育黎拔力八达曾“献屋为殿三楹，事佛妥灵，以尽孝思。”而赵孟頫则提到，爱育黎拔力八达曾受八思巴影响，皈依佛

---

〔1〕徽仁裕圣皇后，真金妃宏吉剌氏，成宗铁穆尔之母——《元史》卷18《成宗纪》，中华书局标点本，页381。关于其身世，《元史·后妃传》记：

“裕宗徽仁裕圣皇后伯蓝也怯赤，一名阔阔真，弘吉剌氏，生顺宗(答剌麻八剌)、成宗。

先是世祖出田猎，道渴，至一帐房，见一女子缉驼茸，世祖从觅马湩。女子曰：‘马湩有之，但我父母诸兄皆不在，我女子难以与汝。’世祖欲去之。女子又曰：‘我独居此，汝自来自去，于理不宜。我父母即归，姑待之。’须臾果归。出马湩饮世祖。世祖既去，叹息曰：‘得此等女子为人家妇，岂不美耶！’后与诸臣谋择太子妃，世祖俱不允。有一老臣尝知向者之言，知其未许嫁，言于世祖。世祖大喜，纳为太子妃。”——卷116，中华书局标点本，页2898。

〔2〕按，即答剌麻八剌。

教："四年(1300)，裕圣[1]上仙，皇上追思罔极，因念在世祖时帝师八合思巴弘阐佛法，故我得闻其义，舍归依三宝，修崇□福，将何以尽吾心。始建佛殿于大都。"这当是大普庆承华寺之雏形。

在有关成宗去世，爱育黎拔力八达先其兄弟归大都，控制朝政，然后将皇位转交其兄海山之事，姚、赵两人所记大致相同。有关建造大普庆承华寺前的择地，姚燧云"乃市民居，倍售之估，跨有数坊"；而赵孟頫则称乃在原真金妃伯蓝也怯赤原庙的基础上"因其地而扩之，凡为百亩者二。"至于建寺的过程、花费与毕工后的规模，姚燧记：

> 直其门为殿七楹，后为二堂，行宁属之，中是殿堂，东偏仍故殿，少西迭甓为塔，又西再为塔殿与之角峙，自门徂堂，庑以周之，为僧徒居，中建二楼，东庑通庖井，西庑通海会，市为列肆……大抵抚拟大帝所为圣寿万安寺而加小，其磐础之安，陛戺之崇，题楶之骞，藻绘之辉，巧不劣焉。[2]

这里是说正对大门处建七楹之殿，其后为二堂，中间亦有殿堂，其东故殿保留，西为塔，再西又建高殿与之相对，此外还有不少附属建筑。其规模大致依照世祖所建之圣寿万安寺而稍减。此寺基础坚固，建筑高大、奢华，工程浩大。而赵孟頫记录得更为详细，称武宗：

> 置崇祥监以董其事。其南为三门，直其北为正觉之殿，奉三圣大像于其中。殿北之西偏为最胜之殿，奉释迦金像。东偏为智严之殿，奉文殊、普贤、观音三大士。二殿之间，对峙为二浮图。浮图北为堂二，属之以廊。自堂徂门，庑以周之。西庑之间，为捻持之阁。中寘宝塔，经蔵环焉。东庑之间，为圆通之阁，奉大悲弥勒金刚手菩萨。斋堂在右，庖井在左。最后又为二阁，西曰真如，东曰妙祥。门之南，东西又为二殿，一以事护法之神，一以事多闻天王。合为屋六百间，盘础之固，陛戺之崇，题楶之骞，藻绘之工，若忉利、兜率化出人间。

---

〔1〕即海山兄弟的祖父答剌麻八剌与成宗之母、真金妃徽裕圣皇后。

〔2〕《崇恩福元寺碑》，《牧庵集》，上海商务印书馆缩印清武英殿聚珍版，四部丛刊本，卷11；并见《国朝文类》卷22，上海涵芬楼影印元至正杭州西湖书院刊本，四部丛刊。

赵孟頫还提到：寺“既成，赐名曰大普庆寺，给田地、民匠、碓硙、房廊等，以为常住，岁收其入，供给所须。”〔1〕

《至顺镇江志》将寺名误记作“大乘华普庆寺”，说该寺在镇江各地有田、地一百顷二十三亩，系仁宗皇庆元年（1312）从没官的“纳粮田土”中拨赐的。该志还详记此寺在本路各县的具体田地数。〔2〕这证明该寺的赐地中许多在江南。

天源延圣寺为泰定帝也孙帖木儿父甘麻剌影堂所在，〔3〕泰定三年（1326）二月“丙申，建显宗神御殿于卢师寺，赐额曰大天源延（寿）[圣]寺。”〔4〕同年冬十月条又记“庚辰，享太庙。奉安显宗御容于大天源延圣寺。”〔5〕

---

〔1〕赵孟頫：《大元大普庆寺碑铭》，《松雪斋集》，《诗文外集》，四部丛刊本。

〔2〕脱因、俞希鲁：《至顺镇江志》，清道光二十二年（1896）刻本，《宋元方志丛刊》，中华书局，1990年，第3册，卷5，页691-2692；江苏地方文献丛书，江苏古籍出版社，1999年，页217-218。

〔3〕泰定元年（1324）冬十月“戊午，享太庙。立寿福总管府，秩正三品，典累朝神御殿祭祀及钱谷事；降大天源延圣寺总管府为提点所以隶之。”——《元史》卷29《泰定帝纪》，标点本，页650-651。

泰定三年（1326）八月乙亥“大天源延圣寺神御殿成。”——《元史》卷30《泰定帝纪》，标点本，页672。

泰定四年（1327）冬十月“癸卯，命帝师作佛事于大天源延圣寺。”——《元史》卷30《泰定帝纪》，标点本，页682。

致和元年（1328）三月“辛未，大天源延圣寺显宗神御殿成，置总管府以司财赋。”——《元史》卷30《泰定帝纪》，标点本，页685。

天历二年（1329）五月“乙亥，幸大圣寿万安寺，作佛事于世祖神御殿，又于玉德殿及大天源延圣寺作佛事。”——《元史》卷33《文宗纪》，标点本，页734。

天历二年（1329）十一月丙辰“后八不沙请为明宗资冥福，命帝师率群僧作佛事七日于大天源延圣寺，道士建醮于玉虚、天宝、太乙、万寿四宫及武当、龙虎二山。”——《元史》卷33《文宗纪》，标点本，页744。此事亦见《元史》卷114《后妃传》：天历二年（1329）“十一月，（八不沙皇）后请为明宗资冥福，命帝师率诸僧作佛事七日于大天源延圣寺，道士建醮于玉虚、天宝、太乙、万寿四宫，及武当、龙虎二山。”——标点本，页2877。

至顺元年（1330）十一月“癸巳，以临江、吉安两路天源延圣寺所入租税，隶太禧宗禋院。”——《元史》卷34《文宗纪》，标点本，页769-770。

〔4〕《元史》卷30《泰定帝纪》，标点本，页668。中华书局，标点本，校勘记（4）记：“大天源延（寿）[圣]寺，据下文十月庚辰、癸酉、致和元年（1328）三月辛未诸条及本书卷75《祭祀志》改。类编已校。”——标点本，页688。

〔5〕《元史》卷30《泰定帝纪》，标点本，页674。

这些皇家寺院工程浩大，虽然姚燧、赵孟頫均称未无偿动用民力，乃动用宫中的财力佣工为之，但实际上耗费的资金极巨大，无怪泰定帝建天源延圣寺时，廷臣要加以劝诫。这也应置于元统二年(1334)将部分贵族与寺院赐田收官的背景中考察。

22.4 元廷向贵族与寺院赐田的问题

22.4.1 有关至元末至元统初四十年间朝廷赐田的史料

前引《至正条格》的文字提到，户部向中书省提到，“至元三十年(1293)以后，今岁续拨与了诸王、公主、驸马、百官、寺观等田数。其间寺观自有常住，百官已有俸禄，诸王、公主各有分拨城池、岁赐钱帛。又复拨赐田粮，合拘收还官。”也就是说，户部所提出的是至元三十年(1293)至元统二年(1334)40年间，元廷对已经寺产的寺院、已有优厚俸禄的高官及已有投下封户与岁赐的诸王、驸马再赐田产的问题。循此线索，笔者专门查核《元史》中世祖至元三十年以后，至顺帝元统二年朝廷赐田的记载，以资研究。检出的资料如下：

(1)哈剌鲁(Qarluq)人答失蛮(Dānišmand)[1]“成宗临御之初……战大捷，海都败走，凯旋而归。第功行赏，赐以田三百亩。……成宗殡天，公北迓武宗皇帝于野马川，归正宸极。仁宗在储闱，以公先朝旧人，奏为中书参知政事，仍兼司农卿，赐以金带、犀带、七宝笠、珠帽、珠衣，金五十两，田二千亩。”[2]

(2)大德二年(1298)十二月“诸王小薛[3]所部三百余户散处凤翔，

---

〔1〕答失蛮，当系波斯语دانشمند(Dānišmand)“学者”一词的撒马耳罕-不花剌方言读法Dāšmand之汉语音译。

〔2〕《宣徽使太保定国忠亮公神道碑》，《金华黄先生集》卷24，四部丛刊本。

〔3〕小薛，太宗窝阔台之孙，其父为阔出太子。

以潞州田二千八百顷赐之。”[1]

(3)“归附后,至元十四年(1273)住持僧如智[2]捐衣钵之余,建接待寺于沈家门之侧,以便往来者。”[3]

此条在马泽、袁桷所编之《延祐四明志》中抄录,惟“朝廷数遣使降香,相属于道”一句改为“大德三年(1299),钦奉诏旨拨赐鄞县湖田二十顷。”[4]

(4)“白马寺,洛阳城西雍门外。白马寺即汉之鸿胪寺也,永平十四年(71)摩腾三藏法师以白马驮经至此,因建寺。……庭中一巨碑,龟趺螭首,高四丈余,碑首刻曰《大元重修释源大白马寺赐田功德之碑》,荣禄大夫、翰林丞旨阎复奉敕撰记。碑曰:‘圣上大德改元之四年(1300)冬十月,释源大白马寺告成。诏:以护国仁王寺水陆田在怀孟六县者千六百顷,充此恒产,永为皇家子孙祈福之地。仍命翰林词臣书其

---

〔1〕《元史》卷19《成宗纪》,大德二年(1298)十二月条,标点本,页421。关于此人及其在山西的赐田,参见日本大阪大学松田孝一:《关于小薛大王分地的来源》,《元史论丛》第8辑,“马可波罗与十三世纪中国”国际学术研讨会论文集,中国元史研究会,江西教育出版社,2001年;瞿大风:《有元一代山西地区的蒙古诸王》,刊于内蒙古大学蒙古学研究中心主编《蒙古学集刊》,2008年,第3辑(总第20辑)。

〔2〕如智在元与日本交往中曾起过重要作用。元《经世大典·序录·征伐》“日本”条记“日本,海国,自至元、大德间,黑迪、殷弘、赵良弼、杜世忠、何文著、王积翁、释如智、宁一山与高丽之潘阜、金有成辈,数使其国,惟积翁中道为舟人所杀,余皆奉国书以达,而竟不报聘”。——《国朝文类》卷41,上海涵芬楼景印元至正杭州路西湖书院刊本,四部丛刊。

同书同卷在成宗致书日本降事项下,又小字记:〔至元〕“二十一年(1284),又以其俗尚佛,遣王积翁者与补陀僧如智往使。舟中有不愿行者,共谋杀积翁,不果使而返。”此外的补陀即普陀。《元史》卷208《日本传》中有关记载即抄自《经世大典·序录》中的本段文字。

此事在《元史·成宗纪》中有稍详记载:“三月癸巳,……命妙慈弘济大师、江浙释教总统补陀僧一山赍诏使日本,诏曰:‘有司奏陈:向者世祖皇帝尝遣补陀禅僧如智及王积翁等两奉玺书通好日本,咸以中途有阻而还。爰自朕临御以来,绥怀诸国,薄海内外,靡有遐遗,日本之好,宜复通问。今如智已老,补陀宁一山道行素高,可今往谕,附商舶以行,庶可必达。朕特从其请,盖欲成先帝遗意耳。至于惇好息民之事,王其审图之。’”——《元史》卷20《成宗纪》,标点本,页426-427。

宝陀寺受赐田当缘于此。

〔3〕大德《昌国州图志》,卷7,寺院“宝陀寺”条,清咸丰刊本,收于《宋元方志丛刊》,中华书局,1990年,第6册,见页6099。

〔4〕咸丰刊本,收于《宋元方志丛刊》,中华书局,1990年,第6册,卷16,昌国州宝陀寺条,页6364。

事于石……修寺之役，经度之始，无所取财。遍访檀施于诸方，洊更岁龠而未睹成效。帝师闻之，申命大师丹巴旧作耽巴今改正董其事。丹巴请假护国仁王寺田租以供土木之费，诏允其请。裕宗文惠明孝皇帝[1]时在东宫，亦出帛币为助，于是工役始大作。为殿九楹，法堂五楹，前三其门，傍翼阁，云房精舍、斋、庖、库、厩以次完具，位置尊严。绘塑精妙，盖与都城万安、兴教、仁王三大刹[2]比绩焉，始终阅二纪之久……以毕寺之余功，落成之际，仁王寺欲复所假田租，文才即遣僧奭言于丹巴曰：转经颂禧，寺所以来众僧也，有寺无田，众安仰？丹巴令宣政院官达实爱满旧作答失蛮(Dānišmand)，今改正等奏请，遂有赐田之命，且敕有司世世勿夺云。'"[3]

(5)大德五年(1301)二月"戊戌，赐昭应宫[4]、兴教寺[5]地各百顷，

---

[1]即真金。

[2]万安，即世祖帝后影堂大圣寿万安寺；兴教即大兴教寺，详见下；仁王即大护国仁王寺，世祖忽必烈察必皇后影堂。

[3]迺贤：《河朔访古记》，卷下，清武英殿聚珍版丛书本。修白马寺未动用国库，乃由护国仁王寺开支。护国仁王寺为世祖忽必烈的察必皇后家庙。有关此寺，参见拙文《从北平王到北安王——那木罕二三题》，刊于《元史及民族与边疆研究集刊》，第21辑，南京大学元史研究室/民族与边疆研究院中心主办，上海古籍出版社，2009年，页1-40；顾寅森：《元代官寺大护国仁王寺研究》，南京大学研究生毕业论文(申请硕士学位)，2010年5月15日。

[4]许有壬：《武昌路武当万寿崇宁宫碑铭有序》："我朝至元己巳(至元六年，1269)，龟蛇见于高梁河，以为玄武之祥，为筑昭应宫。"——《圭塘小稿》卷10，清上怡堂丛书本；并见许有壬：《至正集》卷63，清抄本(未注明抄录年份)，北京图书馆古籍珍本丛刊，第95册，书目文献出版社影印本，无出版时间。

又《元史》：至元七年(1270)二月"甲戌，筑昭应宫于高梁河。"——卷7，标点本，页128。

[5]程钜夫《凉国敏慧公神道碑》：至元"十七年(1280)建城南寺，二十年(1283)建兴教寺"。——《雪楼集》卷7，洪武刻本。

延祐五年(1318)冬十月"壬辰，建帝师巴思八殿于大兴教寺，给钞万锭。"——《元史》卷26《仁宗纪》，标点本，页586。

至治二年(1322)十月"甲申，建太祖神御殿于兴教寺"。——《元史》卷28《英宗纪》，标点本，页624。

"上都、大都、杨州在先钦奉圣旨拨赐与大乾元寺、大兴教寺、大护国仁王寺酒店、湖泊出办钱物，令有司通行管办，赴官送纳寺家合得钱物，官为支付，无得以前另设人员，侵损官课。"——《元典章》，户部，卷10，典章24，中国广播电视出版社影印元刊本，1998年，页1040-1041。

兴教仍赐钞万五千锭；上都干元寺[1]地九十顷，钞皆如兴教之数；万安寺[2]地六百顷，钞万锭；南寺[3]地百二十顷，钞如万安之数。"[4]

(6)大德八年(1304)二月"赐秃赤及塔剌海以所籍朱清、张瑄田，人六十顷。"[5]

(7)大德九年(1305)八月"丁丑，给曲阜林庙洒扫户，以尚珍署田五十顷供岁祀。"[6]

(8)大德十一年(1307)九月"塔剌海言：'比蒙圣恩，赐臣江南田百顷。今诸王、公主、驸马赐田还官，臣等请还所赐。'从之。仍谕诸人赐田，悉令还官。"[7]

(9)大德十一年(1307)十一月"庚寅，赐太师月赤察儿江南田四十顷。时赐田悉夺还官，中书省为言，有旨：'月赤察儿自世祖时积有勋

---

[1]黄溍《上都大龙光华严寺碑》："世祖皇帝始在潜邸，驻军和林。念国家龙兴朔漠，奄有万邦，声教所覃，地大且远。会朝展亲，奉贡述职，道里宜均。爰相地于桓州东滦河北之龙冈，建开平府。首于城中乾艮二隅造两佛刹，曰大乾元寺，曰大龙光华严寺。"——《金华黄集》卷8，四部丛刊本。

[2]万安寺即圣寿万安寺，为世祖原庙。此寺与兴教寺又均为操演朝仪之所。《元史》卷67《礼乐志》"元正受朝仪"条："前期三日习仪于圣寿万安寺或大兴教寺。"元人胡助曾以"小儒"的身份观看过万安寺中演习朝仪的活动，并写下一首题为《万安寺观习仪》的七言诗句：

"卫士金吾塞梵宫，旌麾妍丽映寒空。仿陈元□千官，肃恭习朝仪万国同。

礼乐雍容全盛日，衣冠文雅太平风。小儒拭目还心醉，归对书灯守岁穷。"——《纯白斋类稿》卷8，《丛书集成初编本》，中华书局，1985年，页70。

[3]洪金富《元〈析津志·原庙·行香〉篇疏证》(《历史语言研究所集刊》第79卷第1分，2008年，页26)：南寺，指大崇恩福元寺。熊梦祥《析津志》称为南寺，应与此寺位于大都新城之南的地理位置有关。据《元史·武宗纪一》至大元年(1308)十一月乙未条及张养浩《时政书》"举其害政泰甚者十一事"中第五事(见洪金富《元代台宪文书汇编》，页512)，南寺之称，早在大崇恩福元寺至大元年(1308)敕建之前已经有之。推测福元寺原址原有一庙，俗称南寺，甚受皇家重视，故有钱钞土地之赐。武宗至大元年(1308)，相中此寺，敕行工曹，大肆改建，赐名大崇恩福元寺，但旧俗仍以南寺相称。关于大崇恩福元寺的修建，见姚燧《崇恩福元寺碑》(《牧庵集》，上海商务印书馆缩印清武英殿聚珍版，四部丛刊初编集部，卷10，页8b-11a)。

[4]《元史》卷20《成宗纪》，大德五年(1301)二月条，标点本，页434。

[5]《元史》卷21《成宗纪》，大德八年(1304)二月条，标点本，页458。这段记载前面已做过分析，兹不重复。

[6]《元史》卷21《成宗纪》，大德九年(1305)八月条，标点本，页465。

[7]《元史》卷22《武宗纪》，大德十一年(1307)九月条，标点本，页487-488。此则史料前面已经分析，兹不重复。

劳，非余人比，宜以前后所赐，合百顷与之。'仍敕行省平章别不花领其岁入。"〔1〕

(10)"成宗得末疾，公与尚医理御药不暂离，夜不就寝，寝不解衣，或数月或期年留中。盛夏病暍，人勉其还家治疾。公曰：'圣体尚未康，为臣敢爱身乎？'惟啜淡粥，数日自愈。其事上闻，有旨曰：'济苏穆尔一心爱君，宁不爱身，此人所难能，又廉介甘贫，赐平江路田五十顷以赡其家，进授荣禄大夫、宣政使，领延庆使。'"〔2〕

(11)"元贞始元(1296)端月八日午时，储皇犹未出阁。……皇上立极，既正元良，明年至大之元，辰在戊申(1308)四月十有五日，乃为下令割真定属县获鹿隶震宫、石同、北魏刘三郉与官院营之田五千亩，赐为永业，资开讲席。"〔3〕

(12)至大元年(1308)秋七月"壬戌，皇子和世球请立总管府，领提举司四，括河南归德、汝宁境内濒河荒地六万余顷，岁收其租，令河南省臣高兴总其事。中书省臣言：'濒河之地，出没无常，遇有退滩，则为之主。先是，有亦马罕者，妄称省委括地，蚕食其民，以有主之田俱为荒地，所至骚动。民高荣等六百人，诉于都省，追其驿券，方议其罪，遇赦获免，今乃献其地于皇子。且河南连岁水灾，人方阙食，若从所请，设立

---

〔1〕《元史》卷22《武宗纪》，大德十一年(1307)十一月条，标点本，页491。此段史料前文已做分析，兹不重复。

〔2〕吴澄：《齐国文忠公神道碑》，《临川吴文正公集》，卷64，四库本。

〔3〕《储宫赐龙兴寺永业田记》，《牧庵集》上海商务印书馆缩印清武英殿聚珍版，四部丛刊，卷10。

官府,为害不细。'帝曰:'安用多言,其止勿行!'"[1]

(13)同年闰十一月"壬寅,乞台普济乞赐固安田二百余顷,从之。"[2]

(14)《仰山栖隐寺满禅师道行碑奉敕撰》

> 武宗皇帝在北边时,下令施钞万贯造文殊菩萨像。既即位,驾幸其寺,施金百两、银五百两、钞六万贯,赐号佛慧镜智普照大禅师,敕尚方造织成金龙锦,缘僧伽黎大衣,穷极工巧,经岁乃成。召师至禁中,出以赐焉。今上在春宫,尝三幸其寺,命有司作尊胜塔于东岭,及建明远、观光二亭,以备临幸。洎登极,亟命工部尚书臣郑伯颜领大匠修其寺,凡土木之故而敝者,图画之久而漫者,咸易而新之;旁垒厓石,以方广其基。高者至百余尺,造普贤、观音像,增建堂、殿、亭、台,凡几格供张什器之物,靡所不备。树碑于门,颂天子圣德。既又赐苏杭水田五千亩,为常住业。[3]

(15)至大二年(1309)九月"丁酉,御史台臣言:'比者近幸为人奏请,赐江南田千二百三十顷,为租五十万石,乞拘还官。'从之。"[4]

(16)至大三年(1310)十一月"以朱清子虎、张瑄子文龙往治海漕,

---

[1]《元史》卷22《武宗纪》,至大元年(1308)秋七月条,标点本,页500。

这里提到的至大年以前的亦马罕冒献土地以邀幸之事,亦见于其他史料记载。《元典章》圣政卷1典章2《抑奔竞》条记载:

"至大四年(1311)三月十八日钦奉,登宝位诏书内一款:国家租赋有常,侥幸献地之人所当惩戒。其刘亦马罕、小云失不花等冒献河南地土,已令各还元主,刘亦马罕长流海南。今后诸陈献地土并山场窑冶之人并行治罪。"——中国广播电视出版社影印元刊本,1998年,页61;并见《通制条格》卷16,方龄贵校注本,中华书局,2001年,页467;黄时鉴标点本,页199。

此外苏天爵《灾异告白十事》亦记:"薄赋税者,治国之大经;广聚敛者,蠹民之法。夫以河南之地方数千里,所税输粮已有定数。先之以刘亦马罕妄献地土,既已长流海南,是无闲田亦已明矣。"——《滋溪文稿》卷26,陈高华、孟繁清点校本,中华书局,1997年。

黄德善撰《宿州监郡马思忽公去思记》:"先时刘亦马罕献地国家,以尝罢去。"——〔明〕曾显撰:(弘治)《直隶凤阳府宿州志》卷下,明弘治增补刻本。可见刘亦马罕献地邀幸事当发生在宿州。该志记:"马思忽,西域人,至元元年(后至元)来监是郡。四年满,去郡。"(卷上,官迹。)

[2]《元史》卷22《武宗纪》,至大元年(1308)闰十一月条,标点本,页505。

[3]赵孟頫:《松雪斋集》,《诗文外集》,四部丛刊本。

[4]《元史》卷22《武宗纪》,至大元二年(1309)九月条,标点本,页516。

以所籍宅一区、田百顷给之。"[1]

(17)"《敕赐崇源寺碑》

……初仁皇居东宫,赐昌平县史村田七百亩,乃即赐田。"[2]

(18)"大庆寿寺[3]密迩禁庭,裕皇祝厘之所。顾瞻轮奂,若慕羹墙,寺有赐田。仍谕有司蠲其徭征,俾诸比丘勤修佛事,导迎祯祥,具如先朝明命。越二年,[4]复赐土田为顷者五十……彰其师之道,俾寺有恒产,得广延来者,以畅宗风。中统建元(1260)之明年,有编甿张氏以固安、新城两县阙村之水陆地来献、由是庆寿昭被,上赐厥租,惟不毛之田,岁垦而新之,乃益滋殖衍沃,廪入丰羡,园有树栗,陇有来牟,环布近郊,石煤以薪,水轮以磨,市区子钱之入,皆有赢储,钟鱼振响,檀施如归,祠官秘祝,匪颁傍午,而庆寿寺遂为京师招提之胜。嗣皇提封之内,又择蓟州渔阳之膏腴,以益之,自中统距今余四纪。"[5]

(19)"先是武宗皇帝命以故宋太后汤沐地,悉归于大崇恩福元寺,平章政事伯颜持不可,上震怒,犹抗论不已。"[6]

(20)"《淮安忠武王庙田记》

至大巳酉岁(二年,1309)圣天子龙德在渊,……追推元勋茂德,宜修祀典以示崇褒。乃命江浙行中书省建淮安忠武王庙于杭。庙成,申饬词臣勒文贞石,……栋宇既备,像设孔严,必有腴田以供粢盛,庶用资永久,于是撙工费之赢钞为锭者七百四十有奇,买田三百七十三亩,俾

〔1〕《元史》卷23《武宗纪》,至大元三年(1310)十一月条,标点本,页530。

〔2〕许有壬:《至正集》卷46,清抄本(未注明抄录年份),北京图书馆古籍珍本丛刊,第95册,书目文献出版社影印本,无出版时间。

〔3〕元人陈孚写有《偕承旨野庄公学士刘东崖、侍讲张西岩游庆寿寺,憩僧窻有作》《庆寿寺有小殿,榜曰圣容奉志公泗州,二菩萨皆真身所塑也,元在江左,金梁王宗弼取置于此》,见《陈刚中诗集·玉堂稿》,明抄本,〔清〕黄丕烈跋,北京大学图书馆藏本。

〔4〕当为至大二年(1309)或三年(1310)。

〔5〕邓文原:《皇太子赐大庆寿寺田碑》,《巴西集》卷上,清抄本,〔清〕丁丙跋,现藏南京图书馆。

〔6〕黄溍:《宣徽使太保定国忠亮公神道第二碑》,《黄金华先生集》卷24,四部丛刊本。本则史料在前面讨论大崇恩福元寺时已经引述。

朱君庆掌其契要,副藏有司,岁司出纳,以给祠祭。”[1]

(21)皇庆元年(1312)三月“敕归德亳州,以宪宗所赐不怜吉带(Bürilgitei/ Bürilgidei)[2]地一千七十三顷还其子孙。……赐汴梁路上方寺地百顷。”[3]

(22)“大乘华普庆寺[4],一百顷二十三亩三分一厘四毫皇庆元年

〔1〕邓文原:《巴西集》,卷下,清抄本,〔清〕丁丙跋,现藏南京图书馆。至治二年(1322)十二月英宗复“赐淮安忠武王伯颜祠祭田二十顷。”——《元史》卷28《英宗纪》,至治元年(1321)十二月条,标点本,页626。苏天爵曾造访过伯颜庙,但据他记载,此庙所拥有的赐田远远超过此数字:“伯颜,有庙在杭州德化里,赐田二千亩,敕有司岁时享祀。至正九年(1349)春,天爵拜谒祠下,会守庙者模王像勒诸石,谨拜手而为之赞。”——《丞相淮王画像赞》,《滋溪文稿》,卷1,陈高华、孟繁清点校本,中华书局,1997年,页2。

〔2〕志费尼在记载元宪宗蒙哥即位时的风波时,三次提到不怜吉觯。其中第一次写道:“在一个吉祥如意的时刻,当蒙哥可汗登上汗位时,他以不怜吉觯(*Bürilgitei)管辖别失八里地区。”——《世界征服者传》(Juwaini, Tārīkh-i Jahānguša)何高济汉译本《世界征服者史》,内蒙古人民出版社,1980年,上册,页290。

第二次,当志费尼提到蒙哥破获了窝阔台与察合台二系宗王反对他即位的阴谋之后,“对他们的阴谋和诡计仍不放心。他们因此把不怜吉觯那颜和一支由十土绵勇敢青年和英雄突厥人组成的军队派往位于别失八里和哈剌和林之间的兀鲁黑塔黑(Ulugh-Taq,突厥语 uluγ taγ,意为“大山”,当指按台山——笔者)、杭海(Qanghai)和横相乙儿(Qum-Sengir)地区。”——同上书,页690。

当宪宗派出使臣要求阴谋反对他登基的贵族们前往大斡耳朵自证清白后,“至于那些来自叶密立和海押立者,当他们各自来到不怜吉觯军中,他便把他们连同较大的异密送走,解除他们的武装;他们当中留下来的,他视情况予以处理和处决。”——同上书,页691。

关于此人,英译者波义耳曾出注云:此名在波斯文中写为 BRNKWTAY。柯立福曾将《元史》中的两段记载介绍给他。其中一段为《元史》卷3《宪宗纪》:“诸王也速忙可,不里、火者等后期不至,遣不怜吉觯率兵备之。”(标点本,页44)第2段为《元史》卷3《宪宗纪》:“元帅卜邻吉觯自邓州略地,遂渡汉江。”(标点本,页50)柯立福还在另一信中告诉波义耳,不怜吉觯来源于蒙古语 bürilgi,意为“放荡者”或“破坏者”。——同上书,页291,注(9)。

〔3〕《元史》卷24《仁宗纪》,皇庆元年(1312)三月条,标点本,页551。

〔4〕“乘”应为“承”,当为大承华普庆寺之误。

(1312)，拨赐脱虎脱(Toqta)丞相[1]府没官纳粮田土。至顺三年(1322)复还本府收管，依旧纳粮。姑据经理册以书，俱系有司录事司。官四十四亩七分九厘一毫，丹徒县一十三顷三十二亩六分七厘，官一十顷九十二亩一分七厘，民二顷四十亩五分，丹阳县民八十六顷四十五亩八分五厘三毫。

田八十二顷九十六亩六分三厘五毫丹徒县一十顷八十四亩七分五厘，官九顷二十五亩五分，民一顷五十九亩二分五厘，丹阳县民七十二顷一十一亩八分八厘五毫。

地一十七顷一十七亩六分七厘九毫录事司官三十五亩七分九厘一毫，丹徒县二顷四十七亩九分二厘，官一顷六十六亩六分七厘，民八十一亩二分五厘，丹阳县民一十四顷三十三亩九分六厘八毫。

杂产九亩并录事司。"[2]

---

[1]丞相脱虎脱的田产当与江南富豪朱钤、管国英事件有关。朱、管二中的管国英见于张之翰所撰之《普照寺藏殿记》：

"以此松江普照寺，据通阛俯连漪，为郡刹冠。淳祐间毁于火。若厨，若廊，若大殿，由宋季及元，皆次第崇修，稍还旧观，惟藏院一瓦砾场耳。梵修主僧希白居刹之四年，慨然有兴复志。会郡富室王提、管国英慕善乐施，以力倡率，及大檀那来助。始至元十九年(1282)之三月，迄三十一年(1294)之十一月，越十有三载而藏殿成，共费一十五万。殿二十楹，藏崇五丈，广半之，金碧照烂，髹漆精明，上有飞僊，桥中有栖经，函旁有铁围山，下有香水海，每巨植砰轰人运机，而神効力，如车之旋，如风之行，如雷霆之惊，壮丽杰特，虽百岁老人犹以为希有。"——《西岩集》卷16，文渊阁四库全书本。

据郑元祐《白雪漫士陶君墓碣》，"君平反之时，部使者韩公审谳，一如君所言。移文升赏而辞县，豪民朱、管坐戮死，籍其家。悉以两家田赐丞相托克托。"——《侨吴集》卷12，北京图书馆古籍珍本丛刊，第95册，书目文献出版社影印本，无出版时间。

这里的脱虎脱即脱脱。朱、管案在明长谷真逸所辑《农田余话》中有所提及：

"朱钤、管国英居上海，家富豪横。因刈荒荡茆草启争端，相杀伤，至使二境人不敢越界。执之，即置积薪下焚杀之，彼此挤拂，海洋行劫，事陷之。皆系于狱，更相嘱赂官吏，文致互入，其罪时在后至元中，丞相伯颜当国，戮二人于平江，并其党与，籍其家。厥后田土拨赐丞相脱脱。"——卷下，[明]万历间绣水沈氏刻宝颜堂秘籍本，现藏天津图书馆。

《农田余话》称事在后至元时，恐有误。据贡师泰《重修清平山西天元兴寺碑》，"延祐丙辰岁(三年，1316)，赠太师、中书右丞相、和宁忠献王脱脱始来江浙为丞相。"——《玩斋集》卷9，明嘉靖刻本。

据脱因、俞希鲁：《至顺镇江志》记载，"丞相脱虎脱宅在还京门里。"——卷12，清道光二十二年(1896)刻本，收于《宋元方志丛刊》，中华书局，1990年，第3册，页2782。

[2]脱因、俞希鲁：《至顺镇江志》，《宋元方志丛刊》，第3册，卷5，页2691-2692。

(23)皇庆元年(1312)六月“赐崇福寺[1]河南官地百顷。”[2]

(24)皇庆元年(1312)十月“赐李孟[3]潞州田二十顷。”[4]

(25)延祐元年(1314)五月“丁卯,赐李孟孝感县地二十八顷。”[5]

(26)延祐三年(1316)元月“壬戌,赐上都开元寺江浙田二百顷,华严寺百顷。”[6]

(27)延祐三年(1316)七月“辛酉,赐普庆寺[7]益都田百七十顷。”[8]

(28)延祐五年(1318)三月“赐丑驴答剌罕[9]平江路田百顷。”[10]

(29)“仪天兴圣慈仁昭懿寿元全德泰宁福庆皇太后,既显受宝册于

---

〔1〕崇福寺有可能即前述之大崇恩福元寺。《元典章》兵部,卷4,典章37中“应入递文字衙门”条中,提到崇福寺,将它与中书省、太师府、太傅府、枢密院并行院、御史台、行台、行省、集贤院、总统所、总摄所、太史院、翰林国史院等并列,当为崇福司(即管理也里可温之机构)之误,与此崇福寺无关。

〔2〕《元史》卷24《仁宗纪》,皇庆元年(1312)六月条,标点本,页552。

〔3〕李孟为仁宗亲信,在成宗逝后,力劝仁宗夺位,深受仁宗信任。参见陈得芝:《〈元史·李孟传〉订补》,《元史及民族与边疆研究集刊》,南京大学元史研究室/民族与边疆研究中心主办,第23辑,上海古籍出版社,页9-16。

〔4〕《元史》卷24《仁宗纪》,皇庆元年(1312)十月条,标点本,页554。

〔5〕《元史》卷25《仁宗纪》,延祐元年(1314)五月条,标点本,页565。

〔6〕《元史》卷25《仁宗纪》,延祐三年(1316)元月条,标点本,页572。

〔7〕此寺有可能即前述之大承华普庆寺。

〔8〕《元史》卷25《仁宗纪》,延祐三年(1316)七月条,标点本,页574。

〔9〕“丑驴”当为突厥语Toγluq的音译,其意为“掌旗者”。此名在元代有各种音译,如“脱鲁”、“秃鲁”等。关于这位丑驴,《元史》提到:

延祐“六年(1319)春正月……癸酉,特授同知徽政院事丑驴答剌罕金紫光禄大夫、太尉,给银印。”——《元史》卷26《仁宗纪》,标点本,页587。

至治三年(1323)“六月……丁卯,西番参卜郎诸寇未平,遣徽政使丑驴往督师。”——《元史》卷28《英宗纪》,标点本,页631。有关派遣丑驴督师之事,标点本校勘记(18)注云:“遣徽政使丑驴往督师,蒙史改‘徽政’为‘宣政’,并注云:‘按徽政院罢于至治二年十一月,此时不得复有徽政院。且徽政院所掌者,皇太后位下钱粮选法工役之事;宣政院则掌释教僧徒及吐蕃之境而隶治之,吐蕃有事,则分院往镇,如大征伐则会枢府议。今参卜郎之叛,事属宣政,故知丑驴是宣政院使,非徽政院使也。’”(见页635)丑驴在徽政院任职事,《元史》提及过不止一次,此点屠寄未考虑。

泰定元年(1324)“三月丁亥朔,罢徽政院,立詹事院,以太傅朵台、宣徽使秃满迭儿、桓国公拾得驴、太尉丑驴答剌罕,并为太子詹事;中书参知政事王居仁为太子副詹事。以同知宣政院事杨廷玉为中书参知政事。”——《元史》卷29《泰定帝纪》,标点本,页644。

泰定四年(1327)“五月辛丑,太尉丑驴卒”——《元史》卷30《泰定帝纪》,标点本,页679。

〔10〕《元史》卷26《仁宗纪》,延祐五年(1318)三月条,标点本,页583。

兴圣宫，大备天下之养。乃皇庆二年(1313)七月丙午，内出旨谕徽政使臣识烈门(Širemen)[1]、同知使事臣孛兰奚，曰：'惟昔顺宗皇帝载德居潜，实有分地在孟津之东，太行之西，肆予寡躬。暨今天子尝幸临其处，若稽祖宗故事，即行殿作大阿兰若，宅净信比丘其中，尚庶几明荐国厘，以承皇祚于无穷。今予既命内侍臣晃忽儿不花往莅兹役，维尔一二臣以兴以输，式时底绩，俾予翕受成福。'臣识烈门(Širemen)等承命之明日，大征工师，经画基，构计虑，寻引具为书，移河南行省出缗于江淮财府，即市荆扬大木，使就绳削，浮舟以来，乃若铁、石、瓴、甓、髹、丹、垩、墁之品，像绘、旙盖、函庋、钟磬之仪，费皆中给。又饬左都武卫千户刘某、知事马某专典供亿。越五年[2]寺成，皇太后赐名大兴龙寺，斥陆田三百顷以赡寺食。而以其碑之文命臣某序书之。"[3]

(30)延祐七年(1320)二月戊寅"司农卿完者不花(Üljei Buqa)言：'先帝以土田颁赐诸臣者，宜悉归之官。'帝问曰：'所赐为谁？'对曰：'左丞相阿散(Hasan)所得为多。'帝曰：'予常谕卿等，当以公心辅弼。卿于

---

〔1〕关于这位识烈门，《元史·明宗纪》在起首处提到："明宗翼献景孝皇帝，讳和世㻋，武宗长子也。母曰仁献章圣皇后，亦乞烈氏。成宗大德三年(1299)，命武宗抚军北边，帝以四年(1300)十一月壬子生。成宗崩，十一年(1307)，武宗入继大统，立仁宗为皇太子，命以次传于帝。

武宗崩，仁宗立，延祐三年(1316)春，议建东宫，时丞相铁木迭而欲固位取宠，乃议立英宗为皇太子，又与太后幸臣识烈门谮帝于两宫，浸润久之，其计遂行。"——《元史》卷31《明宗纪》，标点本，页693。

《元典章·工部》卷1，典章58中提到："[禁治花样段疋]延祐六年(1319)九月，行省准中书省咨工部呈准，将作院关延祐五年(1318)十一月二十七日，本院官哈飒不华(Qara Buqa)院使、野粟(Yesü)院使、对徽政院官识烈门院使、迷撒迷承旨，敬奉皇太后懿旨：今后但犯上用穿的真紫银妆领袖，并天碧织绣五爪双角龙凤搭子等花样，您将作院管着的匠人每根底，好生的严禁治者，不属您管着的，与省部家文书各处禁治者，已先降样子织造来者，交用者。今后织的匠人每，穿的人每，好生要罪过者，么道，懿旨了也。敬此。"——中国广播电视出版社影印元刊本，1998年，页2129-2130。

虞集：《中书平章政事蔡国张公墓志铭》(《道园学古录》卷18，四部丛刊景明景泰翻元小字本)中亦提及此人。

〔2〕延祐五年。

〔3〕柳贯：《怀州大兴龙寺碑铭并序代赵丞旨作》，《柳待制文集》卷9，上海商务印书馆缩印元至正刊本，四部丛刊。除上述柳贯代赵孟頫所作之碑文之外，赵孟頫本人亦写有《敕建大兴龙寺碑铭奉懿旨撰》，其中提到赐寺产之事曰："越二年寺成，皇太后赐名大兴龙寺，命僧广开主之，斥陆田三百顷以赡食于寺者。"——《松雪斋集》卷9，四部丛刊本。

先朝尝请海舶之税，以阿散奏而止。今卿所言，乃复私憾耳，非公议也，岂辅弼之道耶。'遂出完者不花为湖南宣慰使。"〔1〕

(31)延祐七年(1320)五月"己丑……左丞相阿散(Hasan)罢为岭北行省平章政事。……有告岭北行省平章政事阿散、中书平章政事黑驴及御史大夫脱忒哈(Toqtoha)、徽政使失列门(Širemen)等与故要束谋〔2〕妻亦列失八〔3〕谋废立〔4〕，拜住请鞫状，帝曰：'彼若借太皇太后为词，奈何？'命悉诛之，籍其家。……甲辰，以诛阿散、黑驴、贺伯颜等诏天下。……丁未……以贺伯颜、失列门、阿散家赀、田宅赐铁木迭儿等。"〔5〕

(32)延祐七年(1320)七月"晋王也孙铁木儿(Yesün Temür)遣使以地七千顷归朝廷，请有司征其租，岁给粮钞，从之。〔6〕

(33)英宗时对上都华严寺"又别赐吴田百顷安食其众。"〔7〕

此事黄溍亦曾提及："英宗嗣位，万几之暇，数尝临幸。谓五方佛像在世祖时因感异梦而迎致于兹，命于故大殿之南别作前殿，以妥奉焉，且赐以吴中上腴之田一万亩，使赡其众。"〔8〕

---

〔1〕《元史》卷27《英宗纪》，延祐七年(1320)二月条，标点本，页599。本则史料在上述"武、仁两朝贵族赐田夺还问题研究"一节中已作论证。阿散(Hasan)，回回人，同年五月被处死，见下。

〔2〕《蒙兀儿史记》卷12下注"此人似即至元时湖广平章，以桑哥妻党伏诛者。"

〔3〕《元史本证》卷39，证名3：亦烈失八，顺宗昭献元圣皇后传。也里失八，拜住传。也里失班，张珪传。

〔4〕《蒙兀儿史记》卷12下注"盖谋废汗，而立安王兀都思不花。"

〔5〕《元史》卷27《英宗纪》，延祐七年(1320)五月条，标点本，页602-603。此圣旨原文见于《元典章》：

"延祐七年(1320)五月口日钦奉圣旨：'朕肇登大宝，祇遹先猷，仍图任于旧人，庶共新于治效，岂期邪党，辄蕴私心，迩者阿散、黑驴、秃秃哈、失列门、亦里失八等，潜结诡谋，挠乱国政，既自作于弗靖，固难逭于严诛。贺伯颜轻侮诏书，殊乖臣礼，不加惩创，曷示等威。今已各正典刑，藉没其家，于戏惟邦国之用刑，以清群慝，俾人臣之知戒，勿蹈匪彝，咨尔有众，休予至意，故兹诏示，想宜知悉。"——《圣政》，卷2，典章3，明刑政，中国广播电视出版社影印元刊本，1998年，页101。

〔6〕《元史》卷27《英宗纪》，延祐七年(1320)七月条，标点本，页605。本史料前面已经引述。

〔7〕袁桷：《上都华严寺碑》，《清容居士集》卷25，上海商务印书馆缩印元刊本，四部丛刊；并见《国朝文类》卷22，上海涵芬楼影印元至正杭州西湖书院刊本，四部丛刊初编集部。

〔8〕《上都大龙光华严寺碑》，《金华黄先生文集》卷8，四部丛刊本。

(34)至治二年(1322)秋七月“丁未,赐拜住平江田万亩。”〔1〕

(35)至治二年(1322)十二月“赐淮安忠武王伯颜祠祭田二十顷。”〔2〕

(36)泰定二年(1325)正月“以籍八思吉思地〔3〕赐故监察御史观音

〔1〕《元史》卷28《英宗纪》,至治元年(1321)十二月条,标点本,页623。

〔2〕《元史》卷28《英宗纪》,至治元年(1321)十二月条,标点本,页626。并见至大年赐田。

〔3〕至治二年(1322)十二月甲戌“铁木迭儿子宣政院使八思吉思,坐受刘夔冒献田地伏诛,仍籍其家”。——《元史》卷28《英宗纪》,标点本,页626。

《元史·英宗纪》:“尝戒群臣曰:‘卿等居高位,食厚禄,当勉力图报。苟或贫乏,朕不惜赐汝;若为不法,则必刑无赦。’八思吉思下狱,谓左右曰:‘法者,祖宗所制,非朕所得私。八思吉思虽事朕日久,今其有罪,当论如法。”——《元史》卷28《英宗纪》,标点本,页633。

宝、锁咬儿哈的迷失(Suyurγatmïš)[1]妻子,各十顷。……甲辰,奉安显

〔1〕观音宝(保),因劝阻英宗建寿安山寺被杀。其事见《英宗纪》:"丁巳,畋于柳林,敕更造行宫。监察御史观音保、锁咬儿哈的迷失、成珪、李谦亨谏造寿安山佛寺,杀观音保、锁咬儿哈的迷失,杖珪、谦亨,窜于奴儿干地。"——《元史》卷27,标点本,页610。

《元史·锁咬儿哈的迷失传》"锁咬儿哈的迷失,年十二,宿卫英宗潜邸,掌服御诸物。英宗即位,拜监察御史。至治元年(1321)春,诏起大刹于京西寿安山,锁咬儿哈的迷失与御史观音保、成珪、李谦亨上章极谏,以为东作方始,而兴大役,以耗财病民,非所以祈福也。且岁在辛酉,不宜兴筑。初,司徒刘夔妄献浙右民田,冒出内帑钞六百万贯,丞相帖木迭儿分取其半,监察御史发其奸,由是疾忌台谏。至是,帖木迭儿之子琐南为治书侍御史,密奏曰:'彼宿卫旧臣,闻事有不便,弗即入白,今讪上以扬己之直,大不敬。'帝乃杀锁咬儿哈的迷失与观音保,杖珪、谦亨,黥之,窜诸遐裔。

泰定初,赠锁咬儿哈的迷失资德大夫、御史中丞、上护军,追封永平郡公,谥贞愍。赐其妻子钞五百贯、良田千亩,仍诏树碑神道。"——《元史》卷124,标点本,页3045–3046。

锁咬儿哈的迷失,元太祖成吉思汗旧臣畏兀儿人塔本四世孙。塔本,《元史》本传作伊吾庐(Qamul)人,误。《永乐大典》卷13993中保存的辑自《廉文靖公集》中所收《大元故平州路达鲁花赤行省万户赠推诚定远佐运功臣太师开府仪同三司上柱国追封营国公谥忠武塔本世系状》提到,塔本乃"别失八里畏兀人也"。(陈高华:《元代维吾尔、哈剌鲁资料辑录》,新疆人民出版社,1991年,页130)。

哈剌鲁人迺贤亦知观音宝因谏止建佛寺被杀事,其诗《题中丞张文忠公希孟谏罢镫山奏稿后》提到:

"至治间御史观音保谏五华山事弃市,公时为中书参议。翊日上谏镫山疏,大蒙嘉纳,赐子甚厚云。

才闻御史戮中台,又见镫山奏疏来。自信茅焦无死罪,独知苏轼是英材。

九门争看捐躯谏,百辟惊传拜赐回。千古救荒遗爱在,祠门犹向曲江开。

公因救荒陕西而薨,今赐庙于长安。"——《金台集》卷1,明末汲古阁刊本。

泰定帝即位后,"御史言:'向者铁木迭儿专政,诬杀杨朵儿只、萧拜住、贺伯颜、观音保、锁咬儿哈的迷失,黥窜李谦亨、成珪,罢免王毅、高昉、张志弼,天下咸知其冤,请昭雪之。'诏存者召还录用,死者赠官有差。"——《元史》卷29,标点本,页640–641。

《国朝文类》收有李端所写之《御史观音宝赠谥制》,其文曰:

"见危授命乃臣子之至忠,崇德报功寔国家之令典,表兹奇节,沛以新恩。故监察御史观音宝,以才大夫为真御史。蚤给事于宿卫,每供职于谏言,殚输向日之诚,益厉飞霜之烈,实封奏疏,欲竭力以回天,密迩奸人,竟交谗而蠹国,互激雷霆之怒,误罹斧钺之诛凛,虽死以犹生,谅无善之不报,于戏紫垣垂象,正执法于星辰,青简流芳,求争光于日月,尚期贞魄,服我宠章,可赠资德大夫、御史中丞、上护军,追封渔阳郡公,谥贞愍。"——卷12,上海涵芬楼影印元至正杭州西湖书院刊本,四部丛刊。

"丙辰,赐故监察御史观音保、锁咬儿哈的迷失妻子钞各千锭。"——《元史》卷29《泰定帝纪》,标点本,页643。

(注释〔1〕转下页)

宗像于永福寺〔1〕,给祭田百顷。"〔2〕

(37)泰定三年(1326)二月"甲戌,〔3〕建殊祥寺于五台山,赐田三百顷。"〔4〕

(38)泰定三年(1326)五月"给寿宁公主印,仍赐田百顷、钞三万

(接上页注释〔1〕)

许有壬《正始十事》:"八曰特们德尔(铁木迭儿,Temüder)家产。盖闻刑赏者,人主之大柄,有国盛衰之所由也。近籍没特们德尔(铁木迭儿)家产,生前所授诸王各人等钞物金银不可胜数,其为奸恶,不待缕陈,姑以刑赏大节论之。其杀实勒们(失列门)、伊勒哲伯(亦列失八)当其罪者,矜夸为功,至于拜珠(拜住, Baiju)、多尔济(朵儿只, Dörji)、贺巴延(贺伯颜),天下皆知其无罪。盗弄威权,致之必死。监察御史索约勒哈迪黙色(锁咬儿哈的迷失)、观音保、李谦亨、成珪,虽以言事忤旨,而其子索诺木为治书,观音保又尝发其刘司徒事,是以父子表里媒蘖,使四人竟坐诛窜,则嫁怨于上。又复阴党逆贼特实(铁失,Tekiš),致先帝暴崩,皆特们德尔(铁木迭儿)为之张本也。近奉圣旨免其抄籍,圣上厉精图治之初,刑赏大节,尤当得宜,拟合依旧断没其诸子家产。先因事发获免之后,分张别居,足见预为三穴之计。合依哈克伞(哈散?)子例。一体籍没,仍将家属迁发远方,以谢天下。"——许有壬:《至正集》卷77,清抄本(未注明抄录年份),北京图书馆古籍珍本丛刊,第95册,书目文献出版社影印本,无出版时间。

顺帝时还有另一位观音宝,与苏天爵相识。苏天爵《慈恩寺题名记》提到:

"至正甲申(至正四年,1344)之仲春润月戊辰,余偕侍御史买买、经历纳纳实理、都事宋秉亮、御史观音宝、尹忠杨惟一、卓思诚、潘惟梓、照磨王颐、管勾房温、护都不华,游于樊川。"——《滋溪文稿》,卷3,陈高华、孟繁清点校本,中华书局,1997年,页29-30。

"至正四年春,天爵来官于秦,方将考求诸老言行而表章之,俾多士以为矜式。会御史观音宝、潘惟梓以文贞遗文来上,请刋布于江淮郡学。天爵再三诵读,爱其词淳而义正,信乎有德者之有言也。"——《滋溪文稿》卷5,页75。此观音宝非彼观音宝(保)。

明永乐间帖木儿帝国国主沙哈鲁遣使明廷,使团中有沙哈鲁各子的代表,其次子名Suyurɣatmïš,当与此锁咬儿哈的迷失同名。见〔波斯〕火者·盖耶速丁著:《沙哈鲁遣使中国记》,何高济译,中外关系史名著译丛,中华书局,1981年,页104,注(3)(此据*A Persian Embassy to China Being An Extract From Zubdatu' t Tawarikh of Hafiz-i-Abru*, Translated by K.M. Maitra, M.A. Profess of Persian Dyal Singh College, Lahore, Paragon Book Reprint Corp., New York, 1970本翻译)。

〔1〕永福寺,为英宗影堂。显宗即泰定帝父甘麻剌,后安其像于大天源延圣寺。此寺名见本文所讨论的元统二年(1334)受名还官名单。

〔2〕《元史》卷29《泰定帝纪》,泰定二年(1325)正月条,标点本,页653。

〔3〕标点本校勘记(5):"甲戌按是月丙子朔,无甲戌日。此'甲戌'在丙申二十一日、庚子二十五日间,《类编》改作'戊戌'二十三日,疑是。"见页688。

〔4〕《元史》卷30《泰定帝纪》,泰定三年(1326)二月条,标点本,页668。《佛祖通载》:泰定"三年,建殊祥寺于五台山,赐田三百顷。"——卷48,大正新修大藏经本。

锭。”[1]

(39)泰定三年(1326)十月“赐大天源延圣寺钞二万锭,吉安、临江二路田千顷。中书省臣言:‘养给军民,必籍地利。世祖建大宣文弘教等寺,赐永业,当时已号虚费。而成宗复构天寿万宁寺,较之世祖,用增倍半。若武宗之崇恩福元、仁宗之承华普庆,租榷所入,益又甚焉。英宗凿山开寺,损兵伤农,而卒无益。夫土地祖宗所有,子孙当共惜之。臣恐兹后借为口实,妄兴工役,侥福利以逞私欲,惟陛下察之。’帝嘉纳焉。”[2]

(40)至和元年(1328)九月“封燕铁木儿(El Temür)为太平王,以太平路为食邑,赐金五百两、银二千五百两、钞万锭、平江官地五百顷。”[3]

(41)“庚戌……以宦者伯帖木儿(Beg Temür)[4]妻及奴婢田宅赐撒敦[5]。辛亥……诏:‘自今朝廷政务及籍没田宅赐人者,非与燕铁木儿(El Temür)议,诸人不许奏陈。’……癸丑……燕铁木儿请以蒙古塔失(Mongol Taš)等三十人田宅赐彻里铁木儿等三十人,从之。……丁巳……燕铁木儿请以河南平章曲列等二十三人田宅赐西安王阿剌忒纳失里等二十三人,从之。”[6]

“辛酉,燕铁木儿请以纽泽田宅赐钦察台(Qïpčaq-tai)。……乙丑,燕铁木儿请以乌伯都剌(‘Abd al-Allāh)等三十人田宅赐斡鲁思等三十

---

[1]《元史》卷30《泰定帝纪》,泰定三年(1326)五月条,标点本,页670。

[2]《元史》卷30《泰定帝纪》,泰定三年(1326)十月条,标点本,页674。此条史料前已引述。

[3]《元史》卷32《文宗纪》,至和元年(1328)九月条,标点本,页710。此赐田后来转赐给燕帖儿弟唐其势(Tengis,此名在突厥语中意为“海”),《元史》卷38《顺帝纪》元统元年(1333)十一月条记“乙卯,以燕铁木儿平江所赐田五百顷,复赐其子唐其势。”——标点本,页819。

[4]此人《通制条格》曾提及:“元贞元年六月初九日,中书省奏:“将不阑奚人每,采打鹰鹞去的昔宝赤每根底,做阔端赤与者。’么道,圣旨有呵,伯帖木儿(Beg Temür)那的每收拾来的人每根底,‘无上位的圣旨,不与。’么道,不曾与来。这的每里头,依例也交与呵,怎生?”奏呵,‘那般者,与者。’圣旨了也。‘又伯帖本儿委付来的人每,主人认着不阑奚人每呵,也不与有,莫不无体例么?哈散等省官人每委付着人,伯帖木儿委付来的人每,一处做证见者。委实主人认着呵,分付与呵,怎生?’奏呵,委实认着呵,分付与他主人者’。圣旨了也。钦此。”——《通制条格》卷28,方龄贵校注本,中华书局,2001年,页681;黄时鉴标点本,页309。

[5]撒敦,燕帖木儿弟。

[6]《元史》卷32《文宗纪》,至和元年(1328)冬十月条,标点本,页716–718。

人，从之。壬申……以故平章黑驴平江田三百顷及嘉兴芦地赐西安王阿刺忒纳失里。……辛巳……以朵台等十一人田宅赐驸马朵必儿等十一人。"[1]

"乙未……燕铁木儿请以马某沙(Mahmūd Šāh)等九人田宅赐燕不邻等九人，从之。……以阿伯等六人田宅赐诸王老的等六人。"[2]

(42)天历二年(1329)三月"甲戌，旧赐笃麟帖木儿(Toγrïl Temür)平江田百顷，官尝收其租米，诏特予之。"夏四月"丁酉，给钞万锭，为集庆大龙翔寺[3]置永业。"[4]

(43)天历二年(1329)八月"赐御史中丞史惟良[5]沛县地五十

---

[1]《元史》卷32《文宗纪》，至和元年(1328)十一月条，标点本，页719-721。

[2]《元史》卷32《文宗纪》，至和元年(1328)十二月条，标点本，页722-723。

[3]一些史料均言大龙翔集庆寺原为文宗即位之前之王府，如：黄溍《龙翔集庆寺笑隐禅师塔铭》："天历元年，有诏以金陵潜邸为大龙翔集庆寺。"——《金华黄先生文集》卷42，四部丛刊本。

[元]释大䜣《送岳柱留守还朝序》："皇上居金陵之四年，山川百灵，保佑圣躬，勋功懋德，起登大统。即位之初，首改所居为大龙翔集庆寺。"——《蒲室集》卷7，元至元刻本。又同书卷14《大龙翔集庆寺素觉皇像颂有序》："天历元年(1328)十有二月，上命以金陵潜宫为大龙翔集庆寺，营之三年，寺成。"

虞集《大龙翔集庆寺碑》："钦天统圣至德诚功大文孝皇帝，自金陵入正大统，建元天历，以金陵为集庆路，遣使传旨御史大夫阿思兰海牙(Arslan Qaya，此名在突厥语中意为"狮子崖")，命以潜宫之旧作大龙翔集庆寺云。"——《道园学古录》卷25，四部丛刊景明景泰翻元小字本；并见《元文类》卷22。

张铉《至正金陵新志》卷12上："前宋转运司……归附后为按察司、廉访司、总管府、财赋司公廨，后为潜邸，今龙翔寺基是也。"——四库本，收于《宋元方志丛刊》，中华书局，1990年，第6册(原题为《至大金陵新志》)，页5742。

但实际上，龙翔寺的范围超出文宗潜邸，《至正金陵新志》记：宣慰司"大德四年(1300)又迁于旧转运司，今龙翔寺基。"——卷1，《集庆路治图考》，同上版本，页5297。同书卷11上《宫观》记："三茅冲虚庵，在府城西门，龙王庙侧茅山提点谢天佑建，弟子谢日俞，继守之。天历潜邸，尝游邻近道庵，有所坐，轩扁全清境界。庚午岁(至顺元年，1330)并其庵基，创龙翔寺，命日俞别住，此庵改额大升龙观。"——同上版本，页5695。

[4]《元史》卷33《文宗纪》，天历二年(1329)三月条，标点本，页732。

[5]苏天爵《元故资德大夫御史中丞赠摅忠宣宪协正功臣魏郡马文贞公墓志铭》："翰林修撰陈观、刑部主事史惟良，其材方严，宜居谏职。"——《滋溪文稿》卷9，陈高华、孟繁清点校本，中华书局，1997年，页138-145。此人在南行台的仕宦经历，数见于《至正金陵新志》卷6下，官守二，行御史台部分。

顷。”[1]

(44)九月“乙卯朔……市故宋太后全氏田为大承天护圣寺[2]永业。”[3]

(45)天历二年(1329)十一月“以平江官田百五十顷,赐大龙翔集庆寺及大崇禧万寿寺。”[4]

(46)至顺元年(1330)春正月丁丑“赐海南大兴龙普明寺[5]钞万锭,市永业地。戊寅,赐隆禧总管府田千顷。”[6]

(47)至顺元年(1330)三月辛亥“命市故瀛国公赵㬎田,为大龙翔集庆寺永业。御史台臣言不必予其直,帝曰:‘吾建寺为子孙黎民计,若取人田而不予直,非朕志也。’”[7]

(48)至顺元年(1330)夏四月“壬辰,以所籍张珪诸子田四百顷,赐

---

〔1〕《元史》卷33《文宗纪》,天历二年(1329)八月条,标点本,页739。

〔2〕天历“二年(1329)建承天护圣寺。”——释志磐撰:《佛祖统纪》卷48,大正新修大藏经本,此段当为元代纂入。

〔3〕《元史》卷33《文宗纪》,天历二年(1329)九月条,标点本,页740。

〔4〕《元史》卷33《文宗纪》,天历二年(1329)十一月条,标点本,页745。此事亦见虞集所撰之《大龙翔集庆寺碑》:文宗“赐姑苏腴田以饭其众。上在奎章阁亲诏臣集,制文刻石以志之。”——《道园学古录》卷25,上海涵芬楼景印明景泰翻元小字本;并见《国朝文类》卷22,上海涵芬楼影印元至正杭州西湖书院刊本,四部丛刊。

虞集《集庆路重建太平兴国禅寺碑》:“上方别建佛祠于寺北,今赐名曰大崇禧万寿寺者也。是年秋,皇帝归膺大宝,是为天历元年。”——《道园学古录》卷24,四部丛刊景明景泰翻元小字本。按此,崇禧万寿寺位于大平兴国寺之北。但萨都剌在建康(今南京)时曾写诗,题为《偕侍御郭乾卿过钟山大崇禧万寿寺,文皇潜邸所建》(《雁门集》,上海古籍出版社,1982年,页142)。按字面理解,崇禧万寿寺建于文宗旧邸,恐有误。文宗潜邸为大龙翔寺基。萨都剌的原意应是大崇禧万寿寺,乃文宗居潜邸时所建。

〔5〕此寺或即前文所提及之大兴龙寺。《元史》卷35《文宗纪》:至顺二年(1331)十一月“隆祥司使晃忽儿不花言:‘海南所建大兴龙普明寺,工费浩穰,黎人不胜其扰,以故为乱。’诏湖广行省臣玥璐不花及宣慰、宣抚二司领其役,仍命廉访司莅之。”。——标点本,页793。

〔6〕《元史》卷34《文宗纪》,至顺元年(1330)春正月条,标点本,页750。

〔7〕《元史》卷34《文宗纪》,至顺元年(1330)二月条,标点本,页753。

大承天护圣寺为永业。[1]……壬寅,括益都、般阳、宁海闲田十六万二千九十顷,赐大承天护圣寺为永业。”[2]

此事在《后妃传》中亦有相应记载:

“文宗卜答失里皇后[3],弘吉剌氏,父驸马鲁王琱阿不剌,母鲁国公主桑哥(吉剌)[剌吉][4]。文宗居建业,后亦在行。天历元年,文宗即位,立为皇后。二年,授册宝。十一月,后以银五万两,助建大承天护圣寺。至顺元年,以籍没张珪家田四百顷,赐护圣寺为永业。”[5]

(49)至顺元年(1330)闰七月“籍锁住、野里牙等库藏、田宅、奴仆、牧畜,给大承天护圣寺为永业。”[6]

(50)至顺元年九月“己亥……以平江等处官田五百顷,赐鲁国大长公主。……至治初以白云宗田给寿安山寺为永业,至是其僧沈明琦以为言,有旨,令中书省改正之。”[7]

(51)至顺二年(1331)三月“以龙庆州之流杯园池、水硙、土田赐燕

[1]杨志玖举出同月“括益都、般阳、宁海闲田十六万二千九十顷,赐大承天护圣寺为永业”及同书卷41至正七年十一月“拨山东地土十六万二千余顷属大承天护圣寺”两条材料,指出:“前后两次拨地数目和地区均相同,《续文献通考》卷6怀疑是‘已赐复还而后赐。’可能如此。”见《关于元朝统治下“经济的破坏”问题》,杨志玖:《元史三论》,人民出版社,1985年版,页137注(4)。

[2]《元史》卷34《文宗纪》,至顺元年(1330)夏四月条,标点本,页756。

[3]《考异》卷93:特薛禅传作不荅失里。

[4]《考异》卷93:特薛禅传作祥哥剌吉。北人读“祥”如“相”,“相”“桑”声相近。吉剌当为剌吉。标点本校勘记(13):“桑哥(吉剌)[剌吉]见卷106校勘记(13)。”

[5]《元史》卷114《后妃传》,标点本,页2877。

[6]《元史》卷34《文宗纪》,至顺元年(1330)闰七月条,标点本,页762。

[7]《元史》卷34《文宗纪》,至顺元年(1330)九月条,标点本,页767。寿安山寺所卷入的这场公案,亦见于孔克齐《至正直记》卷3《豪僧诱众》条:

“又,湖州豪僧沈宗摄承禓总统之遗风,设教诱众,自称白云宗,受其教者可免徭役。诸寺僧以续置田每亩妄献三升,号为‘赡众粮’。其愚民亦有习其教者,皆冠鸟角桶子巾,号曰‘道人’。朔望群会,动以百五。及沈败,粮籍皆没入官,后拨入寿安山寺,官复为经理。所献之籍,则有额无田,追征不已,至于鬻妻卖子者有之,自杀其身者有之。僧田以常赋外又增所献之数,遗患至今,延及里中同役者”。——庄敏、顾新点校,上海古籍出版社,1987年,页98。

铁木儿。命诸王阿鲁出镇陕西行省。以籍入速速[1]、班丹、彻理帖木儿赀产赐大承天护圣寺为永业。”[2]

(52)至顺二年(1331)冬十月“戊午,诏还平江路大玉清昭应宫田百顷,官勿征其租。”[3]

(53)元统元年(1333)十一月“乙卯,以燕铁木儿平江所赐田五百顷,复赐其子唐其势(Tengiz)。”[4]

22.4.2 元代官寺与民间寺院的田产规模

与前面提到的受田贵族和官寺相比,元代社会上大量民间寺院的寺产规模是很小的,如:

> 镇江金坛“祐圣道院,在小围桥西。宋咸淳九年道士苏师潜

---

〔1〕笔者在《元典章》中检出几则有关速速的史料:

“[使臣公事程限]中书省延祐七年(1320)六月十四日,速速参政特奉圣旨:‘今后各处来的使臣每的勾当,大事五日,小事三日,完备了交上马者,各衙门里行文书悮了勾当呵,有罪过者。’么道,钦此。”——《新集至治条例·公规·公务》,中国广播电视出版社影印元刊本,1998年,页2223。

“[阴阳、医、匠人休承荫]延祐七年(1320)七月日,江西行省准中书省咨,延祐七年(1320)三月二十五日速速参议特奉圣旨:‘医人、阴阳人、匠人每的孩儿,休交承荫者。他每的本事好呵,斟酌着勾当里委付也者。’么道,圣旨了也,钦此。都省咨,请钦依施行。”——《新集至治条例·吏部·选格》,同上版本,页2253。

“[禁宰杀]

[禁断屠宰]至治二年(1322)正月□日,江浙省准中书省咨。至治元年(1321)五月十七日,速速参政奏:‘河南省官人每,与将文书(采)[来]。在先三月初三日为普颜笃皇帝圣节的上头,自当月初一日为始,至十五日,各处禁断了宰杀来。如今宰杀的,依在先例禁断。那不禁么道说将来有。’奏呵,奉圣旨:‘遍行文书依在先禁断者。我的生日二月初六日有,每年自二月初一日为始,至十五日休交宰杀者。’么道,圣旨了也,钦此。咨请钦依施行。”——《新集至治条例·刑部·头疋》,同上版本,页2443。

虞集在《故翰林学士资善大夫知制诰同修国史临川先生吴公行状》也提到:“时诏学士散散集善书者,粉黄金写浮图藏经。有旨自上都来使左丞速速诏先生为之序。”——《道园学古录》卷44,上海涵芬楼影印元至正杭州西湖书院刊本,四部丛刊。

〔2〕《元史》卷35《文宗纪》,至顺二年(1330)冬十月条,标点本,页779-780。

〔3〕《元史》卷35《文宗纪》,至顺二年(1330)冬十月条,标点本,页792。

〔4〕《元史》卷38《顺帝纪》,元统元年(1333)十一月条,标点本,页819。这条史料前面已经提及。

建。归附后至元十五年(1278),里人娄氏舍田地二顷以供众。"〔1〕

舟山普慈寺"归附后,增葺殊胜为本州岛岛祝圣道场。大德元年(1297),住持觉明建龙峯亭于山门内。

田三十六顷二十亩

地一十顷四十八亩

山六十五顷一十二亩。"〔2〕

舟山吉祥寺"归附后大德元年(1297),住持僧净怡重建选佛堂,州判冯福京为记。……

田四十五顷十四亩

地六顷一十六亩

山七十三顷四十二亩。"〔3〕

舟山隆教寺"大元混一后,住持行圆重建选佛堂。

田十六顷七十八亩

地七十顷六十七亩

山二十四顷四十七亩。"〔4〕

苏之嘉定南翔寺僧祖胜,以已别业为经堂,度经于中,岁选净行僧阅之。复施田五顷给其费,余以备缮修,而求记于予。〔5〕

杭州殊胜寺"初寺田不过二顷,凡买地拓基及田归常住者十一顷有,半皆师生平所积信施。其孙法性,正心思聪,幸康谨传,复能以所桩

〔1〕脱因、俞希鲁:《至顺镇江志》卷10,金坛县,道院,本府条,清道光二十二年刻本,收于《宋元方志丛刊》,中华书局,1990年,第3册,页2758。

〔2〕冯福京:《大德昌国州图志》卷7,寺院,咸丰刊本,收于《宋元方志丛刊》,中华书局,1990年,第6册,页6100。

〔3〕《大德昌国州图志》卷7,寺院,页6101-6102。

〔4〕《大德昌国州图志》卷7,寺院,页6102。

〔5〕释大欣撰:《蒲室集》卷10,元至元刻本,现藏北京图书馆。

积披度田半顷之羸,加多二顷,檀那所施又一顷半,幸康独指五顷为膏沐费,今则阡陌相望,赡众不止粗足,若本派春秋祭祀及供佛饭僧,则自有田十九顷又不与此。"[1]

对比民间寺院,元代皇亲贵族与依托于势要之家的官寺所拥有的赐田,规模是极为惊人的,也是国家所无法持续维持的,因此新皇即位,重新审视过去的赐田政策,收回部分贵族与寺院的赐田,也就没有什么可奇怪了。

22.4.3 搜寻史料过程中遇到的问题

但也许是编修《元史》时从《实录》抄取材料时取舍的问题,元代朝廷向寺院与贵族赐田之事,并非全部可在《元史·本纪》中查到相应记载。如:

元人姚燧记,武宗"至大之元,辰在戊申(1308)四月十有五日,乃为下令割真定属县获鹿隶宫石、同北、魏刘三村与官院营之田五千亩",赐给龙兴寺以"为永业,资开讲席。"[2]

及元人柳贯记仁宗皇庆二年(1313),下旨在怀州建大兴龙寺时,移书"河南行省,出缗于江淮财府,即市荆扬大木,使就绳削,浮舟以来,乃若铁石瓴甓髹丹垩墁之品,像绘播盖函皮钟磬之仪,费皆中给"。越"五年,寺成。皇太后赐名大兴龙寺,斥陆田三百顷以赡寺食"。[3]

而至元七年(1270)年,元世祖忽必烈从帝师八思巴之请,重建洛阳白马寺。大德四年,重建工作完成,阎复奉敕撰碑记成宗"诏以护国仁王寺水陆田在怀孟六县者千六百顷,充此恒产,永为皇家子孙祈福之地。"[4]

由此可知,未见于《元史·本纪》的赐田尚有不少。综合上引《元史》与元代其他文献有关朝廷赐田的记载,笔者发现仅《元史》所记大德五年(1301)向南寺(即福元寺)、泰定二年(1325)向永福寺赐祭田百顷(此

---

〔1〕张伯淳:《杭州殊胜寺圆明通应禅师碑》,《养蒙文集》卷4,文渊阁四库全书本。

〔2〕《储宫赐龙兴寺永业田记》,《牧庵集》,上海商务印书馆缩印清武英殿聚珍版,四部丛刊,卷9。

〔3〕《柳待制文集》卷9,上海商务印书馆缩印元至正刊本,四部丛刊。

〔4〕廼贤撰:《河朔访古记》,卷下,清武英殿聚珍版丛书本。

数字多于《至正条格》所记五十顷)及泰定三年(1326)五月向寿宁公主所赐田百顷[1]等少数几条记载,可与《至正条格》所记相映证。

因此,概括前引史料,可知《至正条格》所载元统二年(1334)中书省提议拘收还官田产的贵族与寺院,远远少于至元三十年(1293)至元统二年间所受赐田者。据笔者依上面所检索的史料粗略统计,《至正条格》未提及的受田的人及其所受田数有(按所赐时间排列):诸王小薛所部大德二年(1298)所受潞州田2800顷;大德八年(1304)月赤察儿弟秃赤及其子塔剌海所受赐田各60顷,其中塔剌海于大德十一年(1307)还官,但秃赤未见还官记载;大德十一年(1307)太师月赤察儿所受田百顷;至大元年(1308)乞台普济乞所受赐固安田200余顷;至大三年(1310)朱清子朱虎、张瑄子张文龙所受赐田百顷;至大年及其以后对淮安忠武王庙(伯颜庙)的赐田;皇庆元年(1312)朝廷赐还宪宗所赐不怜吉带子孙地1073顷;李孟分别于皇庆元年(1312)十月与延祐元年(1314)五月所受潞州田20顷与孝感县地28顷;延祐五年(1318)丑驴答剌罕所受赐平江路田百顷;至治二年(1322)淮安忠武王伯颜祠所受祭田20顷;泰定二年(1325)所赐故监察御史观音宝、锁咬儿哈的迷失妻子籍没八思吉思地各10顷;至和元年(1328)燕铁木儿所受赐平江官地500顷,此地后来转赐予其子唐其势;至和元年(1328)西安王阿剌忒纳失里所受赐故平章黑驴平江田300顷及嘉兴芦地;天历二年(1329)御史中丞史惟良所受赐沛县地50顷;同年发还笃麟帖木儿平江田百顷;及至顺二年(1331)燕帖木儿所受龙庆州之流杯园池、水硙、土田等。

同样,我们也可以根据上引史料罗列出,《至正条格》未提及的至元三十年(1293)至元统二年(1334)年间受赐田产寺院及其所受赐田数(按所赐时间排列):武宗至大元年(1308)赐给龙兴寺的真定下属官营田五千亩;大德四年(1300)洛阳白马寺重建完成后,成宗转将护国仁王寺在怀孟六县之1600顷转赐予兹寺;大德五年(1301)昭应宫、兴教寺所受赐各百顷,上都干元寺所受赐地90顷,万安寺所受地600顷;南寺(即大崇恩福元寺)所受地120顷;大德九年(1305)曲阜林庙所受田50

[1]《元史》卷30《泰定帝纪》,泰定三年(1326)五月条,标点本,页670。

顷；皇庆元年(1312)汴梁路上方寺所受赐地百顷；皇庆元年(1312)崇福寺所受赐河南官地百顷；延祐三年(1316)上都开元寺所受江浙田200顷，华严寺所受田百顷及同年普庆寺所受赐益都田179顷；延祐五年(1318)，怀州大兴龙寺所受皇太后赐田300顷；泰定二年(1325)永福寺所受赐祭田百顷；泰定三年五台山殊祥寺所受赐田300顷及同年大天源延圣寺所受吉安、临江二路田赐千顷；天历二年(1329)集庆大龙翔寺以赐钞所置田产，及同年该寺及大崇禧万寿寺受赐平江官田150顷；至顺元年(1330)海南大兴龙普明寺以赐钞所田产及隆禧总管府所受赐田千顷；同年大龙翔集庆寺所受旧宋恭帝田；同年大承天护圣寺所受籍没张珪诸子田400顷；同年该寺所受赐益都、般阳、宁海田产162090顷，及同年该寺所受籍没的锁住、野里牙等库藏、田宅、奴仆、牧畜等；至顺二年(1331)该寺所受籍没的速速、班丹、彻理帖木儿赀产以及同年赐还平江路大玉清昭应宫田百顷，"两都之战"后燕帖木儿要求进行的赏赐等。

可见《至正条格》所记收还赐田的贵族与寺院的名单，并非至元三十年(1293)以后所有接受赐田者。既然收还赐田的贵族与寺院是有选择的，那么为什么只有部分贵族与寺院被列入应归还赐田的名单呢？这是下一节要讨论的问题。

22.5 涉案事主赐田的几种分析法

本文开头处所引《至正条格》的内容提到了户部与中书省为节约朝廷用于佛事的开支，提出的措施为收回过去四十年间向贵族与寺院的赐田。为此中书省提到了一连串贵族的名字与寺院，其至元三十一年(1294)至元统二年(1334)间所受赐田中的一部分被要求还官。

前面的论述已经说明，元统二年被要求将赐田还官的，并非在这四十年间曾经受过赐田的所有贵族与寺院。因此，可以说中书省在提出这份名单时，虽然是打着节省朝廷用于佛事的开支的旗号，但中书省所提出的要求还官的贵族与寺院是经过精心选择的。分析这些被列于名单的贵族与寺院，有助于我们理解这次元统二年要求赐田还官事件的真相。限于篇幅,本文无法一个个地考证这些人的背景。值得注意的是,上引《至正条格》的录文提到了这些贵族与寺院在元统二年(1334)以前所拥有的田产数量,以及元统二年中书省要求他们还官的田产数量。这两组数字是非常宝贵的资料。

本节拟对这两组数字中进行如下分类:

(1)列出原有赐田数额最高的贵族与寺院。

(2)列出受命将赐田还官数额最高的贵族与寺院。

(3)列出受命将部分赐田还官后,所剩余田产数额最高的贵族与寺院。

(4)列出受命还官赐田与原有赐数之比最高的贵族与寺院。

对《至正条格》所提供的贵族与寺院的赐田数受命还官数额进行分析的目的,是为了探求此次事件隐秘在史料文字背后的内容。

22.5.1 原有、还官与剩余田产数最高者

22.5.1.1 原有田产数最高者

大体上说,拥有赐田的数的高低说明主人在朝廷与社会中的地位。因此,按田产数排队的结果,可大致体现出元统二年之前这些被提及的贵族及寺院的显赫度。

《至正条格》所提到的部分田产还官者中,其原先拥有田产最高数为五百顷。其实五百顷地并不是一个非常高的数字。仅从前引有关至元三十一年(1294)至元统二年(1334)的四十年间,元廷向诸王、公主、驸马、贵族与寺院赐田的史料,就可发现元廷向贵族与寺院一次赐田数字高于五百顷者就很多,如:

大德四年(1300)冬十月对洛阳白马寺"诏:以护国仁王寺水陆田在怀孟六县者千六百顷。"[1]

---

〔1〕乃贤:《河朔访古记》,卷下,清武英殿聚珍版丛书本。修白马寺未动用国库,乃由护国仁王寺钱开支。护国仁王寺乃世祖忽必烈的察必皇后家庙。有关此寺,参见拙文《从北平王到北安王——那木罕二三题》,载于《元史及民族与边疆研究集刊》,第21辑,南京大学元史研究室/民族与边疆研究院中心主办,上海古籍出版社,2009年,页1-40;顾寅森:《元代官寺大护国仁王寺研究》,南京大学硕士学位论文。

大德五年(1301)二月戊戌赐"万安寺地六百顷。"〔1〕

至大二年(1309)九月"丁酉,御史台臣言:'比者近幸为人奏请,赐江南田千二百三十顷,为租五十万石,乞拘还官。'从之。"〔2〕

皇庆元年(1312)三月"以宪宗所赐不怜吉带地一千七十三顷还其子孙。"〔3〕

延祐七年(1320)七月"晋王也孙铁木儿遣使以地七千顷归朝廷,请有司征其租,岁给粮钞,从之。〔4〕

泰定三年(1326)十月"赐大天源延圣寺钞二万锭,吉安、临江二路田千顷。"〔5〕

至和元年(1328)九月"封燕铁木儿为太平王,以太平路为食邑,赐金五百两、银二千五百两、钞万锭、平江官地五百顷。"〔6〕

至顺元年(1330)春正月"戊寅,赐隆禧总管府田千顷。"〔7〕

至顺元年(1330)夏四月"壬寅,括益都、般阳、宁海闲田十六万二千九十顷,赐大承天护圣寺,为永业。"〔8〕

至顺元年(1330)九月己亥"以平江等处官田五百顷,赐鲁国大长公主。"〔9〕

元统元年(1333)十一月"乙卯,以燕铁木儿平江所赐田五百顷,复赐其子唐其势。"〔10〕

可见元代拥有赐田产数超过五百顷的贵族与寺院为数不少,但《至正条格》里提到的拥有赐田最高数额的诸王、驸马与寺院是五百顷,我们就将本文的讨论限于此。

---

〔1〕《元史》卷20《成宗纪》,大德五年(1301)二月条,标点本,页434。

〔2〕《元史》卷22《武宗纪》,至大二年(1309)九月条,标点本,页516。

〔3〕《元史》卷24《仁宗纪》,皇庆元年(1312)三月条,标点本,页551。

〔4〕《元史》卷27《英宗纪》,延祐七年(1320)七月条,标点本,页605。

〔5〕《元史》卷30《泰定帝纪》,泰定三年(1326)十月条,标点本,页674。

〔6〕《元史》卷32《文宗纪》,至和元年(1328)九月条,标点本,页710。

〔7〕《元史》卷34《文宗纪》,至顺元年(1330)春正月条,标点本,页750。

〔8〕《元史》卷34《文宗纪》,至顺元年(1330)夏四月条,标点本,页756。

〔9〕《元史》卷34《文宗纪》,至顺元年(1330)九月条,标点本,页767。

〔10〕《元史》卷38《顺帝纪》,元统元年(1333)十一月条,标点本,页819。

《至正条格》所提到的贵族与寺院中,元统二年(1334)以前拥有赐田最高数为五百顷者有四位,其分别为:荅里海牙公主(益里海牙)、大长公主、赵王、普安大万圣祐国寺。此外,普纳公主拥有赐田四百九十九顷九十二亩,非常接近上述四位贵族、寺院五百顷赐田的数字,故而这里一并列入。

22.5.1.2　还官田产数最高者

除原有赐田数之外,《至正条格》所提到的受命还官赐田数也是非常有意义的数据。

按《至正条格》记载,此次要求将赐田还官数最高者为二百顷。被要求按此数还官的贵族有四位:益里海牙(荅里海牙)公主、大长公主、赵王、普安大万圣祐国寺。普纳公主被要求还官的赐田数额为一百九十九顷九十二亩,非常接近上述四位贵族、寺院被要求还官二百顷的数额,故而这里亦一并列入。

上述五位被要求将赐田还官数额最高的贵族,与前述元统二年(1334)以前所受赐田最多者一致。可见这些在顺帝即位前地位崇高的贵族与寺院,也同时是被要求还官赐田产最多者。敕令还官的数额高,表明田产主在此次收还赐田风波中受到的打击大,也可以说明田产主人在顺帝朝廷中的地位的低下程度,甚至反映出此次赐田还官措施酝酿时的矛头所指。

22.5.1.3　还官后剩余田产数最高者

若将《至正条格》所提供的两组数字相减,即元统二年(1334)之前所拥有的赐田数,减去按旨应当还官的赐田数,即为这些贵族与寺院在还官后所剩余的赐田数。

按《至正条格》所记数字计划,所余田产最高额为三百顷。其中荅里海牙(益里海牙)公主的五百顷赐田内,二百顷还官,余三百顷。与之相同者还有大长公主、赵王、普安大万圣祐国寺。普纳公主的原有四百九十九顷九十二亩,一百九十九顷九十二亩还官,也剩余三百顷。

所余田产数字居前者,可以说明在部分赐田还官之后,他们在顺帝朝中的相对社会地位仍然崇高。因此,即使这些贵族与寺院将自己的赐田按最高额二百顷还官后,他们所剩余的田产仍然远远高于其他《至正条格》所提到的贵族与寺院。换而言之,即便他们受到沉重打击之后,其社会地位也仍然是其他贵族与寺院所不能项背的。

值得注意的是,上述五位按最高额向朝廷归还二百顷赐田后,所余赐田数额最高的贵族,与前述元统二年(1334)以前所受赐田最多者一致。这个一致不是偶然的。

22.5.2 还官比例问题

除还官赐田的绝对数额之外,还官赐田数与原有赐田总数相除,所得出的是还官赐田数在原有田产数之中所占比例。这个比值越高,说明田产主在元统二年(1334)赐田还官风波中所受的打击越大。据统计,受命还官赐田占原有赐田总数比例最高者达60%以上者有五位,从高到低排列为:

孛罗大王的一百四十九顷六十九亩田内,九十九顷六十九亩还官。还官田产比例达66.70%。

福藏司徒昭福寺的三十顷内,二十顷还官。还官比例达66.67%。

永福寺的五十顷五亩田内,三十顷五亩还官。还官比例达60.40%。[1]

天庆寺的五十顷田内,三十顷还官。60%还官。

难的沙律(津)爰护持的五十顷田内,三十顷还官。60%还官,与此相同。

前述答里海牙(益里海牙)公主的五百顷田内,二百顷还官。还官田产比例达40%。与之相同的还有大长公主、赵王、普安大万圣祐国寺。此外,普纳公主的四百九十九顷九十二亩内,一百九十九顷九十二亩还官,39.99%还官,也与此非常接近。

由此可见,从受命还官田产比例来看,孛罗大王、福藏司徒昭福寺、永福寺、天庆寺、难的沙律爰护持,要远远高于《至正条格》中所提到的拥有田产数额与还官田产数额最高的答里海牙(益里海牙)公主、大长

〔1〕承天永福寺。在第二层次收还田产名单中,有永福寺,当为此寺。

公主、赵王、普安大万圣祐国寺与普纳公主。因此也可以说，虽然益里海牙公主等受到清算，但其部分田产还官之后，从田租减少的程度看，孛罗大王等受到的打击要沉重得多。

限于篇幅，有关这个问题的探讨，拟在另一篇论文中进行。

22.6 主要涉案贵族、寺院背景调查
——原有、还官与剩余赐田最高者

通过上面的数据分析，笔者从元统二年(1334)中书省、户部与顺帝所商议的赐田还官事件的涉案贵族与寺院虽然很多，但以其原有赐田数、要求还官赐田数或还官以后所剩田数排列，可从中筛选具有典型意义的代表。上文的三种统计结果表明，涉案者中居前五位始终不变，即答里海牙(益里海牙)公主、大长公主、赵王、普安大万圣祐国寺、普纳公主。

这些田产主的背景如何？笔者试图通过对其的逐一分析，找出他们被列入赐田还官名单的原因。

22.6.1 答里海牙公主

《至正条格》的校勘者发现，当系益里海涯之误。《廿二史考异》已经指出，“公主益里海涯，传作亦里哈牙。”〔1〕益里海涯为成宗女，下嫁宏吉剌分部亦乞列思贵族孛秃之后裔昌王阿失。〔2〕孛秃名见《元朝秘史》节120，写作不图；在节202中名列第87千户，写作不秃古列坚(Butu Güregen)；其名《亲征录》与《太祖纪》中写为孛徒，在《史集·部族志》写为بوتو(Būtū)。〔3〕《元史·诸公主表》记：“昌国大长公主帖木伦，烈祖女，适昌忠武王孛秃。”〔4〕

〔1〕《元史》部分，卷6。

〔2〕《元史》卷118《孛秃传》，标点本，页2923，并见卷109《诸公主表》，页2959。

〔3〕拉施都丁：《史集》(Rašīd al-Dīn, Jāmi‘ al-Tawārīkh)，第1卷第1册《部族志》，1965年莫斯科波斯文合校本，页402；1959年，德黑兰卡里(Karīmī)博士波斯文刊本，页124；余大钧、周建奇汉译本《史集》，第1卷第1册，商务印书馆，1983年，页267。

〔4〕卷109，标点本，页2757。

阿失在成宗朝大德五年(1301)与西北叛王海都、都哇联盟的帖坚古之战中,立有大功。据《武宗纪》记载,时元军"与海都战于迭怯里古[1]之地,海都军溃。越二日,海都悉合其众以来,大战于合剌合塔[2]之地。师失利,亲出阵,力战大败之,尽获其辎重,悉援诸王、驸马众军以出。明日复战,军少却,海都乘之,帝挥军力战,突出敌阵后,全军而还。海都不得志去,旋亦死。"[3]据《元史·孛秃传》与张士观撰《昌王世德碑》,孛秃后裔阿失在成宗朝随晋王甘麻剌及海山参与帖坚古之战。"大德五年(1301),战哈剌答山,阿失射笃哇中其膝,擒杀甚多,笃哇号哭而遁,武宗赐之衣。成宗加赐珠衣,封为昌王,置王府官属。"[4]

益里海涯作为成宗之女,其夫家亦乞列思贵族其家族在元统二年(1334)年之前拥有的赐田属于最高等级,本不足为怪,似本不应牵入这场赐田还官风波。但其女速哥八剌为英宗皇后。张士观撰《昌王世德碑》提到阿失"辛丑(1301),与都瓦战,射中其足,败之。成宗录其功,以皇女益里海涯公主下嫁,是生今上皇后及晋王妃亦邻真八剌。"[5]《元史·诸公主表·昌国公主》提到《后妃传》记载"英宗庄静懿圣皇后,名速哥八剌,亦启烈氏,昌国公主益里海涯女也。至治元年,册为皇后。泰定四年(1327)六月崩[6],谥曰庄静懿圣皇后。"[7]她是昌国公主的女儿,

---

〔1〕《考异》卷87:床兀儿传作铁坚古山。

《本证》卷49,证名13:铁坚古山,床兀儿传。传有阇客亦疑即纪之阔别列。帖坚古,囊加歹传。

《元史地名考》:《土土哈床兀儿传》中"海都兵越金山,而南止于铁坚古山。"铁坚古山即此迭怯里古,然则其地在金山南。《康里脱脱传》所谓"次杭海者",此其时也,然则迭怯里古乃杭海山之一枝也。

〔2〕《本证》卷49,证名13:哈剌答,忽怜传。哈剌塔,伯颜传。

《孛秃传》:"晋王甘麻剌并武宗帅师,讨海都于哈剌答山。"《乞台传》:"从武宗亲征哈剌阿答。"

〔3〕卷22,标点本,页477。

〔4〕《元史》卷118《孛秃传》,标点本,页2923;张士观:《驸马昌王世德碑》,《国朝文类》卷25,上海涵芬楼影印元至正杭州西湖书院刊本,四部丛刊。但张士观未言及作战地点。

〔5〕《国朝文类》卷25,上海涵芬楼影印元至正杭州西湖书院刊本,四部丛刊。

〔6〕洪金富《元〈析津志·原庙·行香〉篇疏证》(《历史语言研究所集刊》第79卷第1分,页20),《析津志·祠庙、仪祭·原庙、行香》:"速哥八剌皇后,忌日,青塔寺,[六月]二十一日。"(熊梦祥:《〈析津志〉辑佚》,北京古籍出版社,1983年,页64)。六月二十一日,很可能是其卒日。

〔7〕《元史》卷114《后妃传》,标点本,页2876。

不称公主，与《至正条格》中提到的另一位速哥八剌公主同名，但并非同一人。

由此可推测，亦里海牙（荅里海牙）公主名列田产还官，当系顺帝即位后倒算当年仁宗废约，驱武宗子周王（明宗）与怀王（文宗）立己子硕德八剌（英宗）为储旧账有关。

22.6.2 大长公主

元代称"大长公主"者有好几位，这里提到的是谁？回答此问题的方案当然首先是理清有关史料的时代性，再考察具体人物。这里所涉史料为元统二年（1334），乃顺帝改元之次年，其大长公主之称当沿袭前朝，即文宗时代。那么文宗朝，径称大长公主者多指何人？笔者检出以下几则史料：

元中后期文人虞集写过一首《端午赐大长公主》诗，其文云：

> 细葛迎飔，喜宫衣之初试；
> 瑞莲承雾，庆寿斝之方持。
> 輙陈节物之多仪，用祝年龄之有永。
> 并将唐律，式衍鲁风。
> 殿阁薰风五月凉，绿荷池上度天香。
> 扇裁团鉴飘罗雪，盌注轻水蔼玉浆。
> 尘尾可消时昼永，彩丝宜祝寿年长。
> 清朝共庆宫闱贵，万岁菖蒲泛紫觞。[1]

此诗当为虞集为文宗所拟，故而才能题为《端午赐大长公主》。恰巧在柯九思所写《宫词十五首》中有一首云：

> 玉椀调冰涌雪花，金丝缠扇一作线绣红纱。
> 彩笺御制题端午，敕送皇姑公主家。皇姑者，鲁国大长公主，皇后之母也。天历二年（1329）端午，上赐甚厚并御诗送之。[2]

柯九思明确记载到，天历二年（1329）端午，文宗向鲁国大长公主赐诗。柯久思此诗四句中有三句特别值得注意：

---

[1]《道园学古录》，卷21，四部丛刊影印明景泰翻印元刊本。

[2]《丹邱生集》卷3，清光绪三十四年柯逢时刻本。

第一句“玉椀调冰涌雪花”，恰相对于前引虞集诗中“盌注轻水蔼玉浆”。

第二句“金丝缠扇绣红纱”，恰相对于前引虞集诗中“扇裁团鉴飘罗雪”。

第三句“彩笺御制题端午”，恰相对于前引虞集诗中“彩丝宜祝寿年长”。

因此结论是，柯九思的这首宫词，当为记录天历二年(1329)年文宗向其岳母鲁国大长公主赠诗之事所作。

元文宗素以汉文化修养颇高著称，但他向皇后之母鲁国大长公主所赠贺端午诗，并非自己亲作，而是出自虞集手笔。[1]其实不只文宗，鲁国大长公主也非常爱好汉文化。袁桷在《鲁国大长公主图画记》提到英宗时：“至治三年(1323)三月甲寅，鲁国大长公主集中书议事执政官、翰林、集贤、成均之在位者，悉会于南城之天庆寺。”鲁国大长公主“命秘书监丞李某为之主。其王府之寮寀悉以佐执事，笾豆静嘉，尊斝洁清，酒不强饮，簪佩杂错，水陆毕凑，各执礼尽欢，以承饮赐而莫敢自恣。酒阑出图画若干卷，命随其所能俾识于后。礼成复命能文词者，叙其岁月以昭示来世。”她在天庆寺设宴招待各位文士是为了请他们欣赏鲁王府中所收藏的宋皇室画品，并请他们作文题记。[2]无怪她收到文宗的贺诗后，还特请柯九思作诗为记。

虞集还写过《东岳仁圣宫碑》其中提到：

> 天历建元(1328)，今上皇帝即大位，遣使迎大长公主于全宁，还及国门，皇后迎母于郊，主礼神拜贶而后，即其邸。天子乃赐神寝名曰昭德殿，云宫广深若干亩，为屋若干楹，高大弘丽，足以久远，岁时内廷出香币致祭，都人有祷祈，咸得至焉。[3]

虞集在此碑文前面提到，他所称之“大长公主”即鲁国大长公主。元末人孔克齐也提到：

[1]罗鹭著《虞集年谱》(凤凰出版社，2010年)天历二年(1329)段中未言及此事，见页101-112。

[2]《清容居士集》卷45，上海商务印书馆缩印元刊本，四部丛刊。

[3]《东岳仁圣宫碑》，《道园学古录》，卷23，四部丛刊景明景泰翻元小字本。

长沙赵岩,字鲁瞻,居溧阳。冀公南仲,丞相之裔也,遭遇鲁王,尝在大长公主宫中应旨,立赋八首七言律诗官词,公主赏赐甚盛。〔1〕

由此可见,在顺帝即位之前的文宗朝与顺帝朝,提起"大长公主"多半指鲁国大长公主。那么,鲁国大长公主又是何人呢?《元史·后妃传》提到:"文宗卜答失里皇后〔2〕,弘吉剌氏,父驸马鲁王琱阿不剌,母鲁国公主桑哥(吉剌)[剌吉]"〔3〕。前已提及,她在图帖木儿被放逐至建康时,就陪同在身边,可见她与文宗的关系极为密切。将鲁国大长公主祥哥剌吉列入赐田收官名单,当是削减她在文宗朝享有的过多特权。

22.6.3 赵王

22.6.3.1 赵王为何被列入赐田还官名单?

《至正条格》所提到的赵王,即马札罕(Majarqan)〔4〕,乃汪古部驸马。汪古部对成吉思汗战胜乃蛮立有大功,其部长阿剌忽思惕吉忽里(Ala Qus Tigit Qulï)受赐公主,此后与成吉思汗家族世代联姻。其部中贵族参加了与大蒙古国时期几乎所有重大军事行动,如攻金、西征、攻宋、征云南等。世祖即位后,又参与平定阿里不哥与李坛之乱,东西道诸叛王,如昔里吉、也不干、海都与都哇等之战,详见周清澍教授研究《汪古部统治家族——汪古部事辑》系列论文〔5〕。

在元统二年(1334)中书省所拟将赐田还官的名单中有速哥八剌公

〔1〕《赵岩乐府》,《静斋至正直记》卷1,庄敏、顾新点校,上海古籍出版社,1987年,页20。

〔2〕《考异》卷93:《特薛禅》作不荅失里。

〔3〕卷114,标点本,页2877。并见卷106《后妃表》与卷109《诸公主表》。《廿二史考异》卷93:《特薛禅》作祥哥剌吉。北人读"祥"如"相","相""桑"声相近。吉剌当为剌吉。

〔4〕韩百诗认为,此名应释为"小马札儿人(匈牙利人)",而不应释为"马札儿汗",见韩百诗:《〈元史〉卷108〈诸王表注〉》,来顿,1954年(Louis Hambis, *Les Chapitre CVIII du Yuan Che, Les fiefs attribues aux membres de la famille imperiale et aux ministres de la cour mongole d'apres l'histoire chinoise officielle de la Dynastie Mongole,* Leiden, 1954),页70。此点周清澍教授业已引述,见《汪古部统治家族——汪古部事辑之一》,刊于《文史》第9辑,中华书局,1980年;收于周清澍论文集《元蒙史札》,内蒙古大学出版社,2001年,页48-89;见页注(2)。

〔5〕分别刊于《文史》第9—14辑,中华书局,1980—1982年;全部收于周清澍论文集《元蒙史札》,页48-184。

主，但在其下文具体提及原有赐田与要求还官赐田数时，却未提及速哥八剌公主。据《元史》记：赵国"大长公主（桑）[速]哥八剌，[1]适囊家台（Nanqiyadai）子赵王马札罕（Majarqan）。"故而在具体要求还官时，所记录的是赵王。中书省之所以将过去有大勋劳于元室的汪古部赵王家族被列入赐田还官的名单，当是出于以下几点原因：

（1）支持仁宗放逐武宗二子周王与怀王，立己子硕德八剌为皇太子：《元史·仁宗纪》在延祐四年（1317）条下有几则引人注意的记载：二月"丙寅，以诸王部值脱火赤之乱，[2]百姓贫乏，给钞十六万六千锭、米万石赈之。"同年三月"庚午，给赵王阿鲁秃部粮四千石"。六月壬子"安远王丑汉、赵王阿鲁秃为叛王脱火赤所掠，各赐金银、币帛。"[3]此年仁宗违背前约，立己子为皇太子（即后来的英宗），而分别封武宗二子和世球、图帖木儿兄弟为周王、怀王。和世球赴云南就藩时，路过延安，由此北上出逃漠北。支持他的有不久前刚结束与察合台兀鲁思汗也先不花作战的钦察亲军大将脱火赤。[4]赵王阿鲁秃显然是站在仁宗一方，与周王为敌，在漠北与支持周王的军队脱火赤部作过战。而周王恰为后来的明宗，即顺帝之父。

（2）赵王与英宗为姻亲，关系极为密切：赵王妃速哥八剌为英宗硕德八剌姊妹；[5]英宗正是在仁宗废兄弟之约，逐出武宗二子的情况与被立为皇太子，后才得以登基的。

（3）在两都之战中的立场：在泰定帝逝后爆发的"两都之战"中，赵王马札罕的情况，前辈学者有过较为详尽的讨论。至和元年（1327）八月，在燕帖木儿迎立文宗之后，上都方向向大都调兵。周清澍先生注意

---

〔1〕校勘记（10）："（桑）[速]哥八剌，据本书卷二七《英宗纪》至治元年八月庚戌条所见改。林子良《王傅德风堂碑记》作'速哥八剌'。"

〔2〕《蒙史》卷11下注此人"似即延祐二年十月封威宁郡王者，威宁为兴和路属县，因何为乱未详。"

〔3〕《蒙史》卷11下注"以是知脱火赤为乱之地在兴和路汪古部和宁之间。"

〔4〕并于此事，参见党宝海：《元朝延祐年间北方边将脱忽赤叛乱考——读〈大元赠岭北行省右丞忠愍公庙碑〉》，载于《西域研究》，2007年第2期。

〔5〕《元史》卷109《诸公主表·赵国公主位》，标点本，页2759-2760。

到，山西方面泰定帝侄湘宁王“八剌失里及赵王马札罕、诸王忽剌台承上都之命，各起所部兵南侵冀宁，还次马邑。”[1]此年十月兵败，“至是被执其所俘男女千人。”[2]此战“元帅也速答儿(Yesüder)执湘宁王八剌失里送京师。”

22.6.3.2 有关马札罕与“两都之战”的考察

赵王马札罕在“两都之战”中的表现非常值得注意。顺帝即位后，对元朝中后期的帝系的认定有决定性的影响，成宗之后的武宗海山被视正统帝位继承人，仁宗逐出武宗二子立已子硕德八剌为皇太子，英宗被刺后泰定帝即位，均不被视为正统皇位继承，因此有关这两朝的资料保存较少。而汪古部驸马家族势力由盛转衰也正是在这一时期。因此追查马札罕在“两都之战”中的立场，不仅有助于说明汪古部驸马为何在元统初年被列入赐田还官的名单，而且有助于说明，像汪古部驸马这样一些元初的老功臣家族，是如何在元历朝历代的政治更迭中逐渐失势的。

直接记录马札罕在泰定帝逝后的史料数量不多，较为重要者是前面已经提到过的周清澍先生所提及的《元史》中有关湘宁王“八剌失里及赵王马札罕、诸王忽剌台承上都之命，各起所部兵南侵冀宁”及“元帅也速答儿(Yesüder)执湘宁王八剌失里送京师”两条史料。这两条史料所提到的与汪古部驸马马札罕一同进攻冀宁的，有湘宁王八剌失里与忽剌台，而与他们作战的则作也速答儿，因此考察忽剌台、八剌失里与等人也速答儿在“两都之战”中的情况，从一个侧面反映了马札罕的动向。以下将笔者收集的提及上述诸人在天历元年九月至此年底，特别是九月至十月两个月中活动的史料，按时间先后排列如下：

(1)据《文宗纪》记载，天历元年九月丁卯(1328年10月11日)，“遣撒敦拒辽东兵于蓟州东流沙河，元帅阿兀剌守居庸关。上都军攻碑楼口，指挥使也速台儿御之，不克。”

---

〔1〕《元史》卷32《文宗纪》，标点本，页717。

〔2〕《元史》卷32《文宗纪》，同上页。周清澍先生的论述见《汪古部统治家族——汪古部事辑之一》，刊于《文史》第9辑；收于周清澍论文集《元蒙史札》，页84。

两日后，即天历元年九月己巳(1328年10月13日)，“立行枢密院于汴梁，以同知枢密院事也速台儿知行枢密院事，将兵行视太行诸关，西击河中、潼关军，以折迭弩分给守关军士。上都诸王忽剌台等引兵犯崞州。”此时上都军兵分两路，一路进攻大都之北燕山要塞居庸关，另一路向山西进攻，与马札罕联兵的忽剌台此时已至山西。燕帖木儿所派的主要御敌将领是也速台儿，即上面提到的也速答儿(Yesüder)。他在居庸关御敌不力，继而被派往山西。

据《燕帖木儿传》十日后(己卯，1328年10月23日)，上都将王禅率枢密副使阿剌帖木儿、指挥忽都帖木儿等勇将越居庸关而南，至榆河北，被燕帖木儿击败，上都军被迫退居红桥。在会战中，燕铁木儿斫伤阿剌帖木儿，而燕帖木儿部将和尚则击伤忽都帖木儿，燕帖木儿夺占红桥。“两军阻水而阵，命善射者射之，遂退，师于白浮南。命知院也速答儿、八都儿、亦纳思等分为三队，张两翼以角之，敌军败走。”〔1〕而据马祖常《太师太平王定策元勋之碑》，在白浮南之战中，“至夜，又命撒敦出其后，南向，八都儿、脱脱木儿出其前，北向。”〔2〕未提及也速答儿。《燕帖木儿传》称，次日，也速答儿等在昌北平再败王禅，夺回居庸关与《太师太平王定策元勋之碑》说，此时为九月乙酉日，即1328年10月29日。

(2)此后，上都军继续围攻大都。《文宗纪》记天历元年九月“戊子(1328年11月1日)，上都诸王忽剌台等兵入紫荆关，将士皆溃，行枢密院官卜颜、斡都蛮(Othoman)、指挥使也速台儿将兵援之”。〔3〕这里所提到的文宗方面参战的斡都蛮，乃回回人阿剌瓦而思后裔，其传中亦有关于此战的记载：赡思丁“子斡都蛮(Othoman)袭职。致和元年八月(1328年9月5日—10月3日)，自上都逃来，丞相燕帖木儿任为裨将，率壮士百人，围灭里帖木儿等于陀罗台驿，擒之以献，特赐衣一袭，及秃秃马失甲、金束带各一，白金一百两，钞二百锭。天历元年九月(1328年

〔1〕《元史》卷138，标点本，页3328。

〔2〕《太师太平王定策元勋之碑》，《国朝文类》卷26，上海涵芬楼影印元至正杭州西湖书院刊本，四部丛刊。

〔3〕《元史》卷32《文宗纪》，标点本，页713。

10月4日—11月1日),充行院同佥。十月(1328年11月1日—12月1日),从击忽剌台、马札罕等军于卢沟桥,败之,追至紫荆关,多所俘获,招降安童所将军一千五百人,复以功受上赏。"[1]

《阿剌瓦而思传》提供有关了此战,重要的线索:即赵王马札罕也参与了上都军对大都的围攻。因此分析有关史料,对于理清此战的经过非常重要。

《文宗纪》所提供的第一个日子是天历元年九月戊子(1328年11月1日)。

《文宗纪》又提到,二日后,即天历"九月庚申朔,燕铁木儿督师居庸关,遣撒敦以兵袭上都兵于榆林,击败之,追至怀来而还。隆镇卫指挥使斡都蛮以兵袭上都诸王灭里铁木儿[2]、脱木赤于陀罗台,执之,归于京师。"[3]

前引《阿剌瓦而思传》称斡都蛮击败忽剌台、马札罕事在十月。

《文宗纪》在天历元年十月癸巳(1328年11月6日)条下再记:

> 忽剌台游兵进逼南城,令京城居民户出壮丁一人,持兵仗从军士乘城,仍于诸门列瓮贮水以防火。燕铁木儿及阳翟王太平、国王朵罗台等战于檀子山之枣林,唐其势陷阵,杀太平,死者蔽野,余皆宵遁,遣撒敦追之,弗及。甲午(1328年11月7日),命有司市马千匹,赐军士出征者。脱脱木儿、章吉与也先捏合击敌军于良乡南,转战至泸沟桥,忽剌台被创,据桥而宿。乙未(1328年11月8日),燕铁木儿率军循北山而西,趣良乡,诸将时与忽剌台、阿剌帖木儿等战于泸沟桥,声言燕铁木儿大军至,敌兵皆遁。[4]

关于燕帖木儿在此战中所起的作用,马祖常提到:

> 乙未(1328年11月8日),诸侯王忽剌解、指挥使阿剌帖木儿、安童自紫荆口犯良乡。丙申(1328年11月9日),我军循北山而西,

[1]《元史》卷123《阿剌瓦而思传》,标点本,页3026。

[2]《本证》卷40,证名4:灭里帖木兒,阿剌瓦而思传。

[3]《元史》卷32《文宗纪》,标点本,页707。

[4]《元史》卷32《文宗纪》,标点本,页713-714。

士皆马上食，马以囊盛草粟系马口，且行且食。至卢沟，忽剌斛兵溃，凯还。都人观者、拜者填道。入见天子，无矜容焉。上大悦。己亥(1328年11月12日)，进封答剌罕、太平王，以其地为食邑，降制褒美，功名烜耀，刻黄金为印章以宠，赉之珠，对衣宝带一具。答剌罕，华言世贷之也。秃满迭儿(Tümänder)[1]复入虎北口，战檀州南，歼之。万戸哈剌那海(Qara Noqai)[2]以戏下兵降，杀秃满迭儿，函首京师。诛忽剌斛、阿剌帖木儿、安童、[3]朵罗斛、搭(塔)海于国门之外。[4]

比对上述各种信息可知，《文宗纪》所提供的第一个日子天历元年

---

〔1〕这位秃满迭儿是泰定帝朝的宠臣，《水利集》中记载："泰定元年(1324)十月十九日，也可(性)[怯]薛第一日，光天殿里有时分，火儿赤答失蛮(Qorči Dānišmand)、速古儿赤阿散火者(Hasan Khwāja)、阿思兰出(?)、月鲁帖木儿、伯要兀歹(Baya'utai)、宝儿赤兀奴忽等有来，旭迈杰右丞相、倒剌沙(Dawlat Šāh)左丞相、秃满迭儿(Tümänder)平章、善僧右丞、朵朵(Toqta)参政、塔剌海参政、章吉帖木儿尚书、买驴(Malik)郎中、脱脱(Toqta)员外郎、客省使钦察歹(Qïpčaqtai)、直省舍人捏迭千、蒙古必阇赤脱脱木儿(Toqta Temür)等奏过事内一件。……"——任仁发:《水利集》卷1，明抄本，现藏上海师范大学图书馆。

"泰定元年(中)[十]月二十五日，旭迈杰怯薛事一日，嘉德殿后寝殿里有时分，速古儿赤怯烈该、锁秃、阿儿思兰出(?)、哈只火者、宝儿赤阿散秃忽鲁等有来，旭迈杰右丞相、倒剌沙左丞相、秃满迭儿平章、兀伯都剌平章、张平章、乃马歹平章、善僧右丞、泼皮左丞、朵朵参政、杨参政、章吉帖儿尚书、脱亦纳参议、塔剌海参议、李家奴郎中、忙兀歹都事、直省舍人捏迭千(?)、蒙古必阇赤脱脱木儿等奏过事内一件。"——《水利集》卷1。

无怪乎他在"两都之战"中站在上都方面。

〔2〕东路蒙古军万户，与钦察贵族有密切联系。参见拙文《钦察亲军左右翼考》，载于《元史论丛》，第11辑，天津古籍出版社，2009年，页10-25。

〔3〕阿剌帖木儿与安童分别为驻扎于河南行省北部的蒙古侍亲军首领，《元史》记载泰定四年(1327)"十二月，河南行省言:'所辖之地，东连淮、海，南限大江，北抵黄河，西接关陕，洞蛮草贼出没，与民为害。本省军马俱在濒海沿江安置，远者二千，近者一千余里，乞以炮手、弩军两翼，移于汴梁，并各万户府摘军五千名，设万户府随省镇遏。'枢密院议:'自至元十九年(1282)，世祖命知地理省院官共议，于濒海沿江六十三处安置军马。时汴梁未尝置军，扬州冲要重地，置五翼军马并炮手、弩军。今亲王脱欢太子镇遏扬州，提调四省军马，此军不宜更动。设若河南省果用军，则不塔剌吉所管四万户蒙古军内，三万户在黄河之南、河南省之西，一万户在河南省之南，脱别台所管五万户蒙古军俱在黄河之北、河南省东北，阿剌铁木儿、安童等两侍卫蒙古军在河南省之北，共十一卫翼蒙古军马，俱在河南省周围屯驻。又本省所辖一十九翼军马，俱在河南省之南，沿江置列。果用兵，即驰奏于诸军马内调发。'从之。"——卷99《兵志》，标点本，页2550。

〔4〕《太师太平王定策元勋之碑》，《国朝文类》卷26，上海涵芬楼影印元至正杭州西湖书院刊本，四部丛刊初编集部。

九月"戊子(1328年11月1日),当系因上都方面忽剌台、赵王马札罕兵临紫荆关,文宗方派斡都蛮赴前线增援的时间。而战事实际发生于二日之后。前线情况不容乐观,大都城作了最坏的打算,但因燕帖木儿等兵至,上都方面忽剌台受创而兵退向山西。因而《文宗纪》中下列记载当发生于此后:

> 湘宁王八剌失里引兵入冀宁(今太原),杀掠吏民。时太行诸关守备皆阙,冀宁路来告急,敕万户和尚将兵由故关援之。冀宁路官募民丁迎敌,和尚以兵为殿,杀获甚众。会上都兵大至,和尚退保故关,冀宁遂破。〔1〕

赵王马札罕也应当与忽剌台一同退往山西。《文宗纪》中天历元年十月条中下列记载,应即此事:

> 甲寅(1328年11月27日),……元帅也速答儿执湘宁王八剌失里送京师。八剌失里及赵王马札罕、诸王忽剌台,承上都之命,各起所部兵南侵冀宁(今太原),还次马邑,至是被执,其所俘男女千人,悉还其家。〔2〕

由上研究可知,赵王马札罕/速哥八剌公主的赐田还官,盖因汪古部贵族在"两都之战"中站在上都方面。

22.6.4 普安大万圣祐国寺

《析津志》中提到了一所"普安寺",称其"在开远坊,敕翰林学士承旨程钜夫撰,翰林学士承旨荣禄大夫赵孟頫篆额,名敕赐弘教普安寺碑。河西杨氏自释教总统赠开府仪同三司太师宁国公慧辩永福。又云在旧城彰义门内,昔廉相花园。"〔3〕笔者未查到这所大都的"普安寺"称为"普安大圣祐国寺"的记载。

当时除了普安寺之外,五台山有大万圣祐国寺,建于成宗初年。《佛祖历代通载》提到:

---

〔1〕《元史》卷32《文宗纪》,标点本,页713–714。

〔2〕《元史》卷32《文宗纪》,标点本,页717。这位湘宁王八剌失里,《文宗纪》提到"火儿忽答等十三人从湘宁王八剌失里用兵,既伏诛,命皆籍其家赀。"标点本,页722。

〔3〕熊梦祥:《〈析津志〉辑佚》,北京古籍出版社,1983年,页77。原文见《顺天府志》,页41。

世祖尝以五台绝境，欲为佛寺而未果也。成宗以继志之孝，作而成之，赐名大万圣祐国寺，以为名山大寺，非海内之望不能尸之。[1]

程钜夫亦写道："元贞元年(1296)建三皇庙于京师，又建万圣祐国寺于五台。"[2]五台山的这座"万圣祐国寺"亦见于清雍正《山西通志》：

大万圣祐国寺，在交口东山麓。元成宗元贞元年(1296)敕建，二年(1297)赐额，命仲华大师主席，大德六年(1302)入寂。敕建塔。仁宗皇庆元年(1312)赐慧印紫衣、香药，遣旌幢送至寺。英宗赐号弘教大师。至治二年(1322)，幸台山，赐慧印币及玉文殊像、七宝念珠。[3]

《佛祖通载》记：

廿九壬戌故荣禄大夫、司徒、大玉山普安寺住持、幻堂严讲主卒。公康氏，成纪人，讳宝严，字士威，号幻堂。父某以罹丧乱，弃俗为僧。昆弟六人，公其季也。少以迈往之气，不乐处俗，与其弟金薙染从佛，求出世之道。每逢名德启讲，必往听而问焉。尝谓：学而不思，思而不学，君子所忧。虽通其说，而不通其宗，是学而不思也，岂称达者哉！况文字之学，守株兔迹，惑于多岐，焉能涉同归之海，造圆顿之奥乎！听其说，固辩矣。观其所得，则末也。于是既问而学之，以博其趣，而益致其思焉。是其所以造诣，盖得之系表，故其讲说深，有宗通理味。后嗣真觉国师传，贤首宗教，以师承既高，见解益明，其方寸之地，湛如止水，莹若明镜，物我相形，辄影见于中。虽以天资之高，而德器之美，抑亦师友玉琢，兰薰而致。及真觉以诏居大白马寺，公与金从至洛，洎及居大万圣佑国寺。又从至台山，真觉殁，诏以公继其位。后公以太后[4]诏，居大普安寺，诏以金继公，居佑国寺。公于至治二年(1322)七月某日殁，年五十

〔1〕释念常：《佛祖历代通载》，元至正七年释念常募刻本，卷22。

〔2〕《雪楼集》卷47《凉国敏慧公神道碑》，洪武刊本。

〔3〕卷171，四库本。

〔4〕按，即武宗与仁宗之母。

有一。诏复以金居普安寺。金以公之丧，葬东封谷之口，建塔以修祀事焉。〔1〕

同书还记“大德六年（1302）九月一日，五台山大万圣祐国寺真觉国师殁。”〔2〕及《元史·英宗纪》至治三年（1323）夏四月己卯“敕京师万安、庆寿、圣安、普庆四寺，杨子江金山寺、五台山万圣祐国寺作水陆佛事七昼夜。”〔3〕

22.7 清算政治旧账
——代结语

限于篇幅，上文只对元统二年（1334）年赐田还官事件涉案贵族与寺院中之最显赫者做了考察，但整个事件的端倪已经大致可见。现在我们可以回到本文开始时所提出的问题。从《至正条格》所录顺帝元统二年（1334）四月二十八日中书省官员与顺帝之间，有关将前朝拨赐予一些贵族与寺院的田产，重新收官问题的文字看，中书省与顺帝所讨论的是一项户部有关重新审查前朝赐地的提议。户部提议的目的是希望压缩朝廷开支，增加政府控制之下的土地与人口。但本文前面通过调查资料证明，中书省所提出的还官涉案事主名单，并未涵盖至元末至元统初四十年间所有接受过赐田的贵族与寺院。换而言之，收还赐田的政策，仅仅针对部分蒙元贵族与官寺，而非全体曾受赐田者。

〔1〕释念常：《佛祖历代通载》，卷22，元至正七年释念常募刻本。

此事在后世佛教文献中续有抄录，如〔明〕释大闻《释鉴稽古略续集》：“幻堂讲主，讳宝严，字士威，成纪康氏季子，因罹丧乱，与弟同薙发为僧。后参真觉，得传贤首宗旨，而嗣其道。为人淳朴无伪，方寸之地，湛若止水。值真觉三坐道场，师与弟皆从而佐之。真觉入灭，乃继其席。无何，奉诏住持大玉山普安、佑国二寺。是年七月□日逝世。”——集1，大正新修大藏经本。

又〔明〕释如惺：《大明高僧传》《玉山普安寺沙门释宝严传十一大林性》：“释宝严，字士威，幻堂其号也。成纪康氏季子，因罹丧乱，与弟同薙发为僧。后参真觉，得传贤首宗旨，而嗣其道。为人淳朴无伪，方寸之地，湛如止水。值真觉三坐道场，严与弟皆从而佐之。真觉入灭，乃继其席，无何奉诏住普安、佑国二寺最久；而与大林性公表裏，大弘清凉之教。至治二年七月入寂，世寿五十一。建塔于封谷之口。”——卷2，明万历刻径山藏本。

〔2〕释念常：《佛祖历代通载》，卷22。

〔3〕《元史》卷28，标点本，页630；《佛祖统纪》卷48抄录此句。

那么，在具体拟定缩减朝廷钱粮支措施，选择收还部分赐田的贵族与官寺名单的依据又是什么？本文通过对中书省提出的涉案事主原有所拥有的赐田数、元统二年(1334)年要求收官赐田数与还官后所剩赐田数多寡排队，发现居于前五名者，在三种统计的结果中完全一致。因此将此五名涉案者列为此次赐田还官事件当事者中最典型者，他(它)们是：益里海牙(荅里海牙)公主、鲁国大长公主、赵王、普安大万圣祐国寺、普纳公主。

经过对上述五位典型涉案事主的分析，笔者以为，元统二年四月赐田收官事件，应当置于武宗逝后，武、仁交替，及其后泰定帝继位，最后皇权重归武宗之孙顺帝手中这一大背景之下考察。

(原刊于《元史及民族与边疆研究集刊》第24辑，南京大学元史研究室/民族与边疆研究院中心主办，上海古籍出版社，2012年。)

23 王仲德家族与元末江南古玩收藏

元灭宋后，社会剧变。这一时期江南士人的社会价值观，是一个大的课题。元代中后期江南士人的古玩收藏与欣赏，据笔者所见学界迄今关注较少，但却应是研究这一时期这一社会群体的一个重要视角。元末人孔克齐在《至正直记》[1]卷4中几次提到窑器与古玩收藏，集中于"莫置玩器""古今无匹"与"窑器不足珍"3条中，其语境是元末乱世。其中"莫置玩器"条提到了一位古玩收藏家王仲德：

> 先人尝劝人莫置玩好之物，莫造华丽之居，每以训戒子弟。予闻之耳熟，犹未能深省也。义兴王仲德老先生，平日诚实喜静，惟好蓄古定、官窑、剔红、[2]旧青、古铜之器，皆不下数千缗。及唐、宋名画，亦如之，独无书册法帖耳。至正壬辰(1352)，红巾陷城，定窑、青器皆为寇击毁，寇亦不识，无取者也。此一失也。后乙未(1355)复陷，所存者又无几，惟附箧随身之物，乃画之高品，铜之古器，剔红之旧制，寄藏友人。渡江浙时，苗僚据杭州，因寄托之。主丧，乃取归西山，不一宿，尽为苗僚所掠。画卷转卖于市，凡剔红小

〔1〕前人多以为此书作者为孔齐，据丁国范教授研究，其作者为孔克齐。参见丁国范：《〈静斋至正直记〉三议》，南京大学《元史及北方民族史研究集刊》，第11辑，1987年。

〔2〕"剔红"就是在器物的胎型上，涂上几十层朱色大漆，待干后再雕刻出浮雕的纹样。"剔犀"是以红黑二色的大漆相间涂层后再雕剔图案，所以刀口断面会呈现双色的线纹，极雅致。"剔彩"是在胎型上有意识地分涂上五彩大漆，干后雕刻时，利用涂漆层不同的色泽和刻层的深浅不同，达到"红花绿叶，黄心黑石"的彩色浮雕效果。元末孔克齐提到：

"故宋坚好剔红堆红等小柈香金着瓶，或有以金柈底而后加漆者，今世尚存重者是也。或银，或铜，或锡。"

——《静斋至正直记》，卷4，上海古籍出版社，庄敏、顾新点校，宋元笔记丛书，1987年，页129。以下简称《至正直记》上海古籍出版社标点本。

柈，咸以刀砍毁，无完器也。此再失也。时仲德翁已死一载，明年又不能保其余矣。所见多蓄者，皆不能保，非独乱世，寻常传子孙者诚空耳。居室亦然，乱离之后，浪荡无遗。使人人知有此患，惟检身之不及，何暇玩于物哉！李易安居士[1]，序其人之好蓄书卷，戒之甚详。先人之训，盖目见耳，闻者多矣。尝云谚曰：'与人不足，撺掇人起屋。与人无义，撺掇人置玩器。'撺掇者，方言犹从臾也。盖华屋、玩器皆能致祸。向有一人为玩器，因得罪于时官，遂破家丧身。又有一人因华屋招讼不已，直至荡产。此皆予所目见者，耳闻者又不知其几矣。可为明戒。[2]

上述一段话是说，收藏珍玩导致家破，其典型例子是义兴人王仲德老先生。他生前爱好收集各种珍玩，但元末天下大乱，损失殆尽。这里提到的义兴即今江苏无锡宜兴。[3]本文笔者以元末江南古玩藏家王仲德家族为中心，分析与蒙元上层联系较少的中下层文人的生活与心态，以求教于方家。

23.1 王仲德及其家族

23.1.1 从郑元祐的记载谈起

王仲德，时人又称为王德翁。笔者所见史料，未见其传记资料，也未见有专门研究提及他。有关此人及其交游与社会关系的资料，散见于许多元人文集。汇集起来之后，可以大致勾画出其基本面貌，以印证上引《至正直记》内容的真伪。

元末文人郑元祐（1292—1364）也提到过一位"荆溪王仲德"，他写道：

[1]即李清照。

[2]《至正直记》，卷4，上海古籍出版社标点本，页124-125。笔者对标点有变动。

[3]即今江苏宜兴。《元史》卷62《地理志》：

"宜兴州，中。唐义兴县。宋改义为宜。元至元十五年（1278），升宜兴府。二十年（1283），仍为县。二十一年（1284），复升为府，仍置宜兴县以隶之。元贞元年（1295），府县俱废，止立宜兴州。"——中华书局标本，页1519。

> 荆溪王仲德，以故宋将家子孙，博古嗜学，延致金坛张天民[1]先生于其家。德常盖先生子。其父子绩学能以其道行于荆溪。荆溪之人为其父子买田筑室，居甚充(设)[然]，(无)[故]朋从往访仲德，必过德常，饮酒赋诗，盖极一时之盛。卷中所谓良常草堂者，德常扁其室。云不忘金坛故居。日接良常之山也。俯仰廿年，不惟当时朋友大半沦落，而荆溪更世变，鞠为邱墟。仲德亦辟地去乡土，故独德常父子仅存，全其家于中吴。而德常以文学起家，今为吴县尹。予与德常最友善，观画诵诗，感念存殁，为之慨然。[2]

这里说这位王仲德是“以故宋将家子孙，博古嗜学。”但“俯仰廿年，不惟当时朋友大半沦落，而荆溪更世变，仲德亦辟地去乡土。”荆溪即宜兴，而他所经之“世变”上述元末红巾军攻破宜兴之事件。此次事变使宜兴“鞠为邱墟”，而这位王仲德不得不“亦辟地去乡土。”以上郑元祐所述的王仲德，与上述《至正直记中》的王仲德，不惟名称一致，还有许多契合点，可见是同一人。更重要的是，郑元祐提供了有关王仲德的一个重要信息，即他是故宋武将之裔。

郑元祐还写过一篇《王氏彝斋记》，提到王氏家族的情况：

> 君子所以贵乎，故家遗俗者，岂特其名称也哉！其文献有可稽，其支胤有可采，其传其授有可法可考。夫若然者，要岂一日之积哉！宋渡南诸帅臣以功名显者固不一，若王襄愍抗节以死于苗刘之难，赐葬义兴山中。其五世孙觉轩先生，宋亡后，以文儒起家，官至兰溪州判官，当盛年即委政归兰溪。君之子子敬与其昆季仲德、子明皆克力学，以世其家，文献之传有可稽、可法。……敬父之子令显，字光大，……。[3]

此则史料为寻找王仲德家系资料提供了极为有用的线索。以下据此按图索骥，作简要介绍。

---

[1]关于王仲德的家塾教师张天民及其子张德常，以及张德常的良常草堂，笔者拟在另一篇论文中讨论。

[2]郑元祐：《题良常草堂卷》，《侨吴集》，卷7，明弘治九年(1496)张习刻本，[清]罗矩校并跋，[清]丁丙跋，卷1至7、10至12配清抄本，现藏南京图书馆。以下简称《侨吴集》，明弘治九年刊本。

[3]《侨吴集》，卷10，明弘治九年(1496)刊本。

23.1.2 宜兴王氏家族的世次

23.1.2.1 襄愍公——王渊

郑元祐所提到的王氏先祖襄愍公，为随宋室南渡诸将之一，即王渊，《宋史》有传。据《宋史》本传记载，王渊"字几道，熙州人。后徙环州，善骑射，应募击夏国，屡有功，累迁熙河兰湟路第三将部将、权知巩州。"[1]宋潘自牧辑、明陈文燧等补的《记纂渊海》也提到熙州（临洮），"人物"条"皇朝王渊，州人，善骑射破诸羌，有功，又轻财好义，累加少保，谥襄愍。"[2]王渊在宋军事史上是一位重要人物。李心传《建炎以来朝野杂记》在论说枢密使从参用文武官员演变为不用武臣时写道：

> 自建炎（1127—1130）以来，枢密使、副参用文武。仁宗（1023—1063）亲政以后，但除夏守斌、王贻、永王德用狄青数人，英宗朝郭逵一人而已。元丰（1078—1085）改官制，武臣不为二府。政和（1111—1117）末，始命童贯签书河西、北面两房事。后遂领院专焉。靖康（1126）用兵，乃除种忠宪师道。建炎（1127—1130）中，复除王襄愍渊。时苗傅等不平，遂有"明受之变"，自是武臣不复典枢密矣。[3]

同书在谈及"制置史"之设时，又说：

> 制置使自熙、丰（按，即熙宁〔1068—1077〕、元丰〔1078—1085〕）后，多以武臣为之。建炎元年（1127）郭太尉仲旬制置东南盗贼，请监帅司，并听节制，许之。其后王襄愍渊、刘武僖光世、韩忠武世忠、张忠烈俊、岳武穆飞、吴武安玠、关毅勇师古、刘忠武锜，皆为制置使掌兵事。[4]

除了诸如枢密使兼用文武与制置使这样重要的军职涉及王渊之外，据《建炎以来朝野杂记》，他还是牵涉到设置"都统制"这个方面军事

〔1〕《宋史》卷369《王渊传》，标点本，中华书局，1977年，页11485。

〔2〕卷25，宋刻本，现藏北京图书馆。

〔3〕甲集，卷10，《枢密参用文武张说本末》，清乾隆三十八年（1773）武英殿活字印武英殿聚珍版，现藏上海图书馆。以下简称《建炎以来朝野杂记》武英殿聚珍版。

〔4〕甲集，卷11，《制置使》，武英殿聚珍版。

大员的有关人物，该书对此记载道：

诸军都统制，古无其官。宣和(1119—1125)间，西南用兵。大将或三四人不相统一，故即其中拔一人，为都统制，以总之。兵罢则如故。建炎元年(1127)五月，既置御营司，遂擢王襄愍渊为都统制。都统制名官自此始。〔1〕

郑元祐所言王仲德为“故宋将家子孙”，即指此。

23.1.2.2　王觉轩与王仲德兄弟

据郑元祐记载，王渊的五世孙王觉轩，生活于元灭宋时。入元后曾官到兰溪判官。宋元之际文人张炎所撰《山中白云词疏证》中所收《瑶台聚八仙》，记载了作者与王觉轩的交往。〔2〕而元曹伯启所撰之《曹文贞诗集》中，则收有作者与王觉轩唱和的两首诗，其中提到“觉轩二子头角崭然”。〔3〕

前引郑元祐的记载提到有三子：长曰王仲德，次曰王子敬，季曰王子明。而这里曹伯启却提到“觉轩二子”，当指其长子王仲德与次子王子敬，当时他们已经有一定的名气。元末文人柯九思曾与王子明一起欣赏苏东坡的字，他列出的旁观诸君中，有“子明之兄德斋”。〔4〕此人应即王仲德。

长子王仲德的情况，本文后面有详论，这里从略。明人李日华提

---

〔1〕甲集，卷11，《诸军都统制》，武英殿聚珍版。

〔2〕“菊日寓义兴，与王觉轩会饮，酒中书送白廷玉”。——卷5，民国十一年(1922)朱祖谋辑刻强村丛书本。

〔3〕其诗为：

倚和吉甫提举见赠雨中述怀诗，兼寄王觉轩山长

风雨潇潇夜未央，客床孤寂似禅床。庸材敢望日三接，佳士尚留天一方。

万事到头都是梦，此心安处即吾乡。卜邻阳羡溪山好，远胜毗陵古战场。

觉轩二子头角崭然，盖乃翁生平积德设施所致，因作数语颂之

西州文族姓名香，阶下三槐葆盖张。鹅眼不辞公府用，马蹄常为故人忙。

言思切直心无碍，道合中庸气自刚。积庆臾沾山水秀，欲期阳羡作桐乡。

——卷8，七言绝句，至元四年曹复亨刊本，现藏南京图书馆。

〔4〕柯九思：《丹邱生集》，卷4，清光绪三十四年(1908)柯逢时刻本，现藏上海图书馆；以下简称《丹邱生集》，上图藏本。

到，王觉轩有二子，曰德斋先生与乐清先生，“咸有盛德于乡里”。[1]德斋先生，笔者前面已经提到，即王仲德。而乐清，李日华称其“早世”。“世”即“逝”。考王氏三兄弟，长子王仲德与幼子王子明至元末仍在世（详见后），故早逝的乐清先生只能是王子敬。且王子敬不见于元末文献提及。此外，王氏的友人郑元祐提到他造访宜兴王氏时，“方泰定间，子敬当无恙……子敬捐馆，至正壬辰（1352）距父没余二十年矣。”[2]可见王氏三兄弟中，王子敬约逝于至顺（1330—1332）至元统（1333—1334）间。而王子明，也留意书画、古董，与柯九思、陶宗仪等文人交往密切。

元中后期江南的一些著名文人与王觉轩父子有密切的交往。《清閟阁遗稿》卷11收有《云林遗事五则》，提到倪瓒“交惟张伯雨、陆静远、虞伯胜，及觉轩王氏父子、金坛张氏兄弟、吴城陈惟（宣）[寅]、[3]惟允、周正道、陈叔方、周南老[4]。其它非所知也。”[5]上述名单也大致地反映了王觉轩父子的交游范围。

其中张伯雨即句曲外史张雨，又称张天雨，为句容茅山道士。虞集在《崇寿观碑》文中提到他，说：“张君，吴郡人，名天雨，内名嗣真，字伯雨，别号贞居。年二十弃家入道，徧游天台、括苍诸名山。吴人周大静先为许宗师弟子，得杨、许遗书，张君从而以为师，悉受其说。尝从开元王君寿衍入朝，被玺书，赐驿传，显受教门擢任，非其志也，即自誓不希荣进，因从三茅之招，追奉任君而下五君。”[6]

陆静远，儒士，其墓志为黄溍所撰。志文说：“君讳德原，字静远，姓陆氏平江长洲之甫里人。……君生于前至元十四年（1277）十月庚申，

[1]〔明〕李日华撰：《六研斋三笔》，卷1，四库本。以下简称《六研斋三笔》四库本。

[2]《王氏彝斋记》，《侨吴集》，卷10，明弘治九年（1496）刊本。

[3]陈惟宣，当为陈惟寅。

[4]即周正道。

[5]卷14，《云林遗事.高逸》，倪瓒八世孙倪理明万历二十八年（1600）刊本，北图藏本。以下简称《清閟阁遗稿》，明万历二十八年（1600）刊本。

[6]《道园学古录》，卷48，四部丛刊本。

卒于后至元二年(1336)十月丙子,享年六十以三年。"[1]

伯胜即虞堪。

上述吴城陈氏兄弟中,陈惟宣在倪瓒书其他各处均写为陈惟寅,则惟宣当为刊刻之讹。倪瓒与惟寅、惟允兄弟往来密切。陈氏兄弟生于贫贱,但并不求仕进。倪瓒对此记曰:

陈惟寅甫与弟惟允闲居养亲,栖隐吴市,不耻贫贱不乐仕进,熙怡恬淡,与物无迕,虽过朱门如游蓬户也。世本蜀人,其大父居五老峰下。父天倪先生,因游吴,爱锡麓洞,有好流水,家于惠山之阳。久之,有少日同舍生赵从事招往,馆于其家,遂复留吴市焉。兵后栖无定居,江右同邑人饶介之为之僦屋,使得以安菽水之奉,而僦居之资则非一人所办,饶君素清苦,又不欲以外事累人也。仆遂为之一言,世岂无急人之急,忧人之忧,解衣推食,指廪借宅,豪杰倜傥如古之人者哉!老杜所谓"安得大厦千万间,大庇天下寒士俱欢颜"者,请为诸君诵之。至正壬寅(1352)十二月九日倪瓒言。[2]

而陈基也写道"豫章陈氏二丈夫,子奉母夫人居吴门,贫而善養,曰汝秩字,惟寅者其长也。"[3]陈惟允,为元代文人、画家。不少文人在其画作上提诗,并与元代许多文人有诗作唱和。[4]他绘有题为"荆溪图",即宜兴山水图,倪瓒曾在其上题词。[5]今台北故宫博物院藏有《元陈惟允诗意图》,画上方有倪瓒至正乙巳(1365年)题唐孟郊诗句。

陈叔方的墓志《慎独陈君墓志铭》为郑元祐所撰,收于《侨吴集》中。其志文曰:"吴有隐君子曰陈君叔方,自其上世皆以读书绩学服膺儒术,然以隐约终其身,至叔方父三世于兹矣。始予东入吴识其尊人宁

[1]《徽州路儒学教授陆君墓志铭》,《黄金华集》,卷37,四部丛刊影印元刊本。

[2]《陈惟寅僦屋疏》,《清閟阁全集》,卷10,明万历二十八年(1600)刊本。

[3]陈基:《陈惟寅字序》,《夷白斋稿》,卷20,四部丛刊本。

[4]如张宪:《玉笥集》卷5《送陈惟允》,卷8《留题陈惟允斋居》(清粤雅堂丛书本);顾瑛《玉山璞稿》收有《雪霁与郯九成陈惟允坐剑池上惟允为写图因赋》,四库本,叶13;陈基:《夷白斋稿》卷17《送陈惟允序》,四部丛刊本;倪瓒书中所收最多。

[5]《题陈惟允画荆溪图》,《清閟阁遗稿》,卷11,明万历二十八年(1600)刊本。

极先生，沈潜问学，淹贯群经，年已耄，会诸先辈著书立言，咸造底蕴。予与先生有维私之契，而先生长予廿余年。……”[1]倪瓒《清閟阁集》有《与陈叔方书》二首。

周正道即周南老，正道为其字，乃宋代理学家周敦颐后裔，元末明初人。明《姑苏志》与清乾隆《江南通志》中有传。[2]明朱存理在《云林子逸事》述倪瓒事迹时说他在“吴城，则与陈惟寅、惟允、周正道、陈升方辈游，尝自写影，留正道家。正道为葬，志详其家世与生卒岁月。”[3]周正道撰有《拙逸斋诗稿》。倪瓒在明初洪武六年（癸丑，〔1373〕）曾为写序，称：“周正道甫生当明时，侨寓吴下，求友从师，不惮千里。其学本之以忠信孝友，而滋之以诗书六艺。其为文若诗如丝麻粟谷之急于世用，不为镂冰刻楮之徒费一巧也。兵兴三十余年，生民之涂炭，士君子之流离困苦，有不可胜言者。循致至正十五年（1355）丁酉，高邮张氏乃来据，吴人心惶惶，日以困悴。正道甫自壮至其老，遇事而兴感，因诗以纪事，得杂体诗凡若干首，不为缛丽之语，不费镂刻之工，词若浅易而寄兴深远，虽志浮识浅之士读之，莫不有恻怛羞恶是非之心，仁义油然而作也。”[4]倪瓒《清閟阁全集》卷4收有《和周正道拔时髦韵》、卷6有《题顾定之为周正道写篔筜图》。足见两人往来之密切。

---

〔1〕郑元祐：《侨吴集》，卷2，明弘治九年（1496）刊本。

〔2〕〔明〕林世远、王鏊等纂修正德《姑苏志》：

“周南老，字正道，本道州人，濂溪先生之后，宋季徙吴。祖才、父文英自有传。南老元季用荐，授永丰县学教谕，改当涂县代还。会天下乱，省臣奏为吴县主簿。……寻辟为浙省掾，上书言时政六事，曰：开荒田、节财用、通盐法、息奔竞、辩礼分、公铨选。除两浙盐运司知事，进淮南行省照磨，改江浙行省，进权本省理问。国初征诣太常，议郊祀礼。礼成发临安居住，放还卒。南老端毅好学，其学本于义理而详于制度。所著有《易传集说》《丧祭礼举》《姑苏杂咏》《拙逸斋稿》。子敏，字逊学，洪武中举任长洲县学教谕。”——卷54，明正德（1504—1521）刻、嘉靖（1522—1566）增修本，现藏南京图书馆。

〔清〕赵宏恩修乾隆《江南通志》：

“周南老，字正道，敦颐之后，其先世自道州徙吴。南老用荐为吳县主簿，又辟为浙省掾。入明征诣太常，议郊祀礼。礼成放还。南老端毅好学，本于义理而详于制度，所著有《易传集说》、《丧祭礼举要》等书。”——卷165，人物志，四库本。

〔3〕〔明〕朱存理撰：《楼居杂著》，四库本。

〔4〕《清閟阁全集》，卷10，明万历二十八年（1600）刊本。

周正道明初尚在世。明陈鉴《〈甘白先生诗集〉序》提到，张甘白"姑苏人，姓张氏，名适，字子宜。自幼颍悟，年七岁即能赋诗、弹琴，九岁能诵五经，十二应江浙乡试，人以神童目之。值元运将革，遂不仕。国朝洪武初，与渤海高季廸诸公同征修《元史》，授工部水部郎中。无何乞归乡里，日与周正道、陈惟寅及季廸辈，更倡迭和，而先生才思尤敏捷。"[1]关于此人，还可以找到一些史料，限于篇幅，兹不一一述及。

可见王觉轩父子所结交的均为世习儒学的文人。

23.1.2.3　王氏兄弟的后人

(1)王仲德后裔

有关王仲德兄弟的后裔的情况，可以检索到一些有关史料。先谈王仲德的后人。至《至正直记》提到元末江南富人以钱买官事，其中牵涉到王仲德：

至正乙酉(1345)间，江南富户多纳粟补官，倍于往岁。由是杨

[1]收于〔明〕钱谷撰：《吴都文粹续集》，卷56，诗文集序，四库本。

希茂[1]父子、周信臣、[2]蒋文秀、吕养浩[3]等一时炫耀于乡里，未几信臣以他赃罪黜。文秀以倨傲被讦，希茂父子自劾免罪，养浩以他事见拘。时荆溪士人张载之作诗嘲之曰：

“纳粟求官作贵翁，谁知世事转头空。

一朝金濑周巡检，三日维扬蒋相公。

希茂知几先首罪，长源陪课不言功。

何如林下山闲者，红叶黄花酒一钟。”

长源者，荆溪王德翁子。富而无才识。本故家子弟，足可求入仕之门而不思，反欲速贵。先于希茂等十年前纳粟为本州岛税使，

---

〔1〕此人名见《至正直记》卷2“寓鄞东湖”条清毛氏抄本，其文曰：

“予以至正春二月寓鄞之东湖上水，暇游史祖墓，途中见废宅基，史之外孙宋末所卜居，未几入我国朝，宅废，爰易三姓，今为耕地，旁有曲水流觞，立石山之遗制，尚存数十太湖石。不暇观也。今年一豪民贡谀于时贵，率土民舁运往城中，而豪谢者为之狗。此亦以假山之不祥，作而不能翫于数年之久，且以力得致不祥，其信然矣。至于茔墓用之尤不吉。荆溪豪民杨希茂、溧阳王云龙，皆用石墙围祖墓，以绝樵采。至正壬辰（1352）之乱，杨、王全家过害，其可畏也如此。”

〔清〕毛氏抄本中“且以力得致不详”一句中“且以力得”四字以下内容，在庄敏、顾新据粤雅堂丛书本排印的点校本《至正直记》中完全不同，为：

“且以力得于吴中，岂易置者，必害民劳物耳。今又为他人所夺，意何时而已耶。己巳（洪武二十二年，1389）闰十月二十五日记。”——上海古籍出版社标点本，页43-44。

〔2〕此人名见《至正直记》卷2“宋末豪民”条，其文曰：

“溧阳宋末豪民潘贤二者。害众成家，造楼于东桥东侧，于庚申年（元中统元年，宋景定元年，1260，此时蒙古军尚未至江南——译者注）某月某日卯时立柱，未几而败，凡田产房舍，皆籍入官。北兵至，有襄阳王经历者，为本州岛岛幕官，国初此地为府也，见此楼伟然，又出于市桥之间，官价所得，为主三十有余年，转货于市民周信臣。至正壬辰（1352），寇火毁之，王经历正是年造楼之日卯时始生，造物之有数也，岂偶然哉！”——上海古籍出版社标点本，1987年，页79。

〔3〕吕养浩的官职虽系捐得，但似与一般富家子有区别，与文人有往来。倪瓒有诗《送吕养浩之绍兴》：

贺监宅前路，荷花今亦无。空余湖上月，照见水中蒲。

送尔作官幽绝处，钱塘江头飞柳絮。听事临堤满夕岚，时有沙鸥自来去。

——《倪云林诗集》，卷1，四部丛刊本。元末明初人瞿荣智也与吕养浩有诗作唱和。元人顾瑛收有其诗《次韵吕养浩》一首——《草堂雅集》，卷12，四库本（中华书局刊本分卷不同）；并见〔清〕顾嗣立编：《元诗选》，3集，中华书局，2002年，页626。元末明初人龚斆有诗《海月寿吕养浩》——《鹅湖集》，卷2，四库本。吕养浩后来似奉调福建龙溪。〔明〕李贤、万安等纂修：《大明一统志》中记：

“秋江亭在龙溪县。元吕养浩俯龙溪建亭，以其所自号而颜之曰秋江。杨志行作记。”

——卷78，明嘉靖三十八年（1559）书林杨氏归仁斋刻本，现藏南京大学图书馆。

陪课钱十年,欲退不可故诗中及之。……[1]

这里孔克齐提到的王仲德也是元末江南几位纳粟补官的财主之一。本文前引郑元祐的记载虽然提到,王仲德家中延聘名士张天民为私塾教师,但其子王长源却“富而无才识”。为求速贵,他花钱为王长源捐了苏州税使之职。但王长源任职十年亦未能适应岗位,造成税收亏空,只得以己资填补,为当时人传为笑谈。

(2)其他王氏后裔

据前引郑元祐《王氏彝斋记》的记载,王氏兄弟中的王子敬之子为王令显,字光大。《清閟阁全集》卷2中有《雪泉为王光大赋》、“寄王光大”,卷3中有“赠王光大”,卷7有“题画贻王光大”,卷8有“题画赠王允同”等。[2]前引《清閟阁全集》虽然说,倪瓒与王觉轩父子交往密切,但实际上倪瓒与王氏入元以后的第三代后裔往来也很密切。

倪瓒在己亥年(至正十九年,1359)提到,王觉轩曾孙为王“允同,静而有志,简而能文,与予为姻契”。[3]元末文人郑元祐与宜义王氏家族是世交,元中期曾赴宜兴访问王氏仁寿堂。[4]当时王允同尚未出生。四十余年后,郑元祐见王允同后,感念今昔,还专门赋诗赠他。[5]王允同与同时代的虞堪、徐贲也有诗作唱和。[6]

王允同有弟曰允冈。前面提到,明人李日华提到,王觉轩有二子,曰德斋先生与乐清先生。德斋先生,即王仲德;而其弟乐清,当为王子敬。乐清早逝,有子曰“彝斋”,当即前面提到的王光大。允同与允冈为其子,允同居长。[7]允同、允冈兄弟与王仲德之子王长源形成鲜明对照,他们读书知礼,与文人诗赋往来。他们的长辈倪天瓒写不但以画作

---

[1]《至正直记》,卷4,“江南富户”条,上海古籍出版社标点本。标点及分行笔者有变动。

[2]倪瓒撰《清閟阁遗稿》,卷2,明万历二十八年(1600)刊本。

[3]《题陈惟允画荆溪图》,《清閟阁遗稿》,卷11,明万历二十八年(1600)刊本。

[4]据郑元祐《王氏彝斋记》(《侨吴集》,卷10)记载,此次访问在泰定年(1324—1327)间。

[5]郑元祐:《侨吴集》,卷2,明弘治九年(1496)刊本。

[6]虞堪:《为王允同题家山荆溪图》,《希澹园诗集》,卷3,近体七言绝句,民国刻殷礼在斯堂丛书本;[明]徐贲:《宴王允同雅会堂用外舅韵》,《北郭集》,卷5,五言律诗,四部丛刊本。

[7][明]李日华撰:《六研斋三笔》,卷1,四库本。

赠之，且为之题词。[1]在元末王氏避乱杭州后返回宜兴时，倪瓒还有诗作相赠。[2]

至此我们可以勾画出目前所知的王氏家族的世次如图23-1：

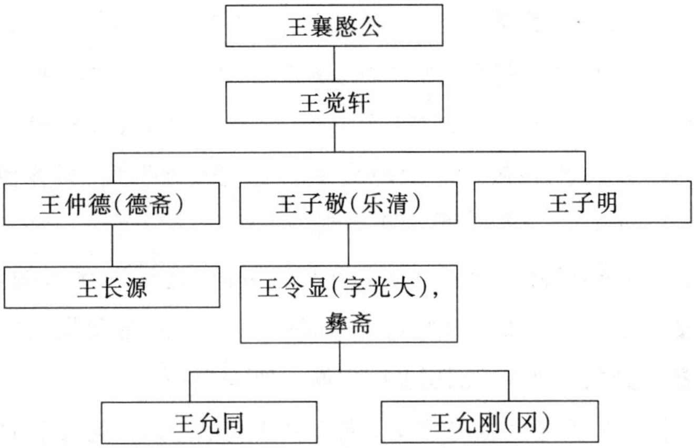

图23-1 王氏家族世次图示

23.1.2.4 冒称秦王后裔小考

前面已经考订，元代宜兴王仲德家族为宋将王渊之后，世次清楚。但从元末开始，开始有宜兴王氏与宋初秦王相联系的说法。最早见诸文字的，据笔者所见，是倪瓒的《云林题觉轩手简、子昂手简录于后》，其文曰：

“右赵荣禄与觉轩先生手简共六纸，有以知交谊之深家世之旧也。先生学行纯正，为宋琅琊王字仲宝之后，仕至兰溪州判官，今获观于其孙光大之彝斋，老成典型，不可复见矣。尚赖翰墨文章，有以见其风流哉！

至正廿年(1360)岁在庚子，二月望日倪瓒谨题。”[3]

文中将源出宋襄愍公王渊的王氏，说成是“为宋琅琊王字仲宝之后”。明以后的文献保留了更为详细的说法。明李日华说，王允刚，“好古博雅，乐与名士大夫遊。出其先世所传，交游翰墨，并宋初赐券，历历

〔1〕《画竹赠王允刚》，《清閟阁遗稿》，卷6，明万历二十八年(1600)刻本。

〔2〕《送王允刚归义兴》，〔明〕汪砢玉辑：《珊瑚网》，卷11，法书题跋，民国刻适园丛书本。

〔3〕〔明〕郁逢庆辑：《书画题跋记》，卷9，清风雨楼丛书本。

可睹。"还说,被封为襄愍公的王渊,是五代王审琦的后裔,"既辅宋,封秦王,生九子,皆有位于朝"。他还著录了宋太祖封王审琦为秦王时所赐誓的内容:

券词曰:运负鼎之雄材,统经邦之大略,一言兴天地之机,万世建磐石之固。黄河有如带之流,泰山有如拳之石。故使我念卿,使卿常袭宠荣,克保富贵。恕卿九死,子孙恕五死,云孙恕三死。如犯常刑,有司特各赦除。如违此誓,天不盖,地不载,国祚倾危。建隆三年(962)□月□日赐秦王券誓。[1]

生活于元末明初的王蒙,是宋秦王的后裔,也是王允冈的友人,自称"得上交其祖父兄三世,知允冈出处甚详"。所谓"祖父兄",应指王允冈之兄允同,其父王光大及其祖王子敬。他记曰:

蒙惟昔者宋太祖布衣时,有义鼻弟十人,其长姓王,讳审琦者,官至太师,赐铁券封秦王,谥正懿。五世孙讳渊者,南渡时为枢密官,忠死苗刘之乱,敕有司具礼葬于义兴之紫云山,实允冈八世祖也,故王氏世为义兴之著姓……自秦王至于允冈,凡十三世。[2]

此说将王氏先祖称为王审琦的五世孙,从而完成了与秦王家族的挂钩。

23.1.3 环庆堂与其藏品

23.1.3.1 王仲德其人其事

时人张雨(1277—1348?)曾写诗回忆与王仲德的往来:

有美一人阳羡[3]阳,玉立诸郎天所偿。君家世德三百载,尸祝当有一瓣香。

我尝句曲[4]道溪上,往觅故侯环庆堂。不问主人径看竹,竹间好鸟如笙簧。

君方沐发起延客,口能诵我凌云章。旋张珍图娱坐席,别置华

[1]〔明〕李日华撰:《六研斋三笔》,卷1,四库本。

[2]〔明〕董斯张辑:《吴兴艺文补》卷29,明崇祯六年(1633)刻本,现藏复旦大学图书馆。

[3]阳羡即宜兴之古称。

[4]句曲为山名,指今句容茅山。

尊开酒场。

藕花玲珑水堂夜，风涟雨叶争琅琅。至今欲往便羁绊，浮埃聚散非可量。

归来钱唐一千日，饮醽湖水不满觞。经营屋庐蚁旋磨，被服诗书鹅在梁。

闻君将理画溪棹，寻我会来丹井傍。论文喜得郑征士，神光楼[1]外菰蒲凉。

不愁夜长怪更短，只怪同年青鬓苍。[2]

诗中说王仲德是一位美男子，居于阳羡之南。其家"君家世德三百载，尸祝当有一瓣香"，是说其家族的美德从宋时显祖至张雨造访时传承了300年，家中一直保持着对其先祖的祭祀。其宅竹林围绕，池中莲花玲珑。一次张雨造访时，王仲德方沐浴罢，便张罗迎容，并置宴于水边。而倪瓒在接受王仲德之弟王子明赠遗的山珍后，曾口占诗一首答谢："竹下拾烟菌，筠篮初送将，亭亭似三秀，楚楚异众芳。犹带雨露气，更怀泉石乡。此日山中客，笋蕨得新尝。"[3]诗中描述了王氏家族成员在竹园中采集犹带露水的菌的野趣。

前已述及，王仲德出自故宋世家，虽然喜欢与文人往来，唯因家境富裕，与一般清高文人毕竟不同。他曾为其子买官，此事为时人传为生笑谈，这一点前面已经提及。但并非所有江南的文人都过着丰衣足食的生活，其中有一些家境贫寒。元末文人谢应芳(1296—1392)在"募朋

[1]神光楼在元末文人张贞居葛井西宅内。见《张贞居神光楼看雨》及《赠制笔温生》，《侨吴集》，卷6，明弘治九年(1496)刊本。

[2]张雨：《次韵郑明德征士，有怀王仲德长者》，《句曲外史贞居先生诗集》，卷3，四部丛刊本。同书中有《赠郑明德》——卷1，四部丛刊本。以下简称《句曲外史集》。

倪瓒《倪云林诗集》有《次韵别郑明德》(卷1)、《郑明德新居》(卷4)、《寄开元长老兼呈郑明德》(卷4)、《寄郑征士》——四部丛刊本。

[3]《义兴王子明以竹菌馈余口占谢之》，《倪云林诗集》，卷4，四部丛刊本。作者还有一首诗与王子明唱和：

从俗浮沉多厚颜，醉筵舞袖作弓弯。雉罗孰是逃三窟，豹管能窥见一斑。

纵酒已拼时共弃，歌诗犹与世相关。采薇岩穴聊终隐，林下闲云自往还。

——《和王子明韵》，《清閟阁遗稿》，卷7，明万历二十八年(1600)刊本。

友置《十七史》"中,记述了当时江南文人爱读书,但贫穷万端,无力买书的窘迫情况,不得已在后至元间向江南文人中富者募资,以印制《十七史》的事迹。谢应芳提供了向此次印刷活动的出资人的名单,其中也有王仲德。其文曰:

疏农有畬畲,可尽耕锄之力;儒无简策,曷资讲习之功!借于人,或诮为痴;阅于市,自亦可笑。切见某人萤窗苦学,陋巷甘贫。《十七史》,历代之书,拟求善本。数千载古人之事,具欲周知。区区未遂其志,咄咄不离于口。割鹭股奈何无肉,刮龟毛安得成毡。虽君子存固穷之心,在朋友有通财之义。多助寡助,大书特书,便令载米家之船,管取插邺侯之架。知之者、好之者、乐之者,相与讲明。岁之余、日之余、时之余,尽教披玩。其为感佩,奚可弭忘。

当时以中统钞题助者:赵师吕、[1]萧昭卿、王伯祥、[2]王子

[1]此人亦见于谢应芳的《龟巢稿》卷2《奉陪陈伯大先辈及赵师吕、张伯启、朱月、江清夫兄弟登金牛台九韵》;卷17《请赵师吕》;卷20《代祭赵师吕文》。——四部丛刊本。

[2]谢应芳《龟巢稿》卷2有《哭王伯祥二绝》:

昨朝相别梦初萌,一夕那知隔死生。跖自永年颜自夭,大钧于物信无情。

伤哉郎罢客西湖,匍匐归来玉树枯。风雨高堂春寂寞,忍闻长夜泣诸孤。

——四部丛刊本。

芳、[1]王仲德，各一百贯。葛用中、[2]王君寿、道士邓混然，[3]各五十贯。祁尘外、萧子璋、金君玉，[4]各廿五贯。僧琇玉林，廿贯。命甥女婿周朋举，诣集庆路，干托士友陈云心[5]买纸，儒学内印置，共作四百六十册，所用装潢作料二真等费，计二百贯。淡泊斋[6]藏贮诸史。时至元五年[7]，岁在己卯(1339)，余在鸣凤王氏家塾。是书。至至正丙申(1356)春，因避兵寄藏金坛县尹秀峰家，其子吾婿也。[8]

这里提到的捐资者的人名，按捐资多少排列。第一等5位，各捐资中统钞100贯，共捐500贯，王仲德名列其中。第二等3位，各捐50贯，

---

〔1〕〔元〕郭畀：《云山日记》，卷上，至大元年(1308)一月项下记：

“二十四日晴。客杭。早到省中照磨所。见李叔义，改抹元文。到儒学提举司，携李兄书见王一初、都目投。呈子会王寿之、王子芳、任伯和。是日分付该吏金君玉承行。次约金君玉、毛令史市楼小集。雨作湖上。兜率寺见赵子昂学士不遇，乃侄赵仲美具茶讫致意。是日遇牟学甫、宗寿卿、徐君美、袁义甫、杨廷秀、丹徒宣差狄仁卿、田君美蔡、宣使许芳所应旗。”

——清宣统三年(1911)横山草堂刻本。这里提到的王子芳当即此人。

〔2〕“葛用中”当作“诸葛用中”。此人与谢应芳关系密切，在《龟巢稿》中数见，如卷2:《偕丹阳诸葛用中、金坛王元征同应乡试，阻风无锡和用中韵》《丹阳道中早行过吕城写示诸葛用中十三韵》《除夕和诸葛用中韵》《诸葛用中邀赏牡丹，痛饮终日，且留仆与陈炼师宿成趣轩，各赋诗十二韵》《诸葛用中成趣轩九韵》；卷3:《怀诸葛用中》《追悼诸葛用中讳端，幼年能写大字。既举子业，学琴袁子方先之门》；卷14:《送崔仲德序》；卷18:《诸葛茆妇黄氏傅》等——四部丛刊本。此外，亦见程端礼：《畏斋集》卷2《寄吕城诸葛用中》——民国四明丛书本。顾瑛：《玉山璞稿》中有《就次韵答诸葛用中》《中秋寓盘关适诸葛用中、郏士林、秦文仲、龙门子英同会，就留赏月分赋篷字》——杨镰整理本，中华书局，2008，页51。袁华《耕学斋诗集》卷9:《次韵诸葛用中归真观三秀亭纪兴》；卷10:《病中次韵答诸葛用中见寄》——清抄本，丁丙跋，现藏南京图书馆。

〔3〕《龟巢稿》卷2中有《次邓混然韵送溧阳王元仁兼简乃父时可先生兄元德》；卷13中有《请邓混然起棺疏》。——四部丛刊本。从他负责丧事来看，他的确是一位道士。

〔4〕《龟巢稿》卷3中《简金君玉》——四部丛刊本。

〔5〕《龟巢稿》卷2中有《寄金陵陈云心先生》，称“先生少学道，游寓两浙后复归家于金陵。以能诗善琴终知台门，然屡荐不起。学者多从之游远，蒙惠书故以诗代简”。其诗云：

先生闭户自婆娑，御史乘骢每见过。白下诗传名不朽，紫霞琴谱订无讹。

楼居卧看三山远，学子来从两浙多。一别十年还念我，远厘书尺问如何。

足见两人关系密切。

〔6〕贝琼：《清江贝先生文集》卷5有《澹泊斋铭》，〔明〕贝墉跋，四部丛刊本；《龟巢稿》卷8中有《宿僧房澹泊斋钟》，并见同书卷14《赠钱隐居序》。

〔7〕应为后至元五年(1339)。

〔8〕谢应芳：《龟巢稿》，卷13，四部丛刊本。

共150贯。第三等3位,各捐25贯,共75贯。最后一等1位,捐20贯。总共捐资745贯。谢应芳是此次募资活动的当事人之一,他与这些出资人往来密切。其中多数人,在其诗集中都提到过。从出资额看,王仲德在当地的文人中,属家境最殷实者之列。

可见入元后,王仲德一家隐居于江南宜兴农村中,生活富足,不但购置古玩,交结文士,出资助家境贫寒的文人购书,而且有钱为不成器的儿子捐官,过着相当悠闲的生活。

23.1.3.2 环庆堂与王氏家族的收藏

(1)环庆堂

张雨所寻访的王仲德的"环庆堂"的环境,元代文人倪瓒有诗描述道:"环庆堂前翠竹多,雨苔侵石树交柯。不游罨画溪头路,柰此春宵月色何?"〔1〕可见堂前翠竹丛生,台阶上生长前青苔,绿树交蔽,非常幽静。此堂是王仲德客之处。元末文人柯九思提到,他为王仲德的家庭教师张天民父子的《良常张氏遗卷》题词的地点就在王氏环庆堂:

> 良常张氏遗卷〔2〕
>
> 予尝为德常〔3〕记草堂〔4〕矣。复见此卷诵五峰先生二字据真迹补之〔5〕词甚奇古,仲穆〔6〕使君〔7〕之篆,笔力遒劲原作紧据真迹改。泽民、若水〔8〕之画清润,助教之诗流丽,皆令人敛衽。故为之识。其后丹邱柯九思题于王氏环庆堂。〔9〕

〔1〕倪瓒:《题幽篁古木图赠文静征君》,《清閟阁遗稿》,卷8,明万历二十八年(1600)刻本。

〔2〕〔明〕赵琦美撰:《赵氏铁网珊瑚》,卷8收有《良常张氏遗卷》,四库本。

〔3〕张德常,张天民之子。

〔4〕即良常草堂。

〔5〕五峰先生即李孝光(1285—1350),字季和。《良堂张氏遗卷》中收有倪瓒的诗,其序称:"予素言张德常好今古文作良常歌李孝光。"——《倪云林诗集》,卷3,四部丛刊本。

〔6〕即赵仲穆,赵子昂之子。

〔7〕当即赵使君。

〔8〕泽民即朱泽民,若水即王若水。《良堂张氏遗卷》中收有朱泽民的诗:

过江山色萃良常,碧树阴森结草堂。处士不知人世变,更求丹篆写仙方。

——《赵氏铁网珊瑚》,卷8,四库本。

〔9〕柯九思:《丹邱生集》,卷2,上图藏本。"王氏环庆堂"之后有小字注文"《铁网珊瑚》书品八、《式古堂画考》二十三、此卷今藏俞廙轩廉三中丞家。朱泽民、王若水各为图"。

郑元祐曾在元中期赴宜兴访问过王氏家族，四十余年后他还赋诗记王家的收藏：

昔年尝登仁寿堂，岳、赵两侯与颉颃。

周情孔思蔼胸臆，商彝雒鼎陈宝藏。

名画珠官启丹碧，法书金薤垂琳琅。

官窑器列八珍馔，博山炉焚三杰香。

稽经考史发言论，跨秦越汉谭文章。……[1]

即是说，王家收藏有青铜器、字画、名珠与陶瓷等，可谓琳琅满目。诗句中的话语，受字句、格律限制，或许还无法确切地具体说明王家究竟收藏了些什么。其实郑元祐还撰有在《王氏彝斋记》一文，其中专门描述了这次访问，说王家藏有“书传子史百家之言，三代、两汉尊、彝、罍、鼎之器，六朝以下图、史、绘画之属，象、犀、玉石制作之粹，在他人代有一二物，犹可哆然自足。若兰溪君之家，殆所谓如行山阴道中，千岩万壑，使人应接不暇。”[2]这里提到的“兰溪君”，即王觉轩。王觉轩入元后曾任兰溪判官。在这些访问是中，郑元祐见到：

旧本古书，包括书、传、诸子文集与各种史籍等。

古青铜器，包括三代、两汉尊、彝、罍、鼎等。

字画，有六朝以下图、史、绘画等。

其他古玩，包括象、犀、玉石制作之粹。

从上述记载可知，王氏藏品之多、之精使郑元祐非常震惊。这些精品一般人家有一两件已足以令人自豪，而他在王觉轩家中观赏古董时，就像在纵山峻岭中漫步一样，横看成岭侧成峰，使人目光应接不暇。这一点从陶宗仪的有关义兴王仲德之弟“王子明家饶于财，所藏三代彝鼎、六朝以来法书名画，实冠浙右”[3]记载中也可得到证实。

(2)字画

[1]郑元祐：《侨吴集》，卷2，明弘治九年(1496)刊本。岳汉阳为郑元祐友人，《侨吴集》卷6有诗《怀忘友岳汉阳》；卷10《王氏彝斋记》亦提到他。赵宛岳即赵子期，曾出使交趾，元代许多史料提到他。

[2]《侨吴集》，卷10，明弘治九年(1496)刊本。

[3]《辍耕录》，卷10，“鼎作牛鸣”条，中华书局标点本，1980年，页123-124。

张雨曾见过王仲德之弟子明家中所藏宋人苏东坡书法真迹。[1]作者另一首诗,记载了王子明为自己的藏画求题字之事。[2]

王仲德同时代人柯九思是书画爱好者。他见宋苏轼《东坡书蔡诗帖》[3]后,爱不释手。在苏轼所书诸诗中"兴圣宫中坐落花,诗成应制每相夸。庐山面目秋来好,自杖青藜步白沙"诗后,他题文曰:

此卷天历间得之都下。予爱坡翁所书之字,峻拔而清丽,令人持玩不忍释手。故侍书学士虞公见而题之,予携归江南。会荆溪王子明同予所好,携之而去。他日再阅于环庆堂,俯仰今昔,为之慨然。因走笔尽和卷中之诗,以舒其悒郁之气。旁观者子明之兄

〔1〕张雨:《句曲外史集》,卷上:

"东坡书蔡君谟梦中绝句二、放营妓绝句三、虞伯生题四绝于后,真迹藏义兴王子明家。要予次韵凡九首。"——四部丛刊本。

〔2〕张雨撰有《王子明求题高侍郎雨竹》诗:

雨立修篁似戟枝,墨君留影故傲傲。房山秖忆巴山夜,及见官奴把烛时。

——《句曲外史集》,卷上,四部丛刊本;并见〔明〕曹学佺辑:《石仓历代诗选》,卷246,元诗16,四库本。

〔3〕柯九思称此为《苏文忠天际乌云卷九首》,见《丹邱生集》,卷4,上图藏本。

德斋、淮南潘纯、[1]金坛张经、长安莫浩，至正三年(1343)夏五月，丹丘柯九思书。

---

〔1〕〔元〕顾瑛所编之《草堂雅集》录番纯诗前写有此人的简介：

"潘纯，字子素，淮西人，世儒业。博学通古今，善谈笑。作诗为文，回出流辈。壮游京师，名公大人无不与文。晚居淮浙间，名重一时云。"

——卷8，杨镰、祁学明、张颐青整理，中华书局，2008年，页676。〔明〕林世远、王鏊等纂修正德《姑苏志》卷57，也有此人的简介，与顾瑛略有区别：

"潘纯，字子素，庐州人。游京师，文学贵介争延致之。每宴集，谈笑倾座。尝着衮卦，以讽切当世。有以衮受爵，亦不足贵之辞。或以达于文宗，欲系治之，因亡走江湖间。江南大姓慕之者，望风承谒。于是挈妻子居吴中。"——明正德(1504—1521)刻、嘉靖(1522—1566)增修本，现藏南京图书馆；并见〔明〕张昶撰：《吴中人物志》，卷10，明隆庆四年(1570)张凤翼、张燕翼刻本，现藏南京图书馆。〔明〕偶桓所辑之《乾坤清气集》，卷6收有潘纯(子素)所作的一首诗，体现了他对宋亡的悲哀之情：

送人之浙省幕官

东家老人语且悲，衰年恰忆垂髫时。王师百万若过客，青盖夜出民不知。

巷南巷北痴儿女，把臂牵衣学蕃语。高楼急管酒旗风，小院新声杏花雨。

比来官长能相怜，民间蛱蝶飞青钱。黄金白璧大宛马，明珠紫贝西洋船。

繁华消歇如翻掌，官中赋敛年年长。里巷萧条竟不归，华屋重门结蛛网。

语中呜咽不堪闻，饥狼饿虎方纷纭。麒麟凤皇那复得，使我益重髯参军。

参军在官仅一考，素髮萧萧坐成老。上官掣肘下吏骂，赖有闾阎独称好。

杭州公事天下繁，大材取决无留难。参军累官日益贵，何术可使斯民安。

——七言古诗，四库本。元末陶宗仪在《辍耕录》中提到潘子素之死：

"会稽陈思可睿云：至正丙申(1356)，御史大夫纳璘(Narin)，开行台于绍兴。于时，庆元、慈溪则有县尹陈文昭，本路余姚则有同知秃坚(Toγan)，在城则有录事达鲁花赤迈里古思(Markus，也里可温〔基督教〕名，今译称"马克"——笔者注)，皆总制团结民义者。纳璘之子安安，以三人为不易制，思有以去之。乃先绐召秃坚至，拘留宝林寺。夜半率台军擒杀之。从而方国珍亦执陈文昭、沈之海。独存迈里古思一人耳人。皆以秃坚之死，归罪于迈里古思不能力救，殊不知当时之执秃坚，乃所以擒迈里古思也。执秃坚之谋出于潘子素。子素亦为安安缢诸途。执子素之谋出于辛敬所。敬所艰关投张士诚，客死平江僧舍。及拜住哥代纳璘为大夫，又不能容迈里古思，挝杀于其私第。拜住哥以弟搠思监拜中书右相，诏入朝，既得罪，兄弟诛戮家无噍类，但未知安安死所耳。静而思之，若有尸于冥冥之中者，不知造物果何如也。"

——卷23，《造物有报复》条，中华书局标点本，1980年，页283-284。元末明初虞堪曾赋诗《送潘公颖还越上，将葬乃父子素翁》，其中提到潘子素死后，其子潘公颖处事其丧事：

离乱相逢泪满襟，恍如魂梦话侵寻。犹愁大泽鲸波险，况说南山豹雾深。

杨柳折来重忍别，蓼莪书罢复难吟。陇头还植新松树，知向栖霞第几岑。

——虞堪：《希澹园诗集》，卷3，近体七言绝句，民国刻殷礼在斯堂丛书本。此诗作者与潘公颖亦与王仲德所藏古字画有关，详见后。在元、明文献中，亦可查得与潘纯有关的字画的记载。兹不一一录写。

此言，柯九思元文宗天历年间，在大都得因宋亡而流传至大都的《东坡书蔡诗帖》，因欣赏东坡的书法而爱不释手，因请虞集题诗后携至江南。而王仲德之弟子明得知后，专门取云邀诸友在环庆堂中欣赏。由此看来，王子明特别偏爱字画。

但实际上苏轼所题写的，并非上在面所提到的那几首诗。虞集也是这件书法条幅的当事人，《道园学古录》中收有《题蔡端明、苏东坡墨迹后》，详记此宋人名迹的内容：

"天际乌云含雨重，楼前红日照山明。嵩阳道士今何在，青眼看人万里情。"

此蔡君谟《梦中》诗也。仆在钱塘，一日谒陈述古，邀余饮堂前小阁中，壁上小书一绝，君谟真迹也。

"绰约新桥生眼底。侵寻旧事上眉尖。问君别后愁多少，得似春潮夜夜添。"

又有人和云：

"长垂玉箸残妆脸，肯为金钗露指尖，万斛闲愁何日尽，一分真态为谁添？"

二诗皆可观。后诗不知谁作也。杭州营借问韶，多蓄奇茗。尝与君谟斗胜。韶又知作诗。子容过杭，述古饮之。韶泣求落借。子容曰："可作一绝"。韶援笔立成曰：

"陇上巢空岁月惊，忍看回首自梳翎。开笼苦放雪衣女，长念观音般若经。"

韶时有服，衣白。一坐嗟叹，遂落籍。同辈皆有诗送之，二人最善。胡楚云：

"淡妆轻素鹤翎红，移入朱栏便不同。应笑西园旧桃李，强匀颜色待春风。"

龙靓云：

"桃花流水本无尘，一落人间几度春。解佩暂酬交甫意，濯缨还见武陵人。"

固知杭人多慧也。

而虞集的题诗共四首,其一为:

祇今谁是钱塘守,颇解湖中宿画船。晓起斗茶龙井上,花开陌上载婵娟。白乐天、蔡君谟、陈述古、苏子瞻皆杭守也。

其二为:

老却眉山长帽翁,茶烟轻扬鬓丝风。锦囊旧赐龙团在,谁为分泉落月中。

其三为:

三生石上旧精魂,解后相逢莫重论。纵有绣囊留别恨,已无明镜着啼痕。

其四为:

能言学得妙莲华,赢得春风对客夸。乞食衲衣浑未老,为题灵塔向金沙。

在诗后,虞集还题曰:

丹丘柯敬仲多蓄魏、晋法书,至宋人书,殆百十函,随以与人,弗留也。他日独见此轴在几格间,甚怪之。及取观,则吾坡翁书蔡君谟《梦中》诗,及守居合中旧题也。第三诗以为不知何人作。其轩辕、弥明之流,与陈太守《放营妓》三诗,亦辱翁翰墨,流传至今。亦有缘耶?卷后多佳纸。敬仲[1]求集作诗识其后。赋此四首。是日试郭屺墨,但目疾转深,不复能作字。又知年岁后,虽若此者,亦尚能作否?临楮慨然。至顺辛未(1331)二月望日,蜀人虞集书。[2]

柯敬仲,即柯久思。他所提到的荆溪王子明,即王仲德之弟王子明。他在柯久思处见东坡先生字后,爱不释手,取回住处。他日邀诸友在环庆堂中共同欣赏。由此推测,环庆堂是王觉轩在世时所建,不仅是王氏家族会客的场合,也是其宅中置放与欣赏字画珍玩之所。据载王

[1]即柯九思。

[2]《道园学古录》,卷4,四部丛刊本。

家还有"思诚斋",成廷珪曾为之题诗。[1]

据明人李日华记载,王觉轩"元初与赵松雪交往,有深契。"至其曾孙王允冈时,还所藏六件赵孟頫所书条幅,其上还有倪瓒与杨维桢的题跋。杨维桢的跋文为:

余闻荆溪有觉轩先生,繇文学起家,至兰溪州判官。生晚不及识。怀之四十年,见其孙光大出松雪公所书先生墓文,始知风流谈咏,盖神仙中人也。及出松雪与先生手简凡六纸,内谓楼居仙人,眺八极而自得者,真可念也。光大乞书楮尾,于是乎书。至正乙巳(1365)冬十月二十有四日,会稽抱遗叟杨维桢在卷素斋,试沈生乐墨。[2]

倪瓒的题词前已引述[3],这里不再重复。足见王氏环庆堂不仅收藏古字画,也藏当代名人字画。

(3)三代彝鼎等

郑元祐提到,他赴宜兴访问过王氏家族时,见过其家陈示有"商彝雒鼎",应当确有所指。他曾写过一篇《王氏彝斋记》,专记王氏获取商鼎之事,其中有关"商彝雒鼎"部分云:

君之子子敬与其昆季仲德、子明皆克力学,以世其家,文献之传,有可稽、可法。重以三昆季博洽,以考索嗜古而识精于是。……向三十年前,其里人岳汉阳与君,中表亲戚。予尝从汉阳登君仁后堂,[4]所见历历,固已若此。今更一世,其所增益,盖必倍蓰于昔时。方泰定间,子敬当无恙。岁朝祷籤于大神之祠,籤语有谓当获古鼎。是年果得商父丁彝于雒阳(今洛阳——笔者注)夹谷

[1]《居竹轩诗集》卷3,律诗,七言,《题王仲德思诚斋》:
六凿相攘总失真,一诚无妄见斯人。指挥直拟回天地,祭祀还能给鬼神。
别室著龟先兆汝,前楹鸟雀自相驯。明年执玉朝廷上,会见尊严动缙绅。
爱汝端居入静思,察机尤在未萌时。天人孚感原无间,物我交攻每日持。
行远升高应得已,斋心浴已固知之,屈伸洞见阴阳理,荣瘁休嫌风露枝。
——四库本。

[2][明]李日华撰:《六研斋三笔》,卷1,四库本。

[3][明]郁逢庆辑:《书画题跋记》,卷9,清风雨楼丛书本。

[4]应即仁寿堂。

之家。夹谷初不识为彝，第谓灞陵桥下出于渔者之网罟。彝大容一斗，重十斤，其郁发而为文章，虽五彩烂锦，不足以喻其菁华，其模铸之藻思，虽妙画重复，不足以喻其巧神。子敬既得之，则大喜，以为大神签语灵贶若此。至合海内博识之士观之，不独推彝为三代铜器第一，且尽让子敬之赏识，为不可企及云。[1]

这里提到的"君子"，即王觉轩。其子"子敬"即王觉轩次子王子敬，而"昆季仲德、子明"，即王觉轩之长子王仲德与季子王子明。该记中称王子敬之所以得获商彝，是因为曾"岁朝祷籤于大神之祠，籤语有谓当获古鼎。"此事陶宗仪也有记载，称王子敬之弟子明"每年必祈一签于烈帝庙，以卜休咎。一岁籤词有曰：'开沟凿井，当得古鼎。'"[2]这里提到的"烈帝"即关帝。足见此事当时流传甚广。

至于获鼎的具体过程，郑元祐称是鼎乃于"灞陵桥下出于渔者之网罟。彝大容一斗，重十斤"，是商王父丁之鼎。此过程与陶宗仪所述大致相同：王子明求神后，"殊不以为意。家人以商贾至汴，夹谷郎中者，藏一商彝，绝精妙。示之曰：'恐尔主翁未必有此物也'。归以白，即遣賫金购得之。比旧藏皆不能及。"[3]郑元祐形容它"其郁发而为文章，虽五采烂锦，不足以喻其菁华，其模铸之藻思，虽妙画重复，不足以喻其巧神。"

这里提到的夹谷郎中，确有其人。名见元郭畀所撰《云山日记》中至大元年(1308)十月条：

二十二日晴，客杭到省中。马生以张郎中未允所请故为托辞。会夹谷郎中送照，元除札子下架阁库雷毅夫收。见李叔义、胡则大来，汤君白来。同到府学，见李霁峯教授。次见张晴川。次见汤北村。会韩竹闲路遇毛海云，山长孙周卿来，同佥公之侄也。路遇王仲，可晚香。[4]

[1]《侨吴集》，卷10，明弘治九年(1496)刊本。

[2]《辍耕录》，卷10，"鼎作牛鸣"条，中华书局标点本，1980年，页123-124。

[3]《辍耕录》，卷10，中华书局标点本，1980年，页123-124。

[4]《云山日记》，清宣统三年(1911)横山草堂刻本。

可见夹谷郎中并不在河南,而在杭州。很可能他是将此商彝携至江南后,转让给王氏家族的。

前面提到,据明人李日华记载,王家还藏有宋太祖所赐秦王的铁券。王氏后来攀附秦王,可能由此藏品而起。

23.2　窑器与元末社会

本文第一节所引《至正直记》的"莫置玩器"条中提到,王仲德所热心的古玩藏品中,包括大量古瓷器,提到的窑口包括古定窑、官窑器与青器。[1]此外,同书还有如下记载:

古今无匹

古今无匹者,美玉也。盖天地秀气所结,质色大小各不同,是以无匹,真可贵惜也。古犀次之。画卷则今之精者,或能近古,亦古之善画者多,非止一笔也,是以多得而有匹也。至于定器、官窑,又其多矣,皆未足珍贵也。前辈论者,或有及于此,因记之。[2]

官器不足珍

尝议旧定器、官窑等物皆不足为珍玩,盖予真有所见也。在家

---

[1]《至正直记》,卷4,上海古籍出版社标点本,页124-125。

[2]《至正直记》,卷4,上海古籍出版社标点本,页126。笔者对标点有变动。

时，表兄沈子成[1]自余干州归。携至旧御土窑器径尺肉碟二个，云是三十年前所造者。其质与色绝类定器[2]之中等者，博古者往往不能辨。乙未(1355)冬，在杭州时，市哥哥洞窑器者一香鼎，质细，虽新，其色莹润如旧造，识者犹疑之。会荆溪王德翁亦云：'近日哥哥窑绝类古官窑，不可不细辨也。'今在庆元见一寻常青器菜盆，质虽粗，其色亦如旧窑。不过街市所货下等低物，使其质更加以细腻，兼以岁久，则乱真矣。予然后知定器、官窑之不足为珍玩也。所可珍者，真是美玉为然。记此为后人玩物之戒。至正癸卯(1363)冬记。[3]

这里提到了旧御土窑器与哥哥洞窑器。这几种窑器大致代表了元末江南藏家所珍视的几种古瓷器。兹将所收集的关于上述几种窑器的资料罗列如下，并试做分析。

23.2.1 旧窑中的宋瓷

根据上引《至正直记》的记载，在元末藏家眼中，窑器按其烧制年代，大致分为旧窑与新烧器两类。旧窑非常珍贵，主要包括定器、汝窑、官窑与哥窑等，其中定器与汝窑为宋瓷，元代已不生产。但官窑与哥窑

---

[1]孔克齐在其书中还提到过其表兄几次：

《至正直记》卷3"乞丐不置婢仆"条：

"乞丐妇女子弟皆不可置之为婢、为仆，盖以气象不佳，渐有凋落之态。吾家以后至元乙亥(1335)间，尹氏姊在官庄时，族人凋落，邻媪蒋家妇，施氏女，也常执役尹氏，丧夫又无近族，孤且贫。尹氏姊引致来，以携挈幼弟之役。其状矮小，贫寒可贱。表兄沈子成见之曰：'此媪不可留。'予问其故，曰：'吾连日见其出入于君家之门，气象不好，如门中出一丐妇也。吾厌之。'不三载，黄遂男有得争讼起，自此不兴矣。"

——上海古籍出版社标点本，页105。其他几处为：同书卷4，"草药疗病"条；同书卷2，"妇人不嫁为节"条中提到的"表兄沈教授圭"，应当也是指沈子成。其他文献也有提及者：

元杨载曾有诗赠沈子成：

学琴年少已知名，挥弄和柔指法精。秋塞乍闻鸿雁叫，朝阳还听凤凰鸣。

幽人隐几中情适，壮士投戈宿愤平。此日有虞兴至治，南风一曲解同声。

——《翰林杨仲弘诗集》，卷7，四部丛刊景明嘉靖(1522—1566)本。

"沈子成任彰德卫经历"——〔明〕郭经、唐锦纂修：弘治《上海志》，卷8，人品志，明弘治(1488—1505)刻本，天一阁藏。

[2]并非青花，详见后。

[3]《至正直记》，卷4，上海古籍出版社标点本，页156。笔者对标点有变动。

在元代仍然出产。新烧器主要指元代各窑的产品。这里先谈宋瓷。

23.2.1.1　定器

定器即定窑瓷，是我国宋、金时代的五大名窑之首。定窑器自古为藏家所重，明时《格古要论》已经记录的定器的鉴定办法：

古定器

古定器土脉细，色白而滋润者贵，质粗而色黄者价低。外有泪痕者是真，划花者最佳，素者亦好，绣花者次之。宋宣和（1119—1125）、政和（1111—1117）间窑最好，但难得成队者。有紫定，色巴紫；有墨定，色黑如漆，土俱白，其价高于白定。东坡诗云："定州花瓷琢红玉。"凡窑器有茅、篾、骨，出者价轻。盖损曰茅，路曰篾，无油水曰骨。此乃卖骨董市语也。[1]

元末成书的小说《水浒传》在描述宋江见李师师的情景时提到：

宋江答道："山僻村野，绝无罕物，但送些小微物，表情而已，何劳花魁娘子致谢！"李师师邀请到一个小小阁儿里，分宾坐定。妳子、侍婢捧出珍异果子、济楚菜蔬、希奇按酒、甘美肴馔，尽用定器摆一春台。李师师执盏向前拜道："夙世有缘，今夕相遇二君，草草杯盘，以奉长者。"[2]

李师师是宋徽宗钟爱的妓女，罗贯中在小说中描述她使用定瓷不足为怪。但在元代成书的一些医书中，也时而提到定器，用于煎制汤剂。如：

谷精草散

谷精草一两、生蛤粉二两、生黑豆皮三钱。

右为细末猜猪肝一叶，用竹刀批作片子，掺药在内，荷叶包草系，定瓷器慢火煮熟，令儿食之，不拘时候，量大小与之。[3]

---

〔1〕《古窑器论》，〔明〕曹昭撰、王佐补：《新增格古要论》，北京市中国书店影印本（无影印出版年代），卷7，叶23。以下简称《新增格古要论》中国书店影印本。

〔2〕《水浒传》，第72回，上海人民出版社，1975年，页893。书中"定器"作"锭器"。

〔3〕〔元〕王珪撰：《泰定养生主论》卷10，明正德六年（1511）冒鸾刻本，现藏北京图书馆。

民间日常生活中也使用定器，但应当不是其中的精品。《至正直记》的作者孔克齐认为，至元末定器、官窑尚属易得，且易于与元代御土窑器与相混淆，故不足珍，其价值与美玉无法相比。

据《至正直记》记载，爱好收藏定窑珍器的是王仲德之类富有的士人与财主，而贫苦人对其价值毫无认识。以致当红巾军攻至宜兴时，将王仲德所藏定器、官窑器全部打碎。

23.2.1.2　汝窑

汝窑是北宋后期宋徽宗年间建立的官窑，前后不足百年。汝瓷在元代已被视为珍品。前引元末陶宗仪引述宋寘语中，提到汝窑："本朝（即宋——笔者注）以定州白瓷器有芒不堪用，遂命汝州造青窑器。故河北唐、邓、耀州悉有之，汝窑为魁。"[1]

元代宋后，社会上珍视汝瓷的风气仍然在汉人、南人士大夫中延续着。一次元代诗人王逢曾"陪宴周伯温[2]左丞、刘君楚[3]侍郎。是日席上出汝瓷鸭炉焚香"，他见席上所陈示的"汝瓷鸭炉"中燃着香，感到"鹧斑鹦绿斗青芬"的气息，"因赋以简二公"，诗曰：

> 堂启芸晖宴相君，鹧斑鹦绿斗青芬。一丝欲染花闲露，五色微生日下云。

---

〔1〕《辍耕录》，卷29，中华书局，1980年，页363。

〔2〕周伯琦，元代著名文人，有《近光集》遗存，并与许多文人有诗歌唱和，初步检索一下，即可见得黄溍：《金华集》（卷5，四部丛刊本）中有《同刘遂初修撰、周伯温编修、任大瞻经历、王继忘架阁西山行香次遂初韵》（并见王颋点校《黄溍全集》，天津古籍出版社，2008年，上册，页54）；戴良（1317—1383）：《九灵山房集》（卷23，丛书集成初编本，中华书局，1985年，页330-331）中有《周伯温侍御席上赋》；刘基：《诚意伯刘文成公文集》（卷5，上海古籍出版社影印，1991年，叶22）中有《题紫虚观用周伯温韵》；余阙：《青阳先生文集》（卷1，四部丛刊本）中有《玉雪坡为周伯温赋》；张翥：《张蜕庵诗集》（卷4，上海涵芬楼景印常熟瞿氏铁琴铜剑楼藏明刊本，四部丛刊本）中有：《春闱和周伯温韵呈同院》；张昱：《张光弼诗集》（四部丛刊续编景明抄本）中有《荷花辞次韵周伯温参政》（卷3）、《侍御周伯温以行台羁留姑苏柬寄之》（卷6）、《右丞周伯温出示前为宣文阁授经郎代祀孔子庙次韵》（卷6）；王沂：《伊滨集》（卷7，四库本）中有《题周伯温玉雪波》；许有壬（1287—1364）：《至正集》（卷6，清抄本，国家图书馆藏（未注明抄录年份）中有《题周伯温玉雪坡亭》；贡师泰：《玩斋集》（卷1，明嘉靖刻本）中有《游西山次周伯温韵》，卷4中有《试院和周伯温待制韵》《上京和周伯温御史韵》等。

〔3〕宋濂：《故翰林侍讲学士危公新墓碑铭》提到刘哈剌不花"怒欲中晦阴结监察御史刘君楚"（《宋学士文集》卷59，四部丛刊本），中之刘君楚当即此人。

袖惹氤氲思汉阁，诏颁纶綍拟皇坟时刘开诏吴中。东吴二月无尘事，看剑摊书任酒醺。[1]

宋高宗寿成殿中曾有一只汝瓷瓶，上有“御书遗刻”，后因破损而由工匠改为饮酒器“觯”。后有人购得之，曾几次在宴请王逢的宴席上使用它。因世事变更，此汝瓷觯在元代为他人所得，王逢见宋皇旧物感叹不已，曾作诗以寄托对故国的思念：

“汝瓷觯[2]引同张耘老、薛古心、倪自明[3]三遗叟赋有序

觯本宋高皇寿成殿花瓶，御书遗刻尚在。既破而工人裁为觯，故人某购得之。数出以宴予。后某以愤卒，觯今见于他氏，感叹不足，形诸短引：

汝州瓷冶灰久寒，寿成宸翰犹龙鸾。

黄金为相号曰觯，酒面絪缊旧花气。

我尝酹月江动摇，故人掀髯把风袂。

君不见，

周鼎迁，露盘倾，唾壶缺。

呜呼！

髯兮死，愤嫉尸。乡之翁，得珍物。

新朋交欢劝酬密，席端泪落衰慵笔。”[4]

诗中“周鼎迁，秦缶歇，露盘倾，唾壶缺”指改朝换代，宋亡于元。他见宋宫“珍物”即汝瓷觯，落入隐居乡下的老翁手中，还用它来劝新朋旧友饮酒，以致“席端泪落”。宋末元初诗人黄玠，曾在一首诗中回忆宋末江东达官贵人的豪华生活因宋亡而剧变：

忆昔行

忆昔侠家全盛日，江左数州无亚匹。黄金横带虎作符，尽斥民居为第室。

[1]〔元〕王逢撰：《梧溪集》，卷3，《丛书集成初编本》，中华书局，1985年，页122。

[2]饮酒器皿，形似尊而小。

[3]〔元〕邵亨贞撰：《蚁术诗选》卷1中有《四月十七日偕张彦圣、陈景曾、李道原、郭与仁、倪自明游东岩兰若分韵得夏字》（四部丛刊本），其中的倪自明当即此人。

[4]《梧溪集》，卷6，《丛书集成初编本》，页319。

长腰细米光照人，自给不求归老秩。春陵石几汝州瓷。一席万钱犹俭率。

是翁九十乃未殂，牙齿重生发如漆。已无余福在人间，此理分明可谙悉。

健鹘生雏尽攫拏，骄马作驹终踶逸。寄谢悠悠世上儿，过眼繁华如电失。〔1〕

诗中描写他们在宋时富甲江东数州，居第奢华，以"汝州瓷"为餐具，一席费万钱还算是节俭的。但至他写诗时，"过眼繁华如电失"。诗句中"汝州瓷"是宋时富足生活的象征之一。

23.2.2 官窑——青器

元末陶宗仪引述宋人的记录，对当时的官窑器有如下说明：

宋叶寘〔2〕《坦斋笔衡》云："陶器自舜时便有，三代迄于秦汉，所谓甓器是也。今土中得者，其质浑厚，不务色泽，末俗尚靡，不贵金玉，而贵铜瓷，遂有秘色窑器。世言钱氏有国，曰越州烧，进不得臣庶用，故云秘色。"陆龟蒙（？—881）诗："九秋风露越窑开，夺得千峰翠色来。如向中霄盛沆瀣，共嵇中散斗遗杯。"乃知唐世已有，非始于钱氏。本朝以定州白瓷器有芒不堪用，遂命汝州造青窑器。故河北唐、邓、耀州悉有之，汝窑为魁。江南则处州龙泉县窑，质颇粗厚。政和间（1111—1117），京师自置窑烧造，名曰官窑。中兴渡江，有邵成章提举后苑，号邵局，袭故京遗制，置窑于修内司，造青器，名内窑。澄泥为范，极其精致，油色莹彻，为世所珍。后郊坛下别立新窑，比旧窑不侔矣。余如乌泥窑、余杭窑、续窑，皆非官窑比。若谓旧越窑不复见矣。〔3〕

此言，宋时官窑北方指以汝窑为代表的几个精品窑。宋室南渡后，

〔1〕〔元〕黄玠撰：《弁山小隐吟录》，卷2，民国四明丛书本。

〔2〕南宋绍兴时人。

〔3〕《辍耕录》，卷29，中华书局，1980年，页362-363。

则专指修内司所置窑所烧青瓷，又名“内窑”，[1]其质地“极其精致，油色莹彻，为世所珍”。与龙泉青器有粗细之分。

本文前引《至正直记》的几段记载，先说王仲德“惟好蓄古定、官窑”，又称“至于定器、官窑，又其多矣，皆未足珍贵也”。而在“窑器不足珍”条中，作者又说“尝议旧定器、官窑等物皆不足为珍玩”，均是定器与官窑并举。但他又说：“今在庆元见一寻常青器菜盆，质虽粗，其色亦如旧窑。不过街市所货下等低物，使其质更加以细腻，兼以岁久，则乱真矣。予然后知定器、官窑之不足为珍玩也。所可珍者，真是美玉为然。”足见王仲德不是市井小民，他在庆元所见之“青器菜盆”，不可能陈于日用陶瓷的杂铺，当在古玩骨董店中。可见当时已经有专门出售古玩的商肆。《至正直记》特别提到，这件“青器菜盆”与官窑极为相似，可见当时已经有仿造官窑的民窑。特别是《至正直记》在提到王仲德所藏珍瓷在至正壬辰(1352)红巾军攻陷宜兴时，王仲德所藏“定窑、青器”皆毁，而未像前面一样提及“官窑“，足证所谓“青器”就是他所述的“官窑”器。

由于元代有仿“官窑”的青器在生产，易于乱真，故“官窑”的珍贵程度不及定器与汝瓷。

在《元史·祭祀志》中罗列了元朝中期以后皇帝郊祀的各种用具，其“三曰笾、豆、登、俎”，中有“青瓷牲盘一”；其“五曰牲齐庶器”，用法是“毛血盛以豆，或青瓷盘，馔未入置俎上，馔入彻去之。”[2]这里所提到的牲盘，可能就是《至正直记》的所提到的“肉碟”，不过是青器。元灭宋

[1]李刚先生在《修内司窑质疑》一文(载于《南方文物》，1997年，第4期，页57-62)中，详细讨论了南宋官窑、哥窑等问题。

[2]《元史》卷72《祭祀志》，中华书局标点本，页1798-1799：

“三曰笾豆登俎。昊天上帝、皇地祇及配帝，笾豆皆十二，登三，簠二，簋二，俎八，皆有匕箸，玉币篚二，匏爵一，有坫，沙池一，青瓷牲盘一。”

“五曰牲齐庶器。昊天上帝苍犊，皇地祇黄犊，配位苍犊，大明青犊，夜明白犊，天皇大帝苍犊，北极玄犊皆一，马纯色一，鹿十有八，羊十有八，野豕十有八，兔十有二，盖参以国礼。割牲为七体：左肩臂臑兼代胁、长胁为一体，右肩臂臑、代胁、长胁为一体，[左髀肫胳为一体]，右髀肫胳为一体，[一四]脊连背肤短胁为一体，膺骨脐腹为一体，项脊为一体，马首报阳升烟则用之。毛血盛以豆，或青瓷盘，馔未入置俎上，馔入彻去之。”

《元史》标点本校勘记(14)：“[左髀肫胳为一体]按此言割牲为七体，而所列体数仅六，则右髀肫胳之上显有脱文。今从王圻《续通考》补。”

后，宫中餐饮使用官窑器的风尚也为元廷所继承。汪古人马祖常在描绘上都宴会的诗中，就提到过席中使用的官窑器。

万里云沙碣石西，高楼一望夕阳低。谷量一作深牛马烟霞错，天险山河海岱齐。

贡篚银貂金作籍，官窑瓷盏玉为泥，未央殿下长生树，还许寻巢彩凤栖。[1]

青瓷器不光朝廷大宴用，官员家居日用之具也常见。世祖朝高官何祖荣"身至大官，而僦第以居，饮器用青瓷杯。"[2]朝廷因此还褒奖其清廉。

官窑青器江南的文人私待客宴也有使用。元末文人曾咏"水龙吟"词一首，记他与当地儒学教授周晴川[3]、周晴山兄弟的宴饮。词有句说"有幽轩水净，官窑春透，尽可一觞闲集。"[4]可见他们所用的是青瓷

---

[1]马祖常：《上京翰苑书怀三首》，其3，《石田集》，卷3，元后至元五年扬州路儒学刻本，徐宗浩校跋并题诗（卷2至3、14至15、附录配1933年徐宗浩抄本），现藏北京图书馆。

[2]《元史》卷168《何荣祖传》，中华书局标点本，页3956。

[3]明人陈耀文所辑之《花草粹编》卷1《小令》收有周晴川天机余锦所作《十六字令窗月》——明万历十一年（1583）自刻本，现藏南京图书馆。

[4]水龙吟简周晴川教授会饮，和韵其兄晴山有吹埙吹篪词稿

一春剩雨悭晴，闷来闲检床头历。

农占应候，今朝甲子，初开霁色。

草径泥融，柳桥风劲，尚妨吟策。

有幽轩水净，官窑春透，尽可一觞闲集。

重碧满浮云液。奈长歌，此情无极。

觥筹交错，埙篪迭奏，席珍连璧。

列屋修蛾，主家阴洞，漫然倾国，任魂醉。

直到芙城待问，似它丁石。——〔元〕朱晞颜撰：《瓢泉吟稿》，卷3，四库本。同书同卷还收有作者另一首词《大圣乐》（至日与周晴川兄弟会饮）。

器。元人方回的诗中曾提到"青瓷古茗器"。〔1〕方回赋诗言及他一次与原桐庐令杨德藻同饮于其家乡，诗中有句："青蔬煮豆乳，滩转灶釜仄。更觉气象古，酌酒瓷盏碧。"〔2〕足见龙泉青瓷是元代社会主流消费瓷器。

当时现王仲德一样收藏官窑器的汉族士人不在少数。与杨廉夫〔3〕交往密切的元末文人李鸣凤（时可），〔4〕其家中养殖金鲫鱼的水晶缸，"其下上列罍，皆官窑。"〔5〕元中后期文人郭畀曾于至大元年（1308）十二月，至其杭州的友人刘仲明家中欣赏他收藏的"书画、官窑瓷器、古铜小瓶"。〔6〕文人马臻曾为其友人所藏宫窑所烧炉作赋以颂之，将其比附为博山炉。〔7〕

23.3 其他元代窑器

23.3.1 御土窑器

在上引《至正直记》"窑器不足珍"条中提到，作者孔克齐的表兄沈子成曾从余干州带给他两个30年前所制的"御土窑"直径逾尺的大"肉

〔1〕方回《存心具饮》：

朝雨复暮雨，暑气日已微。凉轩水宇爽，幽坐延秋晖。

孤抱无一惬，前事有百非。可读书本少，能言士尤稀。

积倦蠹帙翻。久辍犀柄挥。吾儿忽具饮，山茹姜荚肥。

青瓷古茗器，十觞联若飞。此生老且死，所幸岁不饥。

似闻吴中潦，米价良足唏。东游岂不快，何如且言归。

一醉未易得，家贫今典衣。典衣亦常事，冥心甘息机。——《桐江续集》，卷5，四库本。

〔2〕《同杨明府华父夜宿鸬鹚源并序》——《桐江续集》，卷5，四库本。

〔3〕即扬维桢。

〔4〕李鸣凤，字时可，元末吴中人。戴表元：《剡源戴先生文集》卷8收有《李时可诗序》，写于辛卯年（1351），《丛书集成初编本》，中华书局刊本，1985年，页123-124。

〔5〕〔元〕胡古愚撰：《树艺篇》，菓部卷1，〔明〕纯白斋抄本，〔清〕钱天树跋、章钰跋，现藏北京图书馆。明都穆的《都公谈纂》。

〔6〕〔元〕郭畀撰：《云山日记》，清宣统三年（1911）横山草堂刻本。

〔7〕《为一溪如上人赋所收窑炉》：

春城闲买得，埏埴自官窑。雅与梅兄对，清宜柏子烧。

心空凝秘色，质古足高标。若拟博山并，博山应意消。——马臻撰：《霞外诗集》，卷7，明刻元人十种诗本。

碟”,其质地与色泽与定窑器的中等水平器皿非常相似,以致一般收藏家无法区别。

除此之外,同书还有一次更具体地提到御土窑器:

> 饶州御土,其色白如粉垩,每岁差官监造器皿以贡,谓之御土窑,烧罢即封土,不敢私也。或有贡余土,作盘盂、碗碟、壶注、杯盏之类,白而莹,色可爱。底色未着油药处,犹如白粉。甚雅薄,难爱护,世亦难得佳者。今货者皆别土也,虽白而垩得耳。[1]

近年来,对御土窑做过认真研究的是浙江美术学院的熊寥先生与北京大学的李民举先生。熊先生曾发表论文《元代官窑艺术》,[2]而李先生亦曾撰文《浮梁瓷局与御土窑器》。[3]上述两文中以李文对史料的研究更为详尽。

李先生对《元史》中以“浮梁瓷局,秩正九品,至元十五年(1278)立。掌烧造瓷器,并漆造马尾棕藤笠帽等事。大使、副使各一员。”[4]及《元典章》有关包括浮梁瓷局长官为正九品的记载[5]为基础,对元代御土窑做了认真的研究。作者从《同治饶州府志》卷3《舆地·土产》中“元泰定本路总管监陶,有命则供,无命则止。”[6]作者又将同书《职官四·名宦上》中有关“段廷珪,字君璋,清泉人,至治泰定间为饶州路总管”的记载,[7]与泰定二年浮梁州知州屠济亨《〈浮梁志〉序》中“余出守是州之二

---

〔1〕《至正直记》,卷2,“饶州御土”条,上海古籍出版社标点本,页80。笔者对标点有变动。

〔2〕刊于《河北陶瓷》,1993年,第4期,页37-42。

〔3〕《南方文物》,1994年,第3辑,页47-50。

〔4〕《元史》卷88《百官志四》,“将作院条”,中华书局标点本,页2227。

〔5〕《元典章》吏部,卷1,典章7,“正九品”:

“匠职

杂造局副提领

局副使

上都毡　出蠟　彰德人匠　大同织染　顺德织染　浮梁瓷　唐像　奉圣军器　平湾等处军器人匠。”——影印元刊本,广播电视出版社,1998年,页225。

〔6〕清初陈元龙所辑《格致镜原》已从明万历年王宗沐所编《江西大志》中引述此语,《格致镜原》,卷36,宝类5,清康熙五十六年刻,雍正十三年(1736)印本,现藏南京图书馆。

〔7〕〔清〕石景芬:《同治饶州府志》,北大图书馆藏本,兹据上引李文。

月,郡刺史清泉段公蒙旨董陶至州”的记载[1]相对比,证实段延珪泰定间负责饶州的陶瓷烧造。

李先生进而认为,“从现有史料来看,这是唯一可考的‘总管监陶’事例”。并推测上述《至正直记》中所提到的作者孔克齐的表兄沈子成,从余干州带给他的两个30年前所烧御土窑碟,其制作年代可能是泰定三年(1326),即“段廷挂监陶期间浮梁瓷局生产的”[2]。

查元代史料,在段廷珪之前,还有其他官员接触过浮瓷梁局的窑器生产。皇庆元年(1312)郭文卿受命至浮梁任知州。此事见于数则史料,如元代福州路入学教授徐东所述郭郁言行的《郭公敏行录》的起首处记:“公名郁,字文卿,汴之封丘人。金末避兵,徙大名,困家焉。性姿颖悟,六岁知读书,日记数千言,博通诸经子史。学易于武林侯先生,深明旨奥,故号复斋。诗文不尚华藻,辞达而已。居家尽孝敬,刚介独立。年十九江淮省以儒雅辟克江淮枢密院令史,精明廉敏,贤劳几二十年。元贞元年(1295)椽河南省。”又曰“右丞马公每以才干称之。秩满章荐为本省幕官。时中书荅剌罕丞相[3]甚器重之,留椽都省。大德九年(1305)敕授承务郎宣徽院都事。十一年(1307)授承德郎江浙省都事。皇庆元年(1312)钦受宣命奉议大夫知浮梁州。延祐五年(1318)三月授奉政大夫中书检校。”[4]对于郭郁任职浮梁之事,同书《寿老致政嘉议郭公序》记:“皇庆元年(1312)龙集壬子,大梁圣翁年七十,长子郁文卿适任浮梁知州,奉翁就养。中杭往饶,固文卿为都事处也。饶之寓士大夫,嘉文卿之禄,及亲荣翁之有良子,以养故,咸为之寿。”[5]同书中所收《赵镇远寿诗序》还提到“皇庆元年(1312)春三月复斋郭侯守浮梁”。

〔1〕〔清〕贺熙龄:《道光浮梁县志》,北大图书馆藏本,卷首,兹据上引李文。

〔2〕参上引李民举先生文,页49。

〔3〕按,即哈剌哈孙。

〔4〕〔元〕邓文原选:《编类运使复斋郭公敏行录》一卷,元至顺(1330—1332)刻本,现藏北京图书馆。郭公名郁字文卿,号复斋,曾官至嘉议大夫福建闽海道都盐转运使。本书为元代福州路入学教授徐东所述郭郁言行,偏重政绩。书前有黄文仲序。附敏行录,还有台状、举状等。以下简称《郭公敏行录》,元至顺(1330—1332)刊本。

〔5〕《郭公敏行录》,元至顺(1330—1332)刊本。

而元代文人邓文原还为郭郁知州浮梁作过《送郭文卿赴浮梁知州序》，其中曰："朝廷命文卿守饶之浮梁行有日矣。"[1]

郭郁在浮梁时作了不少诗，其中有两首直接提到了匠人及制瓷之事，其中一首曰：

往岁官瓷卖土夫，专胥破釜攫犁锄。近来何事欢趋役，工雇无亏食有余。[2]

另一首诗曰：

官瓷烧造有专官，䝩突诛求旧百端。不肯瘠民肥贵势，匠人窑户近相安。[3]

足见郭郁知州浮梁时，曾关注过官窑的匠夫状况。在他看来，官窑的负责官员理事有方，对匠人支付丰厚的报酬，乐于服役。且地方官注意保护匠人的利益，使他们能安居乐业。郭郁上述话当然是站在统治者的立场说的，并不代表匠人们的真实生存状态。故而沈子成所带给孔克齐的御土窑品并不一定是段廷珪在任时生产的。

郭郁在浮梁所作诗中，还有一首，言及当地的税课："久矣浮梁不产茶，课程岁岁只虚加。上司严令申难准，姑与均敷有税家"。《元典章·吏部》中有"场务官，额办课程处所"一段，专记全国所设的税务官员，其中

〔1〕〔元〕邓文原撰：《巴西邓先生集》，北京图书馆古籍珍本丛刊，第92册，集部，元别集类，影印清抄本，书目文献出版社，无影印出版年代，页750。

〔2〕《郭公敏行录》，元至顺（1330—1332）刊本。

〔3〕《郭公敏行录》，元至顺（1330—1332）刊本。

岁收500锭以上的地方中有"浮梁景德镇"。[1]而同书同卷在记江浙行省驻有税务官员的40处地方时,也提到"浮梁县景德务"的税务官员为正八品。[2]

元以后,明清亦有史料言及御土窑器,如明曹昭在描述窑器时提到:

古饶器

御土窑者,体薄而润最好。有素折腰样、毛口者,体虽厚,色白且润尤佳。其价低于定。元朝烧小足印花者,内有枢府字者高。新烧者足大素者,欠润。有青花及五色花者,且俗甚矣。[3]

不少人均以明清史料中提到御土窑元朝所烧"小足印花"者为青花器。而对比上引《至正直记》的两则史料,御土窑器如同定窑器,其质地"白如粉垩",即洁白得像石灰,与定器极为相似,足见并非青花。

---

[1]五百定之上

富阳 昆山 嘉定 余杭 常熟 常州 吴县木续(按,应为渎) 金坛 江阴 宜兴 海盐 崇德 台州 芜湖 南浔 徽州 池州 淳安 衢州 信州 南昌县 太平在城 赣州 新喻州 长沙 袁州 万载 建昌 庐陵永和 静江 湘潭州 宜春县 岳州 礼陵州 宝庆 泉州晋安 益阳州 浏阳州 常德州 巴陵 安庆 安丰 福州闽安 濠州 盱眙县 巢县 汉阳 枣阳县 兴化 永兴县刘市 蕲州 无为县 黄州 潞州 砀山县 濮州 彰德辅岩 滑州 南乐 楚丘 河中府 河南府 汶上县 长城县蒲城 虞州 沧州 亳 州 东阿县 襄陵县 安陆府荆山永隆 邓州 弘州 冠州 邹平县 东明县 清平县 虞城县 开州 睢州 济州 旸谷县 武清县 东鹿县 顺德县 许州 汾州 蠡州 临水县 栾水县 考城县 汝宁府 金乡 定淘 禹城 齐东 巩昌 兴元 襄阳 浮梁景德 瑞州。

——《元典章》,吏部,卷3,典章9,影印元刊本,广播电视出版社,1998年,上册,页348。

[2]江浙行省四十处

杭州在城税课提举直隶省

盐官州长安务正八 富阳务从八 余杭县从八 平江路正七 吴县木德(按,应为渎)务从七 长州县从八 常熟州从八 昆山州从八 加(按,应为嘉)定州从七 建康路从七 庆元路从七 温州路从七 镇江路从七 金坛县从八 太平路从八 饶州路正八 浮梁县景德务正八 绍兴路正八 池州路从八 加(按,应为嘉)兴路正八 崇德路从八 海盐州澉浦务从八 湖州路正八 江阴州从八 常州路正八 无锡州正八 乌程县南浔务从八 宜兴县从八 建德路正八 淳安县从八 徽州路从八 松江府华亭县正八 信州路从八 衢州路从八 台州路正八。——《元典章》,吏部,卷3,典章9,影印元刊本,上册,页350-351。

[3]《格古要论》,卷下,四库本。在明王佐所增补之《新增格古要论》中,这段话为:

"古饶器,出今江西饶州府浮梁县御土窑者,体薄而润最好。有素折腰样毛口者,体虽薄一作厚,色白且润尤佳。其价低于定器。"——卷7,中国书店影印本,叶24。

23.3.2 哥哥窑

哥哥窑即哥窑。[1]在上引《至正直记》"窑器不足珍"条中作者孔克齐提到，乙未年(1355)冬，他在杭州时，曾购得出自哥窑的一个香鼎，质地细致，虽然是新烧者，但其色莹润如旧造，连识者也犹疑之。而荆溪王德翁，即王仲德也表示："近日哥哥窑绝类古官窑，不可不细辨也"。他曾在庆元，即今宁波见过"一寻常青器菜盆"，即青瓷菜盆，其质地虽然粗糙，但色泽却似旧窑。但实际上不过街市所出售的"下等低物"。王仲德认为，假若其质地更加以细腻，兼以岁久，则可乱真。[2]

除上述《至正直记》中作者引述元末古玩藏家王仲德有关哥窑的描述之外，学界尚未发现其他元代史料中有关于哥窑的记载。关于哥窑的名称，明代史料中有不同的解释：

哥窑的"哥"指兄长。

明徐应秋提到："宋时处州章生兄弟皆作窑，而兄所作者视弟色稍白，而断纹多，号曰圾碎，故曰哥窑。"[3]

明陆应阳在记"琉华山"时写道："龙泉颠有长湖，深不可测。山下即琉田居民多以陶为业。旧传章氏兄弟造青瓷佳绝。兄日哥窑，弟曰生二窑。"[4]

明郎瑛在描述处州窑业时，说"哥窑与龙泉窑皆出处州龙泉县。南宋时有章生一、生二弟兄，各王[5]一窑。生一所陶者为哥窑，以兄故也。生二所陶为龙泉，以地名也。其色皆青，浓淡不一，其足皆铁色，亦浓淡不一。旧闻紫足，今少见焉。惟土脉细薄，油水纯粹者最贵。哥窑则多断文，号曰百圾破，龙泉窑至今温处人称为章窑。闻国初先正章溢乃其裔云。"[6]

在上述三则史料中，以郎瑛所述最详，不但说出二兄弟姓章，至明

---

[1]李刚先生撰有《内窑、续窑和哥哥洞窑辨析》，载于《东方博物》，2007年第2期。

[2]《至正直记》，卷4，上海古籍出版社标点本，1987年，页156。

[3]《玉芝堂谈荟》，卷28，四库本。

[4]《广舆记》，卷11，清康熙刻本。

[5]"王"当为"主"之误。

[6]《七修续稿》，事物类，明刻本，现藏扬州市图书馆。

时温州与处州人还将龙泉窑称为章窑，还给出南宋时章氏两兄的具体名称，并举出他们的后裔。

出自窑址所在地名：明徐𤊹在提到哥窑时称："瓷器有哥窑。寿州有舜哥山此窑所出今赏鉴家解'哥'字谓其兄所制悮矣。"〔1〕这一说法明确反驳了"哥"窑意为兄长之窑的解释。

王仲德所见质地较粗的哥窑器，至明代还能为人认识。明曹昭提到：

> 旧哥哥窑，出色青，浓淡不一，亦有铁足、紫口色好者，类董窑。今亦少有成群队者。是元末新烧。土脉粗燥，色亦不好。〔2〕

所谓元末新烧，即元末王仲德避乱于浙江时，在宁波所见者。

23.3.3 其他元瓷

《辍耕录》还提到乌泥窑、余杭窑与续窑〔3〕诸窑的名字，虽无具体描述，但大致代表了元末江南人所知诸窑。明代曹昭所撰之《格古要论》只有如下只言片语："有黑土者谓之乌泥窑，伪者皆龙泉所烧者，无纹路"。〔4〕明高濂在《雅尚斋遵生八笺》也只有"后有董窑、乌泥窑，俱法官窑，质粗不润"〔5〕一句话。从现存文献看，上述诸窑均不在元末江南藏家的收藏范围之内。

明人提到的元窑还有"彭窑"，其名源自元时戗金匠彭均宝。《格古要论》提到：

> 彭窑
>
> 元朝戗金匠彭均宝效古定器，制折腰样者，甚整齐故名曰彭窑。土脉细白者，与定器相似，比青口欠滋润，极脆，不甚值钱。卖骨董者称为新定器，好事者以重价收之尤为可笑。〔6〕

戗金是一种传统工艺，指在器物上刻出细痕，贴入金箔或银箔。这种工艺可能就是史料中提到的描金或饰金。《元典章》提到：

---

〔1〕《笔精》，卷7，杂记，民国芋园丛书本。

〔2〕《新增格古要论》中国书店影印本，卷7，"窑器"条，叶22。

〔3〕《辍耕录》，卷29，中华书局，1980年，页362-363。

〔4〕《新增格古要论》中国书店影印本，卷7，"窑器"条，叶22。

〔5〕《雅尚斋遵生八笺》卷14，《燕闲清赏笺》，上卷，人民卫生出版社，1994年。

〔6〕《新增格古要论》中国书店影印本，卷7，叶24-25。

[瓷器上不用金]至元八年(1271)御史台承尚书省札付,钦奉圣旨节该:今后诸人但系瓷器上,并不得用描金生活,教省里遍行榜文禁断者,钦此。[1]

23.4 王氏家族的败落与其藏品的命运

打破王仲德生活现状的是元末的战乱。本节开头处所引《至正直记》提到了王家经历的三次劫难,第一次是至正十二年(1352),红巾军攻克宜兴。这些起于赤贫的造反者不识珍玩,将王仲德所藏定窑、青器全部击毁。当时攻下宜兴的是南方红巾徐寿辉部,他们从江浙行省西部一路北上,至宜兴。第二次是至正十五年(1355)宜兴复陷,王家除画卷、铜器、剔红漆器等细软外,悉毁于兵。王仲德不得已携家渡太湖逃杭州,后逝于客所。兵乱后,其家人取所存者珍玩避于西山,但复遇乱军,或掠或毁。谢应芳曾代王仲德妻弟姜周佐撰祭姐夫文,提到王仲德当时"年半百,闲居静守",不但非常照顾他们,且"有过必规"。但后来举家避寇,窘迫万状。而"群盗稍息,归卧南牖,襁褓之珠,复碎于手"时,王仲德"痛心如割如剖"。谢应芳感叹"吉人天胡不祐",王仲德妻无依无靠,"孤灯白首,抚膺长号,泪湿双袖"。[2]

---

[1]《元典章》,工部,卷1,典章58,杂造,台湾故宫博物院影印元刻本,1972年。《大元圣政国朝典章》,中国广播电视出版社影印元刊本,1998年,工部卷残,无此内容。并见《通制条格》卷8"器物饰金"条:

"至元八年(1271)十一月,尚书省。钦奉圣旨节该:'今后诸人但系瓷器上,并不得用描金生活,教省里遍行榜文禁断者。'"

——方龄贵:《〈通制条格〉校注》,中华书局,2001年,页354。

[2]"代姜周佐祭姊夫王仲德文

君之老姑为我叔母,而我女兄获奉箕帚,我弟于姨复得其偶,如古朱陈,婚姻世守。先人尝言,君性醇厚,人或颠危,君力能救。吾亲虽亡,斯语不朽。如予不肖,公亦弗陋。有过必规,有善则诱。眷我兄弟,无一或否。公年半百,闲居静守。闺门之内肃,若宾友忘情。轩冕意适,杯酒独奈。今年避寇,奔走挈家于吴,虎兕傍吼,千惊百忧,窘束如杻,一女钟爱,疾莫能救。群盗稍息,归卧南牖,襁褓之珠,复碎于手。公之痛心如割如剖。痛犹未定,厥疾斯遘嗟哉。吉人天胡不祐,今公之殁命也,谁咎?凡我私亲,倚仗何有?尤怜女兄,孤灯白首,抚膺长号,泪湿双袖。"——谢应芳:《龟巢稿》,卷15,四部丛刊。

王氏避乱在浙期间，与倪瓒仍有联系，他曾在宜兴山水图上题诗赠王光大：

荆南山色隐晴湖，暖翠当窗不用图。避世移家今十载，盛书连舸泊三吴。

可怜画卷撩归梦，依旧香奁傍药炉。珍重故人王架阁，笔能扛鼎要人扶。〔1〕

可见王光大在外长达十余年。离家时是乘船，还带了许多书籍。当看到荆溪山色图时，便撩起归乡之梦。"傍药炉"三个字似乎表明他健康状况也不甚好。明孙凤所撰《孙氏书画钞》所录元虞堪〔2〕"闻定陶河出孔子庙堂碑序"中提到，王仲德之友潘纯（子素）之子潘公颖告诉他的一件有关元末王家所藏字画散失的事：

---

〔1〕《题画贻王光大》，《清閟阁遗稿》，卷7，明万历二十八年（1600）刊本。

〔2〕"跋虞氏遗墨

吴江虞堪胜伯。一字克用。宋相忠肃公之八世孙也。贫而好古，藏书甚富。所与往还，皆四方名士，一时以诗文简牍相赠遗者，动盈箧笥。胜伯既以云南府学教授殁于官，其子镛且能读父书，授徒里中。至其孙湜，始去儒业。先世故物时卖以供衣食费。湜有子权，家益贫，物益卖不已。昆山叶文庄公尝作书止之，力加提挈，竟得一官，未几而卒。自是家愈落。初虞氏所藏词翰无虑数箧。权卒后，妻子仅以一鱼罟裹，置屋梁。今则并其罟亡矣。予每见其家遗墨，未尝不把玩兴叹。盖物聚而散，此其常理，无足怪。然未有不聚于贤，而散于愚者。此可以叹。虞氏之世也，友人陈玉汝之子镃得此数幅，乞予题之。虞与陈姻家也，且居隔一水。镃之藏此，其为鉴亦何远之有。则此虽盈丈之纸，出于蠹伤鼠啮之余，所以助吾之德者，固在不然玩物丧志，适足为德之累，吾何取于镃耶！"

——〔明〕吴宽撰：《匏翁家藏集》，卷49，四部丛刊景印明正德（1506—1521）刊本。

吾友淮南潘公颖[1]酷嗜古学，留榻予所。夜中寝寐。俄，却枕大鸣而亟嗟咄曰："得有命，不得有命。一豪非我有而莫之取也。"予怪其寤语狂悖甚，而诘之。其谓予曰："数年来因事想触，便作痴病，何者？荆溪王子明，值兵变流离。以平昔所宝其家藏孔庙虞刻[2]，寄我浔南[3]寓所者两年。顾念时艰，恒恐失堕，持还子明。子明浚走杭。会张光弼[4]仕省员外郎。因刻此出于张。张竟以意取得之。张遄转调，不知此刻有无在何边。"堪记刻之："墨漆黑，纸雪白。玉润金辉，足喻其妙。笔锋豪铓纤悉，令人叹赏。此唐太宇贞观间制作。刻始成，仅拓数十木，赐近臣者。当时不幸庙火而石

---

〔1〕潘公颖即上文提到的王仲德的友人潘纯（子素）之子。虞堪为其友人，并有诗记：

看花长想曲江春，燕子东风聚散频。君向水精宫裏住，题诗还近玉堂人。

——虞堪："寄湖州潘公颖"，《虞山人诗补遗》，殷礼在斯堂丛书，民国刻本，不分卷。虞堪还有诗云：

去岁途逢岁欲徂，今年岁晚访浔隅。头颅未老心先折，世路多艰事屡殊。

知子淮南思桂树，愁予剑北问桑株。闲情廿载浑依旧，却笑虞翻走畏途。

——虞堪："访潘公颖南浔隐居"，《希澹园诗集》，卷3，近体七言绝句，民国刻殷礼在斯堂丛书本。同书同卷中还收有《施架阁池上夜饮联句潘公颖明发将归南浔》联句诗，为虞堪等人合作：

槽头醁醑倒不尽，池上梅花开欲齐。今日好懷良足慰。毂

百年高兴若为题，银灯绚席珊瑚烂。敏

彩笔联诗锦绣迷，细雨作花檐际落。堪

清歌如缕拍中低，浑忘司马青衫湿。毂

似听宫莺绿树啼，公子金猊烧笃耨。敏

美人犀筋劝駞啼，也知北海能豪杰。堪

况有东方善滑稽，腰细舞低翻弱柳。毂

手纖杯重压柔荑，先判五夜同倾倒。敏

未信三边尚鼓鼙，倏忽年华粱旦暮。堪

风流人物晋东西，江湖空阔鸿偏到。毂

梧竹高低凤独栖，乘兴放船来笠泽。敏

散愁投辖忆浔溪，襟期久矣交如漆。堪

笑谑颓然醉似泥，潮涨空滩移舴艋。毂

雨晴何处看凫鹥，会须发达摅忧愤。敏

慎勿登临动惨凄，失喜今宵是何夕。酒阑起舞忽闻鸡。堪。

〔2〕"孔庙虞刻"即〔唐〕虞世南撰《孔子庙堂碑》，后世称为"孔庙虞书贞观刻"，或"虞书孔庙碑"。

〔3〕元末明初潘公颖隐居于浙江湖州南浔。详见后。

〔4〕即张昱，庐陵人。元末行枢密院判官、浙江员外郎。

煨烬，故后世不复见之。堪幼嗜书，而失此刻，遇而不获，是以寤寐作痴耳。”……公颖归耕庐江时，予送之。自松陵共泛雨舟，夜泊枫桥，待旦相别。公颖尚嘱予曰：“张得王氏所蔵碑，今流落，或在江南有之。幸为物色，以报寤思寐梦。”今六七年。……至正二十六年(1366)岁丙午七月五日，虞堪书。〔1〕

此言虞堪在至正二十六年(1366)记录了潘公颖告诉他的一件事：王仲德之弟子明在元末兵乱时，将自己所珍藏的唐虞世南撰《孔子庙堂碑》寄存在潘公颖在湖州南浔的家中达两年之后，潘公颖因乱世恐珍藏有失，而交还给王仲德。后来王仲德赴杭州避乱时，将此刊本随身携带。在杭期间它落到张昱(光弼)手中。张昱离杭后，此帖不知所终。至正二十年(1360)左右，潘公颖还嘱咐虞堪，王仲德所藏虞世南书法为张昱所得，也许流落江南，希望能多加留心。

本文启首处所引元末人孔克齐在《至正直记》卷4“莫置玩器”提到，至正十五年(1355)宜兴陷于混乱后，王仲德乃将“画之高品，铜之古器，剔红之旧制，寄藏友人。”〔2〕对比上述两则记载，可知王仲德兄弟所寄古玩之友人，即当为湖州之潘公颖。

至于那件商王父丁之鼎，陶宗仪记道：

……至正壬辰，寇起蕲黄。将由义兴取道犯浙西。子明罄其所蔵，凿深窖以埋之，彝亦在列。既入窖，作牛鸣者七夜，颇可怪。取出寄田家，其窖后遭发掘，独此彝获存。〔3〕

王仲弟之弟王子明在避乱前埋藏商鼎时，因连续几夜闻牛鸣收，感到奇怪而复取出。后来窖藏为人发掘，宝藏尽失，而此商鼎却获存。此事在郑元祐《王氏彝斋记》也有记载，称：

未几子敬捐馆，至正壬辰(1352)距父没余二十年矣。是岁传闻寇将犯浙西。敬父之子令显，字光大，乃谋于二父：载赀以随，必为赀所累。固莫若窖藏之，而尽室以避去。光大尤念彝，为先君子

〔1〕〔明〕孙凤撰《孙氏书画钞》，卷2，名画，民国上海商务印书馆涵芬楼秘籍影印抄本。

〔2〕《至正直记》，卷4，上海古籍出版社标点本，页124-125。笔者对标点有变动。

〔3〕《辍耕录》，卷10，“鼎作牛鸣”条，中华书局标点本，1980年，页124。

所赏鉴。乃沈彝于园池之深屏处，夜闻池中有物怒吼，殊讶之。于是出彝于水，寄之他处。比贼退，视所窖藏与其万金之赀、千柱之室，皆燔毁掘凿，无一存者。而彝也乃独岿然获存。夫光大之先君子，祷签于神，谓获古鼎，而是年果得彝。固已神矣。晏然太平之世，岂料变起不测哉。急迫之际沈彝水中，而乃怒吼以顿免于盗贼之手。由此言之，彝之神不可泯没无传也已。按经传，商诸帝有沃丁、中丁、祖丁、武丁、庚丁、太丁。若父丁，则未之闻也。或疑武声相近，而尊称之。今获是彝，尚足以裨经传之阙。故欧阳公《金石录》每谓古器物铭欵，多可以证定讹阙，是于世教岂小补哉。光大念其家故物无一存者，独彝为先君子所宝爱，于是遂以彝名斋。夫王氏世泽之淳，彝能神之，为之兆。是相与永久无穷也必矣。作彝斋记。〔1〕

据郑元祐记载，王氏次子王子敬后来去世。在红巾军破宜兴时，王氏准备出而避兵。其子令显与其“二父”，即王仲德、王子明，提出家藏古玩如尽数携带，必为所累，不如窖藏之。他们将此商鼎藏于私家花园的池中后，闻池中有物吼叫，非常惊异，故而重新将商鼎取出，寄于他人家中。待他们避乱归来后，发现所窖藏诸物皆为所掠，家宅也焚于火，独存此商鼎。王家以为，当初获商鼎是在祷告神灵之后，窖藏时所闻之鸣叫声乃出于神示。元末兵乱后，王氏返回宜兴时，还为此将重建之屋命名为“彝斋”，以记其事。

明王圻所撰之《续文献通考》中，亦记此事，称“至正十二年(1352)寇起蕲黄，将由义兴取道犯浙西。义兴王子明多藏三代彝鼎，又购得一商彝。凿深窖以埋之。既八窖，彝作牛鸣者七夜，因取出寄田家。窖后遭发掘，独此彝得存。”〔2〕

至于此商鼎铭文中提到的父丁，郑元祐专门作了考订。他还为此查考过《金石录》。他的结论是，“商诸帝有沃丁、中丁、祖丁、武丁、庚

〔1〕《侨吴集》，卷10，明弘治九年(1496)刊本。

〔2〕卷225，物异10，台湾新兴书局，1965年，页4629。

丁、太丁。若父丁,则未之闻也。或疑武声相近,而尊称之。"[1]

王氏三兄弟中的王仲德,元末仍在世。孔克齐在论述年老娶妾时为家之不幸时,举证王仲德,称"又见荆溪王德翁,晚年买二伶女为妾,生子不肖。甚至翁死未逾月,而私通于中。外莫能禁止。此袁氏世范言之甚详,兹不再述。有家者当深玩之"[2]。

23.5 江南士人与新价值观

——代结语

如果我们跳出王仲德家族,看一下他们所生活的元代,会发现在这一时代,成吉思汗及其子孙领导下的蒙古人先后统一了中国各地割据政权:畏兀儿、哈剌鲁、西辽、西夏、金、大理、吐蕃、南宋,还统治了欧亚草原与中亚、西亚的伊斯兰世界。大量的中亚、西亚与欧亚草原的军人、官吏、工匠、知识分子、宗教人士、商人等,随蒙古军进入中国内地,并定居下来,以此为核心形成了色目人。除了超越汉唐的境域之外,元代最鲜明的特殊性之一,便是文化上的多元。与之相联系的是价值观的多元。在色目人中,回回人占有着特殊的地位。回回人入居汉地之前多生活于干旱缺水的内陆亚洲地区。与汉地辽阔的江河平原相比,面积狭小的绿洲出产有限,因此这里的居民自古善于经商,他们的价值观更多地体现了商业与财富的色彩。与王仲德大致同一时代生活于江南的陶宗仪,在《辍耕录》中记有"回回石头"一节,大概记录了回回人所视为珍贵之物:

> 回回石头,种类不一,其价亦不一。大德间,本土巨商中卖红剌一块于官,重一两三钱,估直中统钞一十四万锭,用嵌帽顶上。自后累朝皇帝相承宝重,凡正旦及天寿节大朝贺时则服用之。呼曰剌,[3]亦方言也。今问得其种类之名,具记于后:
>
> 红石头,四种同出一坑,俱无白水。

[1]此商鼎如仍存于今世,应为传世品。今后如有机会查询各地博物馆馆藏商代青铜品目录,或许能访得此鼎的下落。

[2]《至正直记》,卷1,上海古籍出版社标点本,页35。

[3]亦作"剌子",详见下。

剌淡红色娇。避者达深红色，石薄方娇。昔剌泥黑红色。苦木兰红、黑、黄不正之色，块虽大石至低者。

绿石头三种，同出一坑。

助把避上等，暗深绿色。助木剌中等，明绿色。撒卜泥下等，带石，浅绿色。

鸦鹘

红亚姑上有白水。马思艮底带石，无光，二种，同坑。青亚姑上等，深青色。你蓝中等，浅青色。屋扑你蓝下等，如冰样，带石，浑青色。黄亚姑白亚姑。

猫睛

猫睛中含活光一缕。走水石新坑出者，似猫睛而无光。

甸子[1]

你舍卜的即回回甸子，文理细。乞里马泥即河西甸子，文理麄。荆州石即襄阳甸子，色变。[2]

这里提到的“红石头”，见于元末航海家汪大渊的记载：高郎步“地产红石头”。[3]高郎步即今斯里兰卡之科伦坡(Colombo)。而所谓“红石头”即红宝石(ruby)。“白水”指纹理。

“剌”乃阿拉伯文لعل(l‘al)之音译，指红宝石，故曰“淡红色娇。”又称“红剌”。[4]《居家必用事类全集》还引述有关“剌”的诗作，曰：

剌

紫剌、红剌出南番，钏、镯、杯、盘打嵌鞍。

大者直钱五六百，小者多嵌指镯间。

此物出南番。红、紫并酒色，大者如指面，亦有多嵌七宝首饰，并系腰。盏、盘、钏、镯、指镯，余外无用。[5]

明巩珍说忽鲁谟厮国的“诸番宝物”有“剌石”。[6]明四夷馆本《回

[1]大德南海志，卷7，宝物。

[2]陶宗仪：《南村辍耕录》，卷7，中华书局点校本，1980年，页84，笔者对标点有所更动。

[3]汪大渊：《〈岛夷志略〉校释》，苏继庼校释，中华书局，1981年，页270。

[4]《明史》卷82《食货志》“上供采造”，标点本，中华书局，页1994。

[5]《居家必用事类全集》，戊集，现藏北京图书馆，北京图书馆珍本丛刊，第61册，书目文献出版社，1988年，页215。此书为《永乐大典》所引用，且其辛集中收有大德五年吴郡徐元瑞的《吏学指南序》，当为元代文献。

[6]《西洋番国志》，向达校注本，页43。

回馆杂字》与《回回馆译语》增续部分“珍宝门”序号第890词：“لعل(l‘al)，红腊石，勒阿勒”[1]，即此。明人宋诩记载：“红剌，深红，水光，清泠如血，亦有淡红色、木红色，间有行动景物居中。此则天造地设之巧。”李时珍曾概说曰：宝石“红者名剌子”，“紫者名蜡子。”[2]“剌”，“红剌”或“红腊石“，今称为红宝石，它是一种红色的刚玉，最佳者称为“鸽血红”。“剌”的价值很高。明人徐应秋说“有红剌一块，即值千钱，然不可多得。”[3]

宋诩还提到一种“剌儿撇阿剂”，说它“色嫩如深红，其性软。‘剌’即‘雅琥’之美名。‘剌’与‘雅琥’其本地之方言也。”还有一种宝石，宋诩称为“撇阿剂”，他说亦“色嫩如深桃红，其性软。”[4]他提到这两种宝石，笔者尚未见有解释。所谓“本地方言”，当指波斯语。“剌儿”或即前述之“剌”。“色嫩如深桃红”的“撇阿剂”，当为波斯文پیازی(pīyāzī)。其字根乃波斯语 پیاز(pīyāz)，意为葱头、球茎、洋葱。明四夷馆本《回回馆杂字》“花木门”序号第448词“پیاز(pīyāz)，葱，痞呀思”即此。[5]此字后加形容词后缀ی(-ī)构成，意为“洋葱色的”，即宋诩之所谓“色嫩如深桃红”。故他所述之“剌儿撇阿剂”，当为波斯文لعل پیازی(l‘al-i pīyāzī)，即褐红色的红宝石。今波斯语中仍有此词，意义同。至于雅琥，详见下。

“避者达”，即明宋诩所述之“别者歹”。对这种宝石，他记载道：“红光明亮，身薄，无圆厚者。照视有光，平视无光也。”[6]其原字有待进一步研究。

“昔剌泥”应为波斯语سیلانی(sīlānī)的音译。سیلان(sīlān)即锡兰，今称斯里兰卡，《大德南海志》作细蓝。[7] سیلانی(sīlānī)在波斯语中意

[1]参见拙著：《〈回回馆杂字〉与〈回回馆译语〉研究》，中国人民大学出版社，2008年，页365-366。

[2]李时珍：《本草纲目》，卷8，清光绪张氏味古斋重刻本。

[3]〔明〕徐应秋：《玉芝堂变荟》，卷27，四库本。

[4]〔明〕宋诩撰：《宋氏家规部》，卷4，明刻本，现藏北京图书馆，北京图书馆珍本丛刊，第61册，1988年，页42-43。以下简称《宋氏家规部》。

[5]参见拙著：《〈回回馆杂字〉与〈回回馆译语〉研究》，中国人民大学出版社，2008年，页194。

[6]《宋氏家规部》，卷4，页42-43。

[7]陈大震：《大德南海志》，卷7，元大德刊本残卷，《宋元方志丛刊》，中华书局，1990年，第8册，页8432；《元〈大德南海志〉残本，附辑佚》，广东人民出版社，1991年，页47。

为“锡兰的”，指斯里兰卡的红宝石。此国自古为红宝石产区。随同郑和船队出洋的回回人通事马欢曾提到，锡兰所出宝石中有“昔剌泥”。[1]宋诩说，“洗那泥，身红边黑，无厚者。”[2]

“苦木兰”，据马欢记载锡兰大山内所出之宝石中有“窟没蓝”，[3]即此。宋诩称“孔木剌，红黑黄不正之色，有大块。以上俱‘剌’之种，皆可施之磨礦。”。[4]当代研究者万明提出“苦木兰”与“窟没蓝”均为马来语kumula、kumala的音译，指蓝晶。

“助把避”的原字应为波斯语ذبابی(zubbābī)，乃阿拉伯语词ذباب(dhubbāb，波斯语读为zubbābī)“苍蝇”“黄蜂”，加波斯语形容词后缀ی(-ī)构成，意为“蝇色的”，指优质绿宝石。宋诩说“锁把鼻，铖绒绿色，内有蜻蜓翅形光耀，其性脆。”[5]“锁把鼻”即“助把避”。

“助木剌”为波斯文زمرد(zumrad)的音译，又为“锁目绿”。明四夷馆本《回回馆杂字》与《回回馆译语》增续部分“珍宝门”序号第889词为“زمرد(zumurud)，祖母绿，则木鲁得”，[6]即此。明巩珍说忽鲁谟厮国“其处诸番宝物皆有”，如“祖母绿”。[7]明人宋诩说，“锁目绿，绿色，其性脆，南人称蛇见怕。”[8]徐应秋则说“祖母绿色碧，日耀则一室掩映。或云：‘坐草女人握之易产，云是金翅鸟所成，出回回国。’”[9]它实际上是一种绿柱石，属绿宝石，在矿物学上称为钙铝榴石，是一种中档宝石。

“撒卜泥”的原字应为波斯语صابونی(sābūnī)，乃阿拉伯语词سابون(sābūn)“肥皂”“石碱草”“肥皂草”，加波斯语形容词后缀ی(-ī)构成，

[1]［明］马欢原著，万明校注：《明钞本〈瀛涯胜览〉校注》，北京，海洋出版社，2005年，页54。以下简称《明钞本〈瀛涯胜览〉校注》。

[2]《宋氏家规部》，卷4，页42–43。

[3]《明钞本〈瀛涯胜览〉校注》，页54。

[4]《宋氏家规部》，卷4，页42–43。

[5]《宋氏家规部》，卷4，页42–43。

[6]参见拙著：《〈回回馆杂字〉与〈回回馆译语〉研究》，中国人民大学出版社，2008年，页364–365。

[7]《西洋番国志》，向达校注本，中华书局，1982年，页43。

[8]《宋氏家规部》，卷4，页42–43。

[9]［明］徐应秋：《玉芝堂谈荟》，卷27，四库本。

直译为“石碱草色的”。宋诩说，“撒浡泥，淡绿色其性软。”[1]此即“撒卜泥”。

鸦鹘，乃阿拉伯文ياقوت(yāqūt)之音译，源于希腊文，专指红宝石。陶宗仪下文又译为亚姑。前已提及，宋诩记载“剌，即雅琥之美名。剌与雅琥其本地之方言也。”[2]元末航海家汪大渊在记录“故临国”[3]之西的“明家罗”时，提到此国“山有三岛。”其中“一岛土中红石，掘而取之，其色红活，名鸦鹘也。舶人兴贩往往金银与之贸易。”“地产红石之外，别物不见。”[4]海外出鸦鹘石之处，《岛夷志略》数度提及，兹不一一辑录。鸦鹘（雅琥、亚姑）又泛指宝石，可前置各种定语，表示蓝宝石、绿宝石等。故而明人黄省曾提到，在阿丹国，即今也门亚丁“其贸采之物异者十有二品，一曰猫睛之石，二曰五色亚姑。”[5]

陶宗仪所谓之“红亚姑”，相当于今波斯语中之ياقوت رمانی(yāqūt-i ramānī)或ياقوت آتشی(yāqūt-i ātašī)，意为红玉、红宝石。

他所提到的“青亚姑”，相当于今波斯语中之ياقوت ازرق(yāqūt-i azraq)，意为绿宝石，蓝晶。宋诩描述称：“青雅琥，如淡竹叶青色，亦有深青者。”[6]

“黄亚姑”相当于今波斯语中之ياقوت زرد(yāqūt-i zard)，意为黄宝石。宋诩说：“黄雅琥，色黄，有水色，澈底明亮。”[7]

“白亚姑”，宋诩说：“白雅琥，水白色光滚。”至于在波斯语中的原字，待考。

“马思艮底”，未见有人解说。宋诩说：“马斯䶫蹄，紫红色，有碎纹，无水光。”[8]笔者以为，“马思艮底”或“马斯䶫蹄”，当为波斯语مسكين

[1]《宋氏家规部》，卷4，页42-43。

[2]〔明〕宋诩撰：《宋氏家规部》，卷4，页42-43。

[3]元代又称“俱蓝”，即印度西南海岸之Quilon。

[4]汪大渊：《〈岛夷志略〉校释》，苏继庼校释，中华书局，1981年，页152。

[5]〔明〕黄省曾撰：《西洋朝贡典录》，卷下，清钱氏指海本；谢方校注本，中华书局，1982年。

[6]《宋氏家规部》，卷4，页42-43。

[7]《宋氏家规部》，卷4，页42-43。

[8]《宋氏家规部》，卷4，页42-43。

(muskīn)的音译,意为“麝香色”的。从陶宗仪的叙述中,其前为红亚姑,其后为黄亚姑、白亚姑看,它应当也是红宝石的一种。

“你蓝”,陶宗仪说这种宝石质量中等,浅青色。“你蓝”当为音译,其原字有待于研究。宋诩也提到一种宝石,说:“未蓝,淡青色,有光清泠。。”〔1〕似与此有关。

“屋扑你蓝”,陶宗仪称它为下等宝石,“如水样,带石,浑青色”。此名亦应为音译。疑其后两字“你蓝”即前述之中等宝石“你蓝”。

“猫睛”,在明四夷馆本《回回馆杂字》与《回回馆译语》增续部分“珍宝门”序号第888词为“عينالهر('ain al-hirr),猫睛,哀纳勒·希儿”。“袁氏本”“珍宝门”序号第554(1564)词“猫睛,踕乃力·吸儿”,〔2〕即此。这是一个阿拉伯语词组。“猫睛”是一种宝石,又称“猫儿睛”多出于印度南部和斯里兰卡。宋赵汝适在“南毗国”(今印度东南部海岸)条中曰:其“国有淡水江,乃诸流凑汇之处。江极广袤,旁有山突兀。常有星现其上,秀气钟结,产为小石,如猫儿眼。其色明透,埋于山坎中。不时山水发,溯洪推流。官时差人乘小舟采取,国人珍之”。在另一处,赵汝适又专门描述这种宝石道:“猫儿睛,状如母指大,即小石也。莹洁明透,如猫儿眼,故名。出南毗国。国有江曰淡水江,诸流奤汇,深山碎石为暴雨溯流,悉萃于此,以小舸漉取。其圆莹者,即猫儿睛也。或曰有星照其地,秀气钟结而成。〔3〕陶宗仪具体描述“猫睛的形象为“中含活光一缕”。《居家必用事类全集》提到记载这种宝石的诗,曰:

猫睛

黄如酒色唤猫睛,转侧中间一道真。

睛更散帘深黑色,二物应当价例轻。

猫睛出南番,酒色,阔如指面大者。以大为好,睛死不活并黑睛者不直钱。小者亦有米颗大者,只可打嵌指镯杂用。〔4〕

〔1〕《宋氏家规部》,卷4,页42-43。

〔2〕参见拙著:《〈回回馆杂字〉与〈回回馆译语〉研究》,中国人民大学出版社,2008年,页363-364。

〔3〕《诸蕃志》,冯承钧校注本,页30、130。

〔4〕《居家必用事类全集》,戊集,页215。

《格古要论》记道："猫睛出南蕃。性坚，黄如酒色。睛活者中间有一道白横搭，转侧分明，与猫儿眼睛一般者为佳，故云若眼睛。散及死而不活者，或青黑色者，皆不为奇。大如指面者尤好。小者价轻，宜厢嵌用。〔1〕宋诩也说："猫睛，中含活光一缕，色如煮酒者为胜，亦有豆青色、湖水色、黑色皆次也。"〔2〕

"走水石"，从名称上看，似为汉语陶宗仪说这种宝石产自"新坑"，"似猫睛而无光"。宋诩提到一种称为"裸子"的宝石说它："有煮酒色、青黑色、绿色。中有脉，若猫睛，惟无活光焰。一种金山石，全相似走水石色，似猫睛无活光转动。"〔3〕

"甸子"〔4〕，指孔雀石、绿松石，是铜的自然氧化隐晶质块体，其色绿，故又称为"碧甸子"。又作"靛子""钿子""淀子""碇子"等。宋周密记："刘汉卿尝随官军至小回回国，去燕数万里。每雨过，山泥净尽，数百里间皆玉山相照映，碧淀子皆高数丈。岂所谓琅玕者耶？"〔5〕《居家必用事类全集》还提到记录各种甸子的价值的诗作，曰：

碧靛

碧靛马价皆相类，颜色黑绿不直钱。

青得美者可人爱，碾成事件做钱看。

翠色不夹石为最，西夏者地道，黑绿粉绿皆不直钱。〔6〕

明李时珍记曰：宝石"碧者名靛子。"〔7〕元明史料中有关甸子的记载相当多，兹不一一录写。

---

〔1〕《新增格古要论》，卷6，叶5。

〔2〕《宋氏家规部》，卷4，页42-43。

〔3〕《宋氏家规部》，卷4，页42-43。

〔4〕陈大震：《大德南海志》，卷7，元大德刊本残卷，《宋元方志丛刊》，中华书局，1990年，第8册，页8430；《元〈大德南海志〉残本，附辑佚》，广东人民出版社，1991年，页44。

〔5〕《癸辛杂识》，续集上，"西域玉山"条，吴金明点校本，中华书局，1997年，页120。见于文献记载的元代名刘汉卿者有好几位。据《元史》记载，合鲁（Qarluq/哈剌鲁）人铁迈赤（成吉思汗忽阑皇后之挏马官）虎都铁木禄（Qutluq Temür）汉名刘汉卿。周密当指此人。按此，则所谓"小回回国"当指信奉伊斯兰教的哈剌鲁人居地。

〔6〕《居家必用事类全集》，戊集，页215。

〔7〕李时珍：《本草纲目》，卷8，清光绪张氏味古斋重刻本。

"你舍卜的",诸家均以为乃نیشابوری(neišāpūrī)的音译,由نیشابور(Neišāpūr)/你沙不而加后缀ی(-ī)构成,意为"你沙不而"的[石头]。你沙不而为地名,位于今伊朗呼罗珊省(Khārašān)马什哈德(Mašhad)附近。故而陶宗仪说此"即回回甸子",其特点是"文理细"。这里是波斯著名的绿松石产区。

"乞里马泥",诸家均以为乃كرمانی(kirmānī)的音译,由كرمان(Kirmān)/起儿漫加后缀ی(-ī)构成,意为"起儿漫"的[石头]。起儿漫位于今伊朗克尔曼省(Kirmān)。陶宗仪称之为"河西甸子",其文理较粗,质量低于"你舍卜的"。

荆州石,即今湖北地区所出孔雀石。

中国人所珍视的宝石自古为玉或玛瑙,上述陶宗仪所记"回回石头",除了回回人本身之外,在元代还为什么人视为珍宝呢?波斯史家志费尼记载:一次元太宗窝阔台观看汉人的杂剧演出,有回回人叛乱受到惩罚的情节。太宗下令:

> 从库藏中取出来自呼罗珊和两伊剌克等地的各种珍宝,如珠子、红玉和绿玉等,并取出织金的料子与衣服,阿剌伯马,以及来自不花剌和帖必力思的武器;又取出从契丹运来的东西,那是质地较差的衣服,瘦小的马匹和其他契丹产品;所有这些东西他命令并排放着,以致可以看出差别有多大。[1]

阿拉伯马良蒙古马高大,波斯织金纺织品(当指纳失失)为汉地所无,这些东西受到蒙古贵州的珍视本不足怪。但值得注意的是,志费尼提到回回人的珍宝,说它们比汉地所产者好得多,可见蒙元上层贵族在价值观上,深受回回人影响。

前已提及,陶宗仪说"大德间,本土巨商中卖红剌一块于官,重一两三钱,估直中统钞一十四万锭,用嵌帽顶上。自后累朝皇帝相承宝重,

〔1〕志费尼:《世界征服者史》(Tārīkh-i Jahāgušā),何高济汉译本,上册,内蒙古人民出版社,1980年,页243。拉施都丁将志费尼的这段记载略做修改后抄录,见《史集》(Jāmi' al-Tawārīkh)德黑兰1974年波斯文刊本(جامع التواریخ, تهران, 1373/1974),余大钧、周建奇汉译本《史集》,第2卷,商务印书馆,1985年,页87;《史集》第2卷周良霄译注本《成吉思汗的继承者》,天津古籍出版社,1992年,页107。

凡正旦及天寿节大朝贺时则服用之。"[1]《元史》还说,"世祖影堂有真珠帘,又皆有珊瑚树、碧甸子山之属。"[2]

在元代,西域手工业品的消费者主要是蒙元贵族。《元史·舆服志》记载:"天子质孙,冬之服凡十有一等,服纳石失、金锦也。怯绵里,翦茸也。"[3]这里提到的纳石失,元代又写作纳失失,为波斯语ناسیج(nasīj),释为"金锦"。元代集来自撒麻耳干(Samarqand)的回回工匠于荨麻林[4],专门织造纳失失。此外还在大都设"别失八里局,秩从七品,大使一员,副使一员,掌织造御用领袖,纳失失等段。"[5]而"怯绵里,则当为波斯语کملی(kumlī),《元史》释为"翦茸",今意为粗毛织物。

《舆服志》还记载"夏之服凡十有五等,服答纳都纳石失,缀大珠于金锦。"[6]这里提到的"答纳都纳石失"或为阿拉伯语دانه الناسیج(dāna al-nasīj)。"答纳"دانه(dāna),在波斯语中意为颗粒、珠子。元代汉文史料中屡言回回人贩售大珠,当即指此。

珠宝体积小,价值高,便于携带,其贩运的成本要远小于一般贸易货品。从商品的角度讲,它是一种奢侈消费品,使用者是社会上层,贾贩容易获利。回回人利用蒙古贵族掌握大量社会财富的机会,不时将西域珠宝带至汉地,进献给元皇室,以谋取高额回报。《元史》记载至元二十九年(1292)闰六月"庚戌,回回人忽不木思售大珠,帝以无用却之。"[7]次年,二月"丁酉,回回孛可[8]马合谋沙(Mahmūd Šāh)等献大珠,邀价钞数万锭,帝曰:'珠何为!当留是钱以赒贫者。'"[9]皇庆二年(1313)二月元仁宗"谕左右曰:'回回以宝玉鬻于官。朕思此物何足为

〔1〕陶宗仪:《南村辍耕录》,卷7,中华书局点校本,1980年,页84-84。

〔2〕《元史》卷75《祭祀志》,中华书局标点本,1976年,页1875。

〔3〕《元史》卷78《舆服制》,页1938。

〔4〕今河北张家口洗马林。

〔5〕《元史》卷85《百官志》,页2149。

〔6〕《元史》卷78《舆服制》,页1938。

〔7〕《元史》卷17《世祖纪》,页364。

〔8〕屠寄认为"孛可"即后世之"伯克"——《蒙兀儿史记》,卷8下注。

〔9〕《元史》卷17《世祖纪》,页371。

宝，唯善人乃可为宝。善人用则百姓安，兹国家所宜宝也。'"〔1〕这几则例子虽然讲的是元世祖与元仁宗拒绝回回人向朝廷进献珍宝，但这正说明回回商人借献宝向蒙元宫廷获取巨额回赐的事经常发生。

《舆服志》还记载元帝的服装中有"青速夫金丝阑子，速夫，回回毛布之精者也。"〔2〕"速夫"乃阿拉伯语صوف(sūf)的音译，此言羊毛、粗毛织品。明会同馆本《回回馆杂字》"衣服门"有"梭甫，苏付"。已故日本学者本田实信指已出，应为صوف(sūf)。阿波文库本注音为"速伏"。〔3〕本田氏校正文本注音为"苏伏"。〔4〕这种毛织品陈诚和李暹在《西域番国志》中提到过，称为"锁伏"，并形容它"一如纨绮，实以羊毛"。

成吉思汗及其子孙所建立的世界帝国，使东西交通大开，不但大量回回人移居内地，且使西域的价值观逐渐传入汉地。回回人买卖珠宝，主要是从财富增殖的角度出发，与汉人、南人士人收藏古玩有所不同。收藏古玩虽然需有大量财富做后盾，但始终具有浓厚的文化气息，体现的是文化的情趣。士人观赏字画与铜、瓷器，讨论其形制款识，所获取的是精神的满足。故而在元代江南有财力收藏古玩的，多为故宋遗民及其后裔中的士大夫。

因此可以讲，元朝虽然文化是多元的，从笔者所接触的史料看，当时接受回回人财富价值观影响的，主要是以元皇室为代表的蒙古人的上层——盖因为回回人所属的色目集团高居于社会上层，与蒙古统治者关系密切，以及与海外交通关系密切的人物(如汪大渊)，而普通汉族士人所受影响甚微。以致陶宗仪写《辍耕录》时，还需要专门了解，才能记下各种"回回石头"的名称及特点。收藏回回文物的，据笔者所见，只有杨瑀提到："镔铁胡不四，世所罕有乃，回回国中上用之乐，制作轻

〔1〕《元史》卷24，中华书局点校本，页555。

〔2〕《元史》卷78《舆服制》，页1938。

〔3〕胡振华、胡军：《回回馆译语》，中央民族大学东干学研究所，内部印刷，无出版年代，页88。

〔4〕〔日〕本田实信：《回回馆译语に就いて》(《论〈回回馆译语〉》)，载于《北海道大学文学部纪要》，第11期，1963，见页173。

妙。余每询之铁工,皆不能为也。今归平江巨室曹氏。"[1]"胡不四"又作"火不思",名见《元史》,曰:

"火不思,制如琵琶,直颈,无品,有小槽,圆腹如半瓶榼,以皮为面,四弦,皮絣同一孤柱。

胡琴,制如火不思。卷颈,龙首,二弦,用弓捩之。弓之弦以马尾。"[2]。

"胡不四"或"火不思"乃突厥语qopuz的音译,是内陆亚洲的一种弹拨乐器。杨瑀的此条,是笔者仅见的元人收藏回回文物的记载。

本文的主角虽然是故宋军事将领王渊之后,但在南宋时已经基本退出高层政治生活,过着隐居的生活,甚至宋元鼎革的巨变也未使他们的生活有多少改变。他们在虽然生活在蒙元统治之下,却与统治上层没有多少联系,依旧保持着汉地社会传统的价值观与生活方式。

蒙元时代随蒙古军事力量进入汉地的回回人对财富的价值观的传播在明初得到了助力:郑和七下西洋、明廷与帖木儿帝国的往来,可视为元以后伊斯兰世界珍奇流入中国的又一次浪潮。只是在这种情况下,西域珍宝的价值才为士人所接受。宋诩提到,富家有"长物簿",即家庭资产登记簿,"凡天地间奇物,随时地所产,神秀所钟,或古有而今无,或今有而古无,不能尽知见之也。"他将这类资产分为廿一类,告诫人们在登记时,要详记"某物某年某月某日置,立价直几何,每年共较某物,用某物存。"在他的分类中,与回回宝石并列的有玉类、珠类、玛瑙类、珊瑚类、水晶类、琥珀类、玻瓈类、琉璃类,及各种窑器、图籍、书画等。[3]清初《格致镜原》亦将上述珍宝与书卷、字画、古铜器与漆器并列。[4]可见,至明代,回回人的财富价值观,开始为中国人所接受。

造成王仲德家族世代收集的古玩的散失,是由于元末的社会动乱。而既往研究在言及对元末天下大乱所造成的社会破坏时,从未将

---

〔1〕《山居新语》,卷2,余大钧点校,中华书局,与《玉堂嘉话》合刊本,2006年,页212。

〔2〕《元史》卷71《礼乐志》,中华书局点校本,页1772。

〔3〕〔明〕宋诩撰:《宋氏家规部》,卷4,页42-43,及以下。

〔4〕〔清〕陈元龙辑:《格致镜原》,卷33—41,清雍正十二年(1735)刻本,现藏北京大学图书馆。

记录民族文化发展历程的珍贵文物的毁坏计算在内。

（原刊于《元史与民族及边疆研究集刊》，第22辑，南京大学元史研究室/民族与边疆研究院中心主办，上海古籍出版社，2010年，页1–40。）

24 元代的海外贸易

24.1 对南宋海外贸易的继承

唐代中前期繁荣的陆路东西贸易，由于“安史之乱”以后唐的政治势力退出内陆亚洲，而北宋的西部疆域限于西夏，而陷于衰落。南宋建立后，国家的政治、经济重心南移，海外贸易成为南宋对外物质交往的主要途径，对海舶的抽分收入也成国家的重要收入来源。元灭宋后，元政府不但接收了南宋东南沿海的官私海上力量，也注意到南宋的海外贸易。《元典章》提到：

> 有在先亡宋时分海里的百姓每，舡只做买卖来呵，他每根底客人一般敬重看呵。咱每这田地里无用的伞、摩合罗、〔1〕磁器、家事、帘子这般，与了博换他每中用的物件来。〔2〕

《元典章》所记虽然灭宋数年以后之事，但也说明以元世祖忽必烈为首的蒙古统治者，发现了海外贸易的巨大价值。宋代海外贸易的最繁盛的地区有三，一为地处钱塘江口的浙东，二为以泉州为中心的福建

---

〔1〕北珠的最上品，又作“摩孩罗儿”。《居家必用事类全集》记：

“[北珠]圆如弹子，转身青披肩，色好甚分明，粉白油黄并骨色节，病多般不尽论。凡看北珠颜色，须是看讫，闭目再闪看，颜色一同方为验也。其珠青者，亦如暑末秋初，乍雨还晴，云绽处闪出青天带，白云中现出青天。此青系真色。第一，其青不用深青，只要白包青笼罩，乃嫩青色，其珠青只如在顶上盖者，不披青至顶下者，谓之摩孩罗儿，顶青也。其青若至腰下至窍眼，谓之转身青。为第一、腰上青者。谓之披肩青。为第二。若珠顶上只有一点青不能盖顶者，谓之鬼眼睛，不为奇也。”——戊集，明刻本，北京图书馆古籍珍本丛刊，第61册，书目文献出版社影印本，无出版时间。关于这个词，笔者拟在另一文中详论。

〔2〕《元典章》户部，卷8，典章22，陈高华、张帆、刘晓、党宝海点校：中华书局/天津古籍出版社，2011年3月，页874。

沿海，三为以广州为中心的珠江三角洲。

元军攻取临安后，认识到距此不远的浙东在控御海上交通上的重要作用，专设浙东宣慰司，元人程端学记道：

> 国朝统四海，诸道间置宣慰使以驭险要。东南雄藩，又兼都元帅以镇之。淛东辖郡惟七，东北际海，南接瓯闽。海外岛夷，舟帆来宾，抚绥得道，一方敉宁，比他道其责尤重。凡膺此任者，皆朝廷重臣，其参佐僚属，必选才望兼济之士以充之。〔1〕

至于福建，至元十五年(1278)三月，元世祖忽必烈“诏蒙古带、唆都、蒲寿庚行中书省事于福州，镇抚濒海诸郡。”〔2〕这里的蒙古带又作忙古歹，与唆都均为蒙古人。唆都后来受命远征爪哇。蒲寿庚家族属于唐宋泛海入华，定居于中国东南沿海港市的番商集团，长期从事海上贸易，宋末曾受命为沿海制置使、泉州市舶。因入华多年，其兄蒲寿宬已有较高的汉学修养，字心泉，著有《心泉学诗稿》。〔3〕宋末著名诗人刘克庄与之有交往，他曾专撰纪文《心泉》一篇，记蒲寿宬字心泉的来历，并记两人的文字交往，纪中提到，蒲寿宬“厌铜臭而慕瓢饮，舍尘居而即岩栖，以心体泉，以泉洗心于游息之间，备仁智之事”，足见其已经屏弃回回人善贾的传统，而接受了汉族士大夫的价值观。

蒲氏家族中，除蒲寿宬这样高度汉化的成员之外，也有专事贾贩的人物，如蒲氏女婿佛莲。南宋遗民周密在其书中有“佛莲家赀”一节，称：

> 泉南有巨贾南蕃回回佛莲者，蒲氏之婿也。其家富甚，凡发海舶八十艘。癸巳岁(按，至元三十年，1293)殂，女少无子，官没其家赀，见在珍珠一百三十石，他物称是。

元军南下时，蒲寿庚在泉州投降。元军将领董文炳意识到蒲寿庚在联络海外诸国事务中的重要作用，临机自行决定委以重责，事后才向

〔1〕《送帅府经历白君诗序》，《积斋集》卷3，民国四明丛书本。

〔2〕《元史》卷10《世祖纪》，标点本，页198-199。

〔3〕〔宋〕蒲寿宬撰：《心泉学诗稿》6卷，清乾隆翰林院抄本(四库底本)，〔清〕丁丙跋，现藏南京图书馆，此书已佚，由清人从《永乐大典》中辑出，编为6卷。

世祖报告道:“寿庚素主市舶,谓宜重其事权,俾为我捍海寇,诱诸蛮,臣解所佩金虎符佩寿庚矣。”[1]得此报告后,世祖忽必烈也重视蒲寿庚。《元史》记载至元十五年(1278)八月:

诏行中书省唆都、蒲寿庚等曰:“诸蕃国列居东南岛屿者,皆有慕义之心,可因蕃舶诸人宣布朕意。诚能来朝,朕将宠礼之。其往来互市,各从所欲。”[2]

虽然《元史》记载,次年五月“辛亥,蒲寿庚请下诏招海外诸蕃”,世祖“不允”。[3]但《元史》接着提到,同年六月“占城、马八儿诸国遣使以珍物及象犀各一来献。”次月“丁巳,交趾国遣使来贡驯象。”[4]

同年十二月:

庚辰安南国贡药(财)[材]。……丙申敕枢密翰林院官就中书省与唆都议招收海外诸番事。丁酉……诏谕海内海外诸番国主。……诏谕占城国主使亲自来朝。[5]唆都所遣阇婆国使臣治中赵玉还。[6]

足见灭宋后,元立即于开始与海外诸番国建立联系。

宋元时,人们相信有一种称为“圣铁”的物件,“凡人佩之,刀兵皆不能入”。[7]这种“圣铁”中国并不出产,而是得自海外。元人周达观曾至真腊,据他记其国“新主身嵌圣铁,纵使刀箭之属着体,不能为害。”[8]明人黄衷又记“辟珠,大者如指顶,次如善提子,次如黍粟,质理坚重如贝,辟铜铁者铜铁不能损,辟竹木者竹木不能损,犯似他物即毁矣。常附胎

[1]元明善:《稿城董氏家传》卷70,《元文类》,上海涵芬楼影印元至正杭州西湖书院刊本,四部丛刊初编集部。

[2]《元史》卷10《世祖纪》,标点本,页204。

[3]《元史》卷10《世祖纪》,标点本,页211。

[4]《元史》卷10《世祖纪》,标点本,页214。

[5]元《经世大典》记载:“至元十五年,左丞唆都以宋平,因遣人至占城。还言:其王失里咱牙信合八剌麻哈迭瓦,有内附意,奏之。诏:降虎符,授荣禄大夫,封占城郡王。”——见《元文类》卷41“征伐·占城”条,上海涵芬楼影印元至正杭州西湖书院刊本,四部丛刊初编集部。

[6]《元史》卷10《世祖纪》,标点本,页217-218。

[7]周密:《癸辛杂识·续集下》“圣铁”条,吴金明点校本,中华书局,1997年。

[8]周达观:《〈真腊风土记〉校注》,夏鼐校注,中华书局,1981年,“国主出入”条。(以下简称《真腊风土记》。)

于椰子、槟榔果壳之实之内，通谓之圣铁，岛夷能辨之，故以为奇宝也。”[1]

在宋元鼎革的社会动荡中，南方商人们并未停止下番贸易活动。据元末人陶宗仪记载，杭人张存“至元丙子(1276，即至元十三年)后流寓泉州，起家贩舶。越六年壬午(1282，即至元十九年)回杭。自言于蕃中获圣铁一块，厚阔仅及二寸，作法撒沙布地，噙铁于口，刀刃不能伤其身。后传闻既广，有乌马儿奉使来取，试以铁，纳于羊口，笼其首，作法撒沙验之，剑果无所伤，去铁复挥，应手首落，遂就进呈。”[2]可见他的确在宋亡后曾赴海外经商。

元代海外贸易可分为官、私两类。官方贸易由官府直接经营，朝贡贸易其中为重要形式。《元史》记载，至元二十三年(1286)九月，“马八儿、[3]须门那、僧急里、[4]南无力、[5]马兰丹、那旺、丁呵儿、来来、急阑亦带、[6]苏木都剌[7]十国，各遣子弟上表来觐，仍贡方物。”[8]一如历朝历代中原君主对等周边诸蕃国，元对进贡国均给以回赐，因此朝贡贸易实质是官方奢侈品贸易。朝贡使臣入元境后，通过驿路前往大都，因为接待输送贡使及其货物，对站户来说，是极为沉重的负担。至元二十六年(1289)二月，尚书省奏：“泉州至杭州，陆路远窎，外国使客进献奇异物货，劳民负荷，铺马多死。”为解决此问题，元政府另辟水站从海道转运。[9]海外蕃商向元进献宝物，政府也同样给以回赐。至顺二年

[1]《海语》卷下，“辟珠”条，明刻宝颜堂汇秘籍四十二种本，现藏北京图书馆。

[2]陶宗仪《南村辍耕录》卷23，中华书局点校本，1980年。

[3]阿拉伯语Ma‘abar“港口”(复数)的音译，位于今印度次大陆东南沿海，又称“西洋”。至元十六年(1279)，元廷曾派“万户何子志、千户皇甫杰使暹国；宣慰使尤永贤、亚阑□使马八儿国。舟经占城海道，皆被执。”——见《元文类》卷41“征伐·占城”条。

[4]应为Sihala“僧伽罗”的元代音译，指今斯里兰卡。

[5]明代称南巫里，今印度尼西亚第一大岛苏门答腊西部。

[6]今马来西亚之吉兰丹。

[7]今印度尼西亚之苏门答腊。

[8]《元史》卷14《世祖纪》，页292。

[9]《经世大典·站赤三》，见[明]解缙等纂《永乐大典》残卷，卷19418，中华书局影印，1986年(以下简称《永乐大典》)。

(1331)"甲寅,燕铁木儿言:赛因怯列木丁,[1]尝献宝货于昭献元圣太后,[2]议给钞十二万锭,故相拜住奏酬七万锭,未给,泰定间以盐引万六百六十道折钞给之。今有司以诏书夺之还官。臣等议,以为宝货太后既已用之以盐引还之为宜,从之。"[3]

元代官方贸易另一种重要形式是政府派员赴海外搜求异物,这种活动灭宋之前即已开始。至元十年(1273)正月,世祖"诏遣扎术呵押失寒、崔杓持金十万两,命诸王阿不合[4]市药狮子国。"[5]此时从华南前往海外的航道为南宋所控制,故而元与狮子国(今斯里兰卡)的贸易须通过立国于波斯的伊利汗国进行。灭宋后,元开始直接派员赴海外求异物。至元二十二年(1285)六月,"遣马速忽、阿里[6]赍钞千锭往马八图[7]求奇宝。"[8]

另一种官方贸易的形式是所谓"官本船"下番。"官本船"的称谓见于元人黄溍所撰之《海运千户杨君墓志铭》。据此文献记载,大德五年(1301),澉浦人(今浙江海盐)杨枢,

> 年甫十九,致用院俾以官司本船浮海。至西洋,遇亲王合赞所遣使臣那怀等如京师,遂载之来。那怀等朝贡事还,请乃以君护送西还,丞相哈剌哈孙答剌罕如其请,奏授君忠显校尉、海运副千户,与俱行。以八年(1304)发京师,十一年(1307)乃至其登陆处曰忽鲁模思。

他在那里采购到当地土产,如"白马、黑犬、琥珀、蒲萄酒、蕃盐之

---

[1]此名当为阿里伯语Kamālal-Dīn"宗教之全部"的音译。

[2]即答己,武宗与仁宗之母。

[3]《元史》卷35《文宗纪》,标点本,页777。

[4]又译作阿八哈,伊利汗旭烈兀子及继位人。

[5]《元史》卷8《世祖纪》,标点本,页148。狮子国即今斯里兰卡。狮子国是唐宋旧称,元代通称细兰。由此可推知,世祖忽必烈知狮子国有异药的信息得之于汉人。

[6]马速忽(Mas'ūd)、阿里('Alī)均为回回人常用的名字。

[7]"图"字当为"国"之讹。"马八国"即前述之"马八儿"。

[8]《元史》卷13《世祖纪》,标点本,页277。此部分参见陈高华、史卫民:《中国经济通史——元代经济卷》,经济日报出版社,2000年,页477-478。

属。"到至大二年(1308)方才归来。[1]杨枢的祖先宋代从福建迁居澉浦,祖父杨发为南宋将领,[2]降元后任福建安抚使,监督庆元、上海、澉浦三市舶司。其父杨梓官至浙东道宣慰司副使、海道万户,曾参与远征爪哇之役。[3]明人丰坊所撰写之《神钟记》提到"海盐禅悦寺神钟,胜国时宣慰杨梓以海外铜铸,建六丈楼悬之,声闻数十里。国朝天顺中忽无声,渡海者睹其影波间。浮屠用法摄之,乃复声。"[4]

顺帝元统二年(1334)"十一月戊己,中书省臣请发两(舟宗)船下番,为皇后营利。"[5]这也是从事官本船贸易。"官"指元政府,"本",即"本钱""原始资本"。世祖朝中后期主政的卢世荣曾于至元二十二年(1282)正月建议:"于泉、杭二州立市舶都转运司,造船给本,令人商贩,官司有其利七,商人其三。禁私泛海者,拘其先所蓄宝货,官司买之。匿者许告,没其财,半给告者。"[6]为了保证"官本船"的垄断地位,元政府在某些时候甚至不许私商下番,所谓"别个民户做买卖的每,休交

---

〔1〕《黄金华先生集》,卷35,四部丛刊本。

〔2〕"发先世居浦城,以军功土著澉浦。父春,宋武经大夫。发初仕宋,官右武大夫、利州刺史,殿前司选钵军统制官,枢密院副都统。元初内附,改授明威将军、福建安抚使,领浙东西市舶总司事。卒,赠怀远大将军、池州路总管、轻车都尉,追封宏农郡侯。"——方溶修纂:《澉水新志》卷2,民国铅印本。

〔3〕《国朝文类》卷41《征伐·爪哇》;并见《元史》卷210《爪哇传》。

〔4〕〔明〕贺复征编:《文章辨体汇选》卷588,四库本。清光绪《嘉兴府志》卷15记:

"宣慰使杨梓宅。澉浦城西门内大街南,元宣慰使杨梓居之,建楼十楹,以贮姬侍,谓之梳妆楼。明废为延真观。"

同书卷3又记:"杨宣慰妆楼,在澉浦城西(《澉水志》)。西门内大街南有真武庙,元宣慰使杨梓居之,建楼十楹以贮姬妾,谓之梳妆楼。国初杨氏远徙,故居废为延真观,楼尚有存,今毁。《乐郊私语》曰:'州少年多善歌乐府,其传皆出于澉川杨氏。当康惠公梓存时节,侠风流,善音律,与武林阿里海涯之子云石交善。云石翩翩公子,无论所制乐府、散套,骏逸,为当行之冠,即歌声高引,可彻云汉,而康惠独得其传。'今杂剧中有《豫让吞炭》《霍光鬼谏》《敬德不伏老》,皆康惠自制,以寓祖父之意,第去其著作姓名耳。其后长公国材,次公少中,复与鲜于去矜交好。去矜亦乐府擅场,以故杨氏家僮千指,无有不善南北歌调者,由是州人往往得其家法,以能歌名于浙右云。张可久《别澉川杨安抚越调小桃红》词:晚风吹上海云腥,山色秋偏净,了得相思去年病,不堪听尊前,一曲阳关令。斜阳恁明,寒波如镜,分照别离情。陈金妆楼诗,彩鸳飞去曲池荒,朱箔依然绕绿杨。春色不知歌舞尽,野花犹学美人妆。"

〔5〕《元史》卷38《顺帝纪》,标点本,页824。

〔6〕《元史》卷205《卢世荣传》,标点本,页4566。

行”[1]就是指这种情况，但均为时短暂，加起来不过十年时间。

与官方贸易相对的是民间私商的海外贸易，这是元代海外贸易的主要渠道。元代多将从事海外贸易的商人称为“舶商”或“海商”，境外的海商多称为“蕃商”。他们多具有雄厚的经济实力。此外还有一些合伙经营者，如泉州人孙天富、陈宝生“共出货泉，谋为贾海外，……乃更相去留，或稍相辅以往。至十年，百货既集，不稽其子本，两人亦彼此不私一钱。其所涉异国，自高句骊外，若阇婆、罗斛，与凡东西诸夷去中国亡虑数十万里。其人父子、君臣、男女、衣裳、饮食、居止、嗜好之物，各有其俗，与中国殊。”[2]还有一些官员、使臣利用受命赴海外的机会，顺便采购番货，中饱私囊，这种情况实际上也属私商。[3]

24.2 元对海外贸易的管理

宋元时代，政府对海舶下番所携回的货物实行抽分，抽分就是政府的海关收入。元灭宋后，不但秉承了南宋时代的海外贸易网络，也采纳了南宋对海外贸易的管理制度，设立了市舶司。元人程端礼写道“国朝因唐宋于庆元、泉、广建市舶司设提举官。”[4]此事背景应即《元典章》所记：

> “市舶司的勾当，哏是国家大得济的勾当。……如今亡宋时分理会的市舶司勾当的人每有也，委付着那的每，市舶司勾当教整治呵，得济有。留状元[5]也说来，市舶司的勾当亡宋时分限大得济来。”[6]

[1]《元典章》卷22《户部八·市舶》“合并市舶转运司”条。

[2]〔明〕王彝：《泉州两义士传》，《王常宗集》续补遗，四库本。

[3]《元典章》卷22《户部八·市舶》“市舶法二十三”条中记：“议得：使臣并大小官吏军民人等，因公往海外诸番勾当，皆是官司措办气力舡只前去，却有因而做买卖之人”。（陈高华等标点本，页877）可见这种现象十分普遍。

[4]《监抽庆元市舶右丞资德约苏穆尔公去思碑》，《畏斋集》卷5，民国四明丛书本。

[5]即留梦炎。

[6]《元典章》户部，卷8，典章22，陈高华、张帆、刘晓、党宝海校注点校，中华书局/天津古籍出版社，2011年3月，页874。

《元史》中记载的至元十四年(1277)元军攻占江南后,“立市舶司一于泉州,令忙古歹领之。立市舶司三于庆元、上海、澉浦,令福建安抚使杨发督之。每岁招集舶商,于蕃邦博易珠翠香货等物。及次年回帆,依例抽解,然后听其货卖。”〔1〕杨发为宋降将,就是“亡宋时分理会的市舶司勾当的人每”中之一员,也即我们前面讨论过的杨枢之祖父。除上述四所市舶司之外,元代还在温州、广州、杭州设立过市舶司,故而最多时,元曾在七个港口设置过这类机构。市舶司的全名是市舶提举司,秩从五品,设有提举(从五品)、同提举(从六品)、副提举(从七品)等官职,管理市舶事宜。

而元政府对海船采取“依例抽解,然后听其货卖”〔2〕的管理办法,其所依之“例”,应指是南宋时的规则。南宋初对番货的抽分是细货十抽一,粗货十五抽一。南宋后期,或许是因为疆土日蹙,岁入不足,抽分比例提高一倍。但不久又加放宽。〔3〕《元史·食货志》提到,至元二十年(1283)“遂定抽分之法”。〔4〕此事在《世祖纪》中有更明确的记载:至元二十年六月“庚寅,定市舶抽分例,舶货精者取十之一,粗者十(之)五[之一]。”〔5〕可见仍然是依照南宋初的办法。对于已纳关税后,舶商将番货运往他处贩卖者,按至元二十九年(1292)的规定,出售地的市舶司还要征税,其税率是细物二十五抽一,粗物三十抽一。〔6〕此后元政府又规定,各处市舶司在番货入关抽分后,要先就地缴纳1/30的“舶税钱”,而在贩至他处之后,再按细抽1/25,粗抽1/30的比例纳税。〔7〕即进口的番货要经过三次抽税才许在全国各地出售。仁宗即位后,抽分比例又

〔1〕《元史》卷94《食货志·市舶》,标点本,页2401。

〔2〕《元史》卷94《食货志·市舶》。

〔3〕参见陈高华、吴泰:《宋元时期的海外贸易》,天津人民出版社,页80-81。

〔4〕《元史》卷94《食货志·市舶》,标点本,页2401。

〔5〕《元史》卷12《世祖纪》。点校本校勘记(22):“据本书卷94《食货志》及《元典章》卷22《市舶”改。

〔6〕《元史》卷94《食货志·市舶》,标点本,页2402。

〔7〕《元典章》卷22《户部八·市舶》“市舶则法二十三”条,陈高华等校注标点本,页875-876。

有所加大,[1]并维持至元末。[2]

世祖朝末期,元政府颁布了有关市舶制度的23条规定,[3]仁宗即位后,又加修订,形成海外贸易法规22条。[4]元代对下番的商人基本按这两个法规管理。

船舶出海之前,要向所在地的市舶司报告,领取并填写公验与公凭。公验登记大船,载明船主、操船与随船人、载货量、船只的长宽高等数值,前往贸易的国内,还要写明担保人。持有公验的大船可合法往来于元与海外诸番之间。公凭登记小船。可能是因为大船吃水较深,无法直接停靠某些水浅的港口码头,须锚泊于水深入,依靠小船与陆岸之间摆渡,以补充生活用品及登岸交易,故而每艘大船许带小船一只,称为"柴水船"。公凭的作用通过管理小船而控制海船的归航后的交易。海商如果只持有大船的公验,而与之接触的小船无公凭,则视为私下交易,官府可加治罪。海船如未经申请公验、公凭直接下番,被发现后,从船主到火长的所有相关人员都将受到107下的杖刑,而所载舶货则被断没。

海船归回后,只能在原先申办公验与公凭的市舶司请验,不能前往其他市舶司;而市舶机关也不许接验他处发凭的归帆海船,以杜绝流弊。海船出海后,如果未前往公验中所申请的国家,而改变航向驶往他处贸易,回帆后要如实向市舶司如实报告,说明原因,然后才能完纳关税。海舶到港后,市舶官员登船封验货物,指令驶往规定的市舶司,监视卸清船货。如果在抽分之前发现舶商"漏舶",即走私番货,即行治罪。[5]

---

〔1〕《通制条格》卷18《关市》"市舶"条,方龄贵校注本,中华书局,2001年,页533-547。

〔2〕王元恭、王厚孙、徐亮:至正《四明续志》卷6,《赋役》"市舶"条,咸丰刊本,收于《宋元方志丛刊》,中华书局,1990年,第7册。

〔3〕《元典章》卷22《户部八·市舶》"市舶则法二十三"条,陈高华等校注标点本,页874-883。

〔4〕《通制条格》卷18《关市》"市舶"条,方龄贵校注本,页533-547。

〔5〕此部分参见陈高华、史卫民:《中国经济通史——元代经济卷》,经济日报出版社,2000年,页477-478。

24.3 贸易对象地区与航海路线

24.3.1 避开南海岛礁——东洋与西洋的航线起源

海商出洋贸易所面临的首要问题是航海。从地理上看,东亚大陆与勘察加半岛、千岛群岛、日本列岛、琉球群岛、台湾岛及其附属岛屿、吕宋列岛呈大致南北向平行排列,这些岛屿被称为西太平洋岛弧。在东亚大陆的东海岸与上述西太平洋岛弧之间,自北向南分布着西太平洋的几个边缘海,即:鄂霍茨克海、日本海、黄海、东海和南海。这个大致南北向的狭窄海区使中国海舶的出洋航行相对较为容易:从华东沿海启程,或向东横穿西太平洋边缘海,至日本、琉球,或抵台湾、吕宋;或北上、南下。

南海是中国海舶航向东南亚、南亚次大陆、西亚与东非的必经要道。南海虽然宽阔,但并非随处可行。在长期的航海实践中,中国人很早就认识了南海诸岛,这些岛礁或露出水面,或暗藏水下,是往来航船的天然障碍,我国历史文献中常称为“石塘”或“石栏”等。

有关“石塘”的记载很早便在我国文献中出现。北宋天禧二年(1018),占城国王遣使入贡时称:“国人诣广州,或风漂船至石塘,即累岁不达矣。石塘在崖州海面七百里外,下陷八、九尺者也。”〔1〕“元符元年(1098)。连州连山商人罗远到南海,地名千里石塘、万里长沙,遭风打破秀船。”〔2〕《宋会要》中亦保存有南宋嘉定九年(1216)真里富(今泰国的尖竹汶)入宋航路的记载曰:“欲至中国者,自其国放洋”后,“至占城界。十日过洋,傍东南有石塘,名曰万里。其洋或深或浅,水急礁多,舟覆溺者十七八,绝无山岸,方抵交州界。”〔3〕元时两赴海外的汪大渊在其著作中提到:

石塘之骨,由潮州而生。迤逦如长蛇,横亘海中,越海诸国。

〔1〕盛庆绂:《越南地舆图说》,刊于《小方壶斋舆地丛钞》,第10帙。

〔2〕见《永乐大典》残卷5770中保留的《长沙府志》19。

〔3〕徐松:《宋会要辑稿》,第197册,番夷四,“真里富国”条。

俗云万里石塘。以余推之,岂止万里而已哉!舶由岱屿门挂四帆,乘风破浪,海上若飞,至西洋或百日之外。以一日一夜行百里计之,万里曾不足,故源其地脉历历可考。

汪大渊还说:

观夫海洋泛无涯涘,中匿石塘,孰得而明之?避之则吉,遇之则凶,故子午针人之命脉所系。苟非舟子之精明,能不覆且溺乎!吁!得意之地勿再往,岂可以风涛为径路也哉!〔1〕

《顺风相送》提到,从外罗山"往回可近西,东恐犯石栏"。〔2〕《指南正法》在叙述外罗山时,也提到"贪东恐见万里石塘"。〔3〕

今海南岛东南周围海域在自古称为"七洲洋",因其地近南海诸岛,被视为航海的险境。吴自牧《梦粱录》就曾提到"去怕七洲,回怕昆仑"。随郑和远航的费信在其《星槎胜览》中亦提到"俗云:上怕七洲,下怕昆仑,针舵迷失,人船莫存。"清陈伦炯说七洲洋"偏东则犯万里长沙,千里石塘"。〔4〕足见古时东亚航海家,无论中国舟子,还是东南亚占城、真里富的水手,皆了解南海有隐藏于海面之下的礁石对海船安全的巨大威胁。

如果查一下穆斯林航海图籍,会发现了解南海诸岛礁的,除了东亚水手和下番的商贾之外,也包括西亚穆斯林诸国泛海入华的商使。南海在古时又称为涨海。据《隋书·经籍志》记载,吴武陵太守谢承撰有《后汉书》130卷,无帝纪,此书今佚。但其中的"交趾七郡贡献,皆从涨海出入"一句,却广为史家引述。〔5〕晋人郭璞注《尔雅》曰:"螺大者如斗,出日南涨海中,可以为酒杯"。〔6〕涨海之名在境外也广为流布,大食

---

〔1〕〔元〕汪大渊著,苏继庼校注:《岛夷志略校释》,中华书局,1981年,页318。

〔2〕《顺风相送》,向达校注本,页33。

〔3〕《指南正法》,向达校注本,页117。

〔4〕〔清〕陈伦炯著,李长傅校注,陈代光整理:《海国闻见录》校注,中州古籍出版社,郑州,1984年,页49-50。

〔5〕如〔唐〕李商隐撰,〔清〕冯浩笺注:《樊南文集笺注》卷2,清乾隆德聚堂刻本,现藏南京图书馆。

〔6〕四部丛刊景宋本,卷下。

与其他西亚穆斯林航海家与旅行家皆知之。

9世纪阿拉伯旅行家苏莱曼(Sulayman)提到,"从昆伦岛出发,航队进入涨海(Čangkhay)水面,随后便进入中国门。中国门由海水浸没的暗礁形成,船只从这些暗礁之间的隘道通过。"〔1〕10世纪初,阿拉伯航海家伊本. 法基赫(Ibn al-Fakih)记载,从昆仑岛出发,"到达一地,名涨(Čang)。这里靠近中国门","在邻近中国之处,有一地叫涨海(又为一海名)。"他还说:"去中国的第一海是涨海(Čangkhay),第一座山是昆仑山","尽管(涨海)不大,然而去是最难以穿越的"。"当前往中国的海员们询问当地风力时,渔夫们便告诉他们有风或无风的可能性。因为,在该海中,一旦强风刮起,很少有人可以逃脱。"〔2〕10世纪中叶阿拉伯地理学家马素迪(Abū al-Hasan ‘Alī al-Husayn ‘Alī al-Mas‘ūdi)在提到涨海时说那里海浪极大,汹涌澎湃,"有很多海礁,商船必须从中穿过"。〔3〕

故自古往来于东亚海域的中外海舶皆避免在南海中间航行,而取道南海东西两侧,以避不测。《东西洋考》"文莱"条中提到,文莱为"东洋尽处,西洋所自起也"。许多学者据此研究"东洋"与"西洋"的地理划分。似乎文莱是东洋与西洋的分界。其出发点是把东洋与西洋均作为地理范围的名词。明人张燮在《舟师考》中所叙述的"西洋针路"和"东洋针路"给我们以重要启示。据此我们可以推断,"东洋"与"西洋"的区分的基本依据在于航线的根本不同。

唐、五代时海船出洋前往今东南亚地区通常取两条航线:一是从福建、广东大体沿东亚大陆海岸线南下,以大陆沿海的地形为标志物导航,所经海外诸地皆称为"西洋"。而元代海贸易的对象国一个与航线密切相关的问题。

---

〔1〕见〔法〕费琅编,耿昇、穆根来译《阿拉伯波斯突厥人东方文献辑注》(*Relation de Voyages et Textes Geographiques Arabes*, Persans et Turcs Relatifs a L' Extreme-Orient Du VIIIe au XVIII e Siecles, Traduit, Revus et Annotes par Gabiel Ferrand Tome Premier, Paris, Ernest Leroux, 1914.),中华书局,1989年,页57。

〔2〕见〔法〕费琅编,耿升、穆根来译《阿拉伯波斯突厥人东方文献辑注》,中华书局,1989年,页57,页81。

〔3〕〔法〕费琅编,耿升、穆根来译《阿拉伯波斯突厥人东方文献辑注》,页118。

24.3.2 元海商贸易地区

元代下番的海商集中于东南,特别是江浙行省的浙东地区、福建行省的泉州地区及江西行省的广州地区。〔1〕现存大致反映广州地区海商海外贸易对象的主要资料是元人陈大震所著大德《南海志》。该书残卷第7卷有"诸番国"条,记有关贸易地区,〔2〕按地区划分计有:

(1)西洋航线所经诸地:

地处今越南北方交趾国、今越南南方的占城国。

位于今中南半岛的真腊国(今柬埔寨)等。

地处今缅甸的蒲甘;位于今泰国的罗斛国(又称速孤底,即素可泰王朝);地处今马来西亚马来亚半岛的凌牙苏家、吉兰丹、丁伽芦等。此外,以今印度尼西亚第一大岛苏门答腊为中心的三佛齐(在宋代称室利佛逝,即Šri Vijaya)为海运中心的诸地,如位于今新加坡的龙牙山、龙牙门等;南无里、细兰(今斯里兰卡)等地。这些地区在元代被称为"小西洋"。

(2)东洋航线所经诸地:

宋元时代中国东南地区的海船从大陆港口开洋,如先渡台湾海峡。抵台湾后沿台湾西海岸南下,经今菲律宾,抵佛坭(今文莱(Brunei)及北加里曼丹岛东马来西亚所属沙巴、沙劳越诸地),即所谓婆罗洲。佛坭国是东洋最重要的航路集散中心,以此航路网络中心的小东洋线航线所经诸地包括:麻里芦(菲律宾马尼拉〔Manila〕)、麻叶(今菲律宾民都洛岛〔Mindoro〕的古称Mait的元代音译)、浦端(当即今菲律宾棉兰老岛〔Mindanao〕北部之武端〔Butuan〕)、苏录(今菲律宾南部苏禄〔Sulu〕群岛)、麻拿罗奴(当位于今马来西亚沙劳越境内)、文杜陵(当

〔1〕〔元〕刘仁本《送吴仲明赴广东帅阃经历序》提到:"广海在南服万里,为天子外府,联属岛夷,聚落作大藩镇,贾舶所辏,象犀、珍珠、翡翠、玳瑁委积如山,人罔市利,则商民杂处。"——《羽庭集》卷5,四库本。

〔2〕陈大震:《大德南海志》残卷,北京图书馆藏本,影印于《宋元方志丛刊》,中华书局,1990年,第8册,页8431-8432;并见《元〈大德南海志〉残本》,载于广州史志丛刊,广州市地方志编纂委员会办公室编,1991年,页47。

指今印度尼西亚爪哇岛以东之马都拉岛〔Madoera〕)等,由此可见,所谓“小东洋”乃指吕宋群岛、加里曼丹岛及其南的马都拉岛附近海域。

以单重布啰国为航路中心的一条“大东洋”航线所经诸地,即《诸蕃志》中的丹重布罗,陈连庆认为〔1〕此乃爪哇人对加里曼丹的称呼Tanjongpura的元代音译。查马来语tanjung意为岬、角;pura指巴利教寺院〔2〕。今加里曼丹岛东部仍有不少地名由tanjung构成,如Tanjunhulu,Tanjung Buaya,Tanjungredeb,Tanjungbatu等。大东洋包括:罗帏(当系单重布罗西侧之港口)、呼芦漫头(即《诸蕃志》中之呼卢曼头,今加里曼丹西南近海中卡里马塔群岛之古译)、故提(即今加里曼丹东南部拉乌特岛〔Laut〕北部哥打巴鲁〔Kotabaru〕一带)、孟嘉失(即今印度尼西亚苏拉威西岛南端之望加锡之古译)、苏华公(即《诸蕃志》中之沙华公,今加里曼丹岛东南之塞布库岛〔Sebuku〕之古译)、文鲁古(即《诸蕃志》之勿努孤,今印度尼西亚之马鲁古〔Maluku〕群岛之古译)、盘檀(即今印度尼西亚马鲁古群岛以南之班达〔Banda〕群岛之元代音译)中等地,可见这里的“大东洋”乃指今加里曼丹岛南部、苏拉威西海以南至班达海之间海域。以海路观之,这些番国多从今苏拉威西岛两侧的望加锡海峡、马鲁古海峡北上,进入苏拉威西海,再越苏禄海和巴拉望海峡,进入南海西侧,由此北上,经吕宋列岛抵台湾,再东行越台湾海峡入元。总之,“大东洋”的这一部分的居民系经加里曼丹岛东部海路与元交往。

以阇婆国为交通中心的另一条“大东洋”航线所经诸地,包括:孙条(《诸蕃志》作孙他或新拖,爪哇岛西部,今译作巽他)、熙宁(今译作谏义里〔Kediri〕,位于今印度尼西亚东爪哇省苏腊巴亚〔Surabaya,泗水〕西南)、重伽芦(《诸蕃志》《元史》中之戎牙路,位于今印度尼西亚东爪哇省苏腊巴亚〔Surabaya〕,即泗水)、不直干(即《元史》中之八节涧,当为泗水之南之Bekechak河口)、不者啰干(即今北爪哇之北加浪岸〔Pekalongan〕)、琶离(即今爪哇以东之巴利岛〔Bali〕)、地漫(《诸蕃志》译作

〔1〕陈连庆:《〈大德南海志〉所见西域南海诸国考实》,载于《文史》第27辑,1986年。

〔2〕《印度尼西亚语-英语辞典》,雅加达,1990年(Kamus Indonesia-Inggris, Jakarta,1990),页441、552。

底门,今帝汶)。由上观之,第二条"大东洋"航线乃以爪哇岛为中心,向东延伸至帝汶。从航线的观点看,这一带诸番国应从爪哇岛北岸、经巽他海峡北上,沿加里曼丹北岸东行,经巴拉望群岛、吕宋诸岛、台湾抵元境。总之,大东洋这一部分地区的居民系经加里曼丹岛西部、北部、沿南海西侧北上与元。

故而大德《南海志》所反映提到的元代的"东洋"的概念,指从台湾南下航行所经诸地:菲律宾诸岛、加里曼丹岛,加里曼丹岛以南、爪哇岛以东之西太平洋海域。其中之"小东洋"主要指今菲律宾诸岛和加里曼丹岛,佛坭国(即孛泥,今文莱)为集散地。而"大东洋"主要指加里曼丹岛以南直至今澳洲之海域。"大东洋"又分为东西两部分,东部包括今印度尼西亚马鲁古群岛、班达群岛以东诸地,西部主要是今印度尼西亚爪哇、巴利诸岛。

总而言之,元海舶前往"东洋"的航线是:先横渡今台湾海峡至琉球(今台湾),以西太平洋岛弧的南部诸岛为导航的标志物,所以可形象地称此航线为"岛屿航线"。此航线先入"小东洋":南下经吕宋诸岛、巴拉望群岛抵加里曼丹岛。此岛以南为"大东洋"。从"小东洋"进入"大东洋"有两条航线,一是从加里曼丹岛西部沿海进入"大东洋"的西南部,指今爪哇海和巴利海。二是从加里曼丹岛与今菲律宾的巴拉望群岛之间的海峡穿过,进入苏禄海,再沿加里曼丹岛东部沿海南下,此即"大东洋"的东北部,即今之苏拉威西海、马鲁古海、班达海和佛罗勒斯海诸地。

南亚次大陆与元贸易的有:南毗马八儿国(今印度泰米尔那度邦以南地区)、细蓝(今斯里兰卡)、伽一(今印度最南端与斯里兰卡相对处)、大故蓝国(即《元史》中之俱蓝,印度西南海岸,与马八儿为邻)、胡茶辣国(今印度古吉拉特邦)等。

位于今波斯湾沿岸的有:忽鲁木石(今伊朗忽鲁木兹岛)、加赖都(今阿曼Qalqat古城故址)、记施(今伊朗波斯湾口Kiš岛)、白达(今伊拉克巴格达)。

位于今北印度洋与阿拉伯海周边地区的有:层拔(今桑结巴尔)、弼琶啰(柏柏尔)、勿拔(今阿曼佐法尔省阿拉伯海沿岸Mirbat遗址)、瓮蛮

(今阿曼)、默茄(今沙特阿拉伯的麦加)等地。

而有关泉州的海外贸易对象地区资料,主要反映在汪大渊的《岛夷志略》中。《岛夷志略》描述了99个国家和地区。上述地名可以依照与《大德南海志》"东洋"和"西洋"各处地名的比定,分别划入"东洋"和"西洋"两大组。如我们试将《岛夷志略》中的99个地名顺序编号,并将其中属于"东洋"的地名按先后顺序排列,可得下列结果:

(1)澎湖——元代至元二十八年(1291)年曾派水军六千征服其地。[1](2)琉球——今台湾岛。(3)三屿——位于今吕宋岛(Luzon)。至元二十八年元军出征琉球(今台湾岛)时,军中有三屿人陈辉,[2]可见宋元时吕宋已有汉人。(4)麻逸——《南海志》作麻叶,今菲律宾民都洛岛(Mindoro)。(14)麻里鲁——今菲律宾马尼拉(Manila)。(27)尖山——今巴拉望群岛(Palawan)。(28)八节那间——即《大德南海志》中之不者罗干,今北爪哇之北加浪岸(Pekalongan)。(31)渤泥——今文莱(Brunei)及沙捞越(Serawak)、沙巴(Sabah)。(34)爪哇。(35)重伽罗——今地在东爪哇Jangala,即今东爪哇首府苏腊巴亚(Surabaya,当地华人称泗水)。(37)文诞——《南海志》作盘檀,今班达(Banda)群岛,位于今东经130度,南纬五度左右。(38)苏禄——今菲律宾苏禄(Sulu)群岛。(40)苏门旁——今印度尼西亚马都拉(Madura)岛南部港市三邦(Sampang)。(43)毗舍耶——诸家皆认为为吕宋群岛中的美沙鄢(Visayan)人的音译。苏继庼置之于今班乃群岛东南岸之哑陈(Otan)。(45)蒲奔——今加里曼丹岛南部。(46)假里马达——即《大德南海志》中之呼芦漫头,《诸蕃志》中之呼卢曼头,今加里曼丹岛西南近海中之卡里马塔(Karimata)群岛。(47)文老古——即《大德南海志》中之文鲁古,今印度尼西亚马鲁古(Maluku)群岛。(48)古里地闷——即《南海志》之地漫,《诸蕃志》译作底门,今帝汶岛(Timor)。汪大渊说,过去泉州之吴宅曾发舶梢众百有余人,到那里贸易。在彼处因染病死亡达十之八九。至元二十八年元军兴师出征琉球(台湾岛)时,曾有"书生吴志斗上言",自称"生

[1]《元史》卷210,瑠球传记载。

[2]《元史》卷210,瑠球传。

长福建,熟知海道利病”。〔1〕这位熟知航海的吴志斗可能与上述吴氏家族有关。汪大渊称此岛有12个码头,可见他曾乘舟绕行帝汶岛。帝汶南距澳洲大陆不远,故汪大渊可能听说过澳洲的情况。(58)勾栏山——此名亦见于《元史·史弼传》,《元史·爪哇传》作拘栏山,今加里曼丹岛西南之格兰岛(Gelam),位于今卡里马塔群岛东南。(88)万年港——即明代所称之毛文蜡、毛花腊,今文莱港。

我们可将上述《岛夷志略》中的东洋地名分为3组:

第一组。《岛夷志略》中最先提到的4个地名均属“东洋”:(1)澎湖、(2)琉球、(3)三屿和(4)麻逸。其排列顺序透露出汪大渊此次系从福建沿海(例如泉州)启程,其至“东洋”的基本航线为:横渡台湾海峡经澎湖至台湾岛,再向南航,经吕宋至民都洛。

第二组。在(4)麻逸以后,汪大渊在其书中从(14)麻里鲁到(38)苏禄,先后提到了8个属于东洋的地方,其排列先后顺序大致勾勒出汪大渊从吕宋继续赴“东洋”其他地方并返回中国的大致航路:(14)麻里鲁、(27)尖山、(28)八节那间、(31)渤泥、(34)爪哇、(35)重伽罗、(37)文诞和(38)苏禄。即从马尼拉湾向南航行,沿巴拉望群岛而下,沿加里曼岛北岸的沙巴、文莱和沙劳越向西南航,越爪哇海至爪哇,再东行经巴利海和班达海,至班达群岛(文诞),由此北航经苏禄归回。上述8个地名中,只有“八节那间”与“渤泥”的排列顺序与航向颠倒。此航线吕宋以南部分大致与《南海志》爪哇国所管大东洋相同。而其后一部分大致同于《南海志》中单重布罗国所管大东洋。

在《东西洋考》的《舟师考》一节中有东洋针路,《顺风相送》中的“福建往琉球”“泉州往勃泥即文莱”“吕宋往文莱”及“文莱回吕宋”等的针路。《指南正法》中亦有“福州往琉球针”“琉球回福州针”等,这些针路均为舟师世代航海的经验积累。汪大渊前往东洋时,应当即循类似针路而行。

第三组。(40)苏门旁之后至书末,汪大渊又叙述了8个东洋地名,从航线的观点看,其排列顺序较为零乱:即(40)苏门旁、(43)毗舍耶、

〔1〕《元史》卷210《瑠球传》,标点本,页4667。

(45)蒲奔、(46)假里马达、(47)文老古、(48)古里地闷、(58)勾栏山及(88)万年港。这些部分可视为汪大渊对自己上述东洋之行记载的补充。

其中(88)万年港、(46)假里马达和(58)勾栏山等3个地名补充了汪大渊自文莱赴爪哇的航程细节。而(40)苏门旁、文老古和古里地闷等地名的出现,透露出汪大渊在历经爪哇的八节那间、重伽罗之后,取道今马都拉岛(Madura)南部继续东行,驶出《大德南海志》中爪哇国所管的大东洋区域,进入单重布罗国所管大东洋水域。其具体航线大致为:历巴利(Bali)岛、龙目岛(Lumbok)、松巴哇岛(Sumbawa),经松巴(Sumbd)海峡、萨武海(Sawu),抵达位于小巽他群岛的帝汶岛(Timor,古里地闷),迫近澳洲大陆北岸。由此北经班达海中的班达(Banda)岛,经马鲁古海归国。

汪大渊所提到的相当于"西洋"海域的地方有:朋加剌(今孟加拉国国)、高郎步(今斯里兰卡首都科伦坡〔Colombo〕)、古里佛(即《元史》中之俱蓝)、北溜(今阿拉伯海中之马尔代夫群岛)、波斯离(今伊拉克巴士拉〔Basra〕)、天堂(即《南海志》之默茄,今沙特阿拉伯的麦加)、层摇罗(今东非之桑给巴尔)、麻呵斯离(今伊拉克摩苏尔)等,与《南海志》大致相同。可见元代泉州与广州两地商的贸易对象地并无大的区别。

24.4 进出口商品

24.4.1 进口品

大德《南海志》分八类详列了当时广州的各种进口番货,计有:

宝物:象牙、犀角、鹤顶、真珠、[1]珊瑚、碧甸子、[2]翠毛、龟筒、玳瑁。

布匹:白番布、花番布、草布、剪绒单、翦毛单[3]。

〔1〕详见下文。

〔2〕详见下文。

〔3〕〔明〕曹昭还提到过一种"西洋剪绒单"。他说这种纺织品"出西番,绒布织者。其红绿色年远日晒,永不退色。紧而且细,织大小蕃犬,方而不长,又谓之'同盆单',亦难得"。——《新增格古要论》,卷8,叶5,北京市中国书店刊本。既名之为"西洋剪绒单",可能来自马八儿或印度南部。剪绒单与翦毛单均应为地毯一类织品。

香货:沉香、[1]速香、[2]黄熟香、打拍香、暗八香、[3]占城[香]、[4]麄

[1]明会同馆本《回回馆杂字》中有"沉香,乌的·忒噶必",波斯语中有词عود('aud),意为"沉香",又意为木头、树干,此字应为"乌的·忒噶必"的第一个音节"乌的"的原字,至于"其后一部分"忒噶必"表示什么,尚有待于研究。

[宋]赵汝适在《诸蕃志》中记沉香,说它"所出非一,真腊为上,占城次之,三佛齐、阇婆为下。俗分诸国为上下岸,以真腊、占城为上岸,而大食、三佛齐、而名亦不一。有如犀角者谓之犀沉。如燕口者谓之燕口沉,如附子者谓之附子沉,如梭者谓之梭沉,文坚而理致者谓之横隔沉。大体以所产气味为高下,不以形体为优劣。世谓渤泥亦产,非也。一说其香生结以成,以刀修出者为生结沉,自然脱落者为熟沉,产于下岸者,谓之番沉。气哽味辣而烈,能治冷气,故亦谓之药沉。海南亦产沉香,其气清而长,谓之蓬莱沉。"(冯承钧校注本,页102)美国学者谢弗曾在其著作中征引诸书,对唐代中国使用沉香的情况详加说明(《唐代的外来文明》,页352-355)。[明]张燮在其书"交趾"条中引《本草图经》曰:"木类椿榉,多节,叶似桔花,白子似槟榔,大如桑椹。交州谓之'密香'。断其积年老根,经年,皮干俱朽烂,木心与枝节不坏者,即香也。坚黑而沈水为沈香。"在占城物产一栏中,作者引《梁史》描述沉香曰:"沈木香者,土人斫断,积以岁年,配烂而心节独在,置水中则沈,故名沈香"(《东西洋考》,页14、27)。

沉香的学名为Aquilariaagallocha。亦名"伽南香""伽南香""奇南香"等。属瑞香科。为一种常绿乔木。叶卵状披针形,革质,在光泽。花白色,伞形花序。产于印度、泰国、越南等地。其心材为著名熏香料;中医学上用含有棕色树脂的树根或树干加工后入药,药温味辛苦,功用调气温肾,主治气逆喘息,呕吐、呃逆,心腹疼痛等症。

参见拙著《〈回回馆杂字〉与〈回回馆译语〉研究》,中国人民大学出版社,2008年,页422-423(以下简称《〈回回馆杂字〉与〈回回馆译语〉研究》)。

[2]宋人祝穆记录道:"生熟速香,伐树去木而取香者谓之生速,树仆于地木腐而香存者谓之熟速。"——《事文类聚》续集卷12香茶部,四库本。

宋末人赵汝适在描述"生香"这种香料时记载:"生香出占城、真腊、海南,诸处皆有之。其直下于乌口,乃是斫倒香株之未老者。若香已生在木内,则谓之生香;结皮三分为暂香;五分为速香;七八分为笺香;十分即为沉香也。"——《诸蕃志》卷下"生香"条。据此,速香与沉香乃出自同一种树木。

[3]明会同馆本《回回馆杂字》中有"奄白儿阿失虓白",已故日本学者本田实信已指出,应为عنبر اشهب('anbarashhab)。此字为阿拉伯语复合词,其第一部分"奄白儿"عنبر('anbar)意为龙涎香;其第二部分"阿失虓白"اشهب(ashhab)意为"灰白色的"。显然《回回馆杂字》中之"奄白儿",即此"暗白儿",乃指龙涎香。参见拙著《〈回回馆杂字〉与〈回回馆译语〉研究》,页440。

[4]占城为地名,疑其后漏"香"字。道藏中之《无上秘要》记"烧香品"时述"合上元香珠法",其配料中有"占城香":"用沈香三斤、薰陆香二斤、青木香九两、鸡舌香五两、玄参三两、雀头香六两、占城香二两、白芷二两、真檀四两、艾香三两、安息胶四两、木兰三两,凡十二种别捣,绢筵之毕,内枣十两,更捣三万杵,内器中密盖,蒸香一日毕,更蜜和捣之,丸如梧子,以青蝇穿之,日曝令干。此三皇眞元香珠,烧此皆香彻九天。"——《无上秘要》卷66,清传抄正统道藏本,现藏北京大学图书馆。

另宋人陈敬在言及一种"藏春香"制法时,也提到其配方为"沉香、檀香酒浸一宿、乳香、丁香、真腊香、占城香各二两,脑麝各一分,右为细末,将蜜入甘黄菊一两四钱,玄参三分,剉同入(饼)[瓶]内,重汤煮半日,滤去菊与参不用,以白梅二十个水煮,令冷,浮去核,取肉研入熟蜜,拌匀众香于瓶内,草久窨可焚。"——[宋]陈敬撰:《陈氏香谱》卷2,四库本。

熟、[1]乌香、奇楠木、[2]降香、[3]檀香、戎香、蔷薇水、[4]乳香、[5]金颜香。

---

〔1〕当即下文所录至正《四明续志》所举之"粗熟",何物待考。

〔2〕又写作奇南香,与沉香实际上是同一种植物。

〔3〕又称降真香。

〔4〕明四夷馆本《回回馆杂字》"花木门"有"گلاب(gul-āb),蔷薇,古剌卜",波斯文此字由گل(gul,花、玫瑰),加上آب(āb,水)构成。گلاب(gul-āb)的汉语直译为:玫瑰水。"会同馆本""花木门"作"蔷薇花,古剌卜"。参见拙著《〈回回馆杂字〉与〈回回馆译语〉研究》,页201-202。

〔5〕明会同馆本《回回馆杂字》"花木门"中有"乳香,苦日"。已故日本学者本田实信拟为كندر(kundur)——〔日〕本田实信:《回回馆译语に就いて》(《论〈回回馆译语〉》),载于《北海道大学文学部纪要》,第11期,1963年,见页184。〔宋〕赵汝适在《诸蕃志》中记乳香曰:"乳香一名'熏陆香',出大食之麻拔、施曷、奴发三国深山穷谷中。其树大概类榕,以斧斫株,脂溢于外,结而成香,聚而成块,以象辇之,至于大食。大食以舟载易他货于三佛齐。番商贸易至,舶司视香之多少为殿最。而香之品十有三,其最上者为'拣香',圆大如指头,俗所谓'滴乳'是也。次曰'瓶乳',其色亚于'拣香';又次曰'瓶香',言收时贵重之,置于瓶中。'瓶香'之中又有上中下三等之别。又次曰'袋香',言收时止置袋中,其品亦有三,如'瓶香'焉。以次曰'乳榻',盖香之之杂于砂石者也。又次曰'黑榻',盖香色之黑者也。又次曰'水湿黑榻',盖香在舟中为水所浸渍而气变色败者也。杂而碎者曰'斫削';簸扬为尘者曰'缠末',皆乳香之别也"。(《诸蕃志》,冯承钧校注本,《〈诸蕃志〉校注》,中华书局,1956年,页93;以下简称《诸蕃志》,冯承钧校注本,)乳香的波斯文名称كندر(kundur)当系"苦日"的原字,应源自梵文kunduruka。"熏陆"这个名字当系直接从梵文音译而来。

乳香的学名为Boswelliacarlerii,又称为"卡氏乳香",橄榄科。小乔木,奇数羽状复叶,小叶7-10对,缘有圆点。花小,白色至淡红色,总状花序。主产于红海沿岸。茎皮渗出的树脂凝固后成乳香。中医学上用为活血、行气、舒筋止痛药,亦可为硬膏的混合剂。

此外漆树科的Pistacialentiscus亦称为"乳香",或"洋乳香"。为一种小乔木,偶数羽状复叶,小叶全缘.产于欧洲南部。茎皮流出的树脂除供药用以外,亦可用作填料,香科或溶于酒精或松节油,制假漆。"参见拙著《〈回回馆杂字〉与〈回回馆译语〉研究》,页423-424。

药物：脑子、[1]阿魏、[2]没药、胡椒、[3]丁香、[4]肉子荳蔻、[5]荳蔻花、

〔1〕又作片脑。明会同馆本《回回馆杂字》"花木门"中有"片脑，噶(失)[夫]儿"。已故日本学者本田实信教授提出，其原字应为كافور(kāfūr)。"袁氏本"音译"噶失儿"，其中之"失"字显然为"夫"字之笔误。阿波文库本注音为"噶伏儿"，意为樟脑，阿拉伯语。美国学者谢弗在其著作中有专节讨论唐代文献中的樟脑。〔宋〕赵汝适《诸蕃志》中有一节专记"脑子"曰："脑子出渤泥国一作佛尼(按，今文莱)，又出宾窣国，世谓三佛齐亦有之。但其国据诸蕃来往之要津，遂截断诸国之物，聚于其国以俟蕃舶贸易耳。脑子树如杉，生于深山穷谷中，经千百年，支干不曾损动，则剩有之，否则脑随气泄。土人入山采脑，须数十为群，以木皮为衣，赍沙糊为粮，分路而去。遇脑树则以斧斫记，至十余株然后截段均分，各以所得解作板段，随其板横裂而成缝，脑出于缝中，劈而取之。其成片者，谓之梅花脑，以状似梅花也。次谓这金脚脑，其碎者谓之米脑。碎与木屑相杂者谓之苍脑。取脑已尽，其杉片谓之脑札，今人碎之，与锯屑相和，置瓷器中，以器覆之，封固其缝，煨以热灰，气凝结而成块，谓之聚脑，可作妇人花环等用。又有一种如油者，谓之脑油，其气劲而烈，只可浸香合油"。——《诸蕃志》，冯承钧译注本，页91。

〔明〕张燮记片脑曰："《华夷考》曰：产暹逻诸国，高二三太，皮理如沙柳，脑则其皮间凝液也。岛夷以锯付犹就谷中，尺断而出，剥采之，有大如指厚，如二青钱者。香味清烈，莹洁可爱，谓之梅花片。鬻至中国，擅翔价焉。复有数种，其次耳。本朝充贡"。在另一处，作者又写道："片脑即龙脑香。《一统志》曰：树如杉桧，取者必斋沐而往。其成片似梅花者为上，次有金脚脑、速脑、苍脑、札聚脑，又一种如油名脑油"。——〔明〕张燮：《东西洋考》，谢方点校，中华书局，1981年，页37及58(以下简称《东西洋考》)。参见拙著《〈回回馆杂字〉与〈回回馆译语〉研究》，页425-426。

〔2〕明会同馆本《回回馆杂字》"花木门"中有"阿魏，昂古则"。日本已故本田实信教授指出，其波斯文原字应为انگوژه(angūjha)。日本静嘉堂文库藏抄本音译为"昂克则"，其中之"克"字当为"古"字笔误。劳费尔在其著作中对曾阿魏详细讨论。(Berthold Laufer, Sino-Iranica, *Chinese Contributions to the History of Civilization in Ancient Iran, with Special Reference to the History of Cultivated Plantsand Products*, Chicago, 1919(林筠因汉译本：劳费尔《中国伊朗编》，商务印书馆，1964年，页178-188)〔唐〕段成式记道：阿魏"波斯呼为'阿虞截'。树长八九丈，皮色青黄，三月生叶，叶似鼠耳，无花实。断其枝，汁出如饴，久乃凝，名阿魏"。(《酉阳杂俎》，前集卷之18，页178)唐代的音译"阿虞截"与《回回馆杂字》之音译"昂古则"乃一脉相承。《饮膳正要》提到一种调味品"哈昔泥，味辛温，无毒，主杀诸虫，去臭气，破症瘕，下恶除邪，解蛊毒，即阿魏。"接着作者又提到一种调味品"稳展，味辛温苦，无毒，主杀虫去臭，其味与阿魏同。又云即阿魏树根，淹羊肉，香味甚美。"——四部丛刊续编子部，上海涵芬楼景印中国学艺社借照日本岩崎氏静嘉堂文库藏明刊本，卷3，叶28下。参见拙著《〈回回馆杂字〉与〈回回馆译语〉研究》，页427-428。

〔3〕明会同馆本《回回馆杂字》"花木门"中有"胡椒，粉力粪力"。日本已故本田实信教授指出，其波斯文原字应为فلفل(fulful)。"袁氏本"《委兀儿译语》中有"胡椒，菲儿肺儿"；又有"荜菝，痞儿譬儿"(见《北京图书馆古籍珍本丛刊》经部6，页600)即此。此字作为构词成分亦见于本"袁氏本""花木门"上一词(序号第1186词)"花椒，粉力粪力·謔他亦"。参见拙著《〈回回馆杂字〉与〈回回馆译语〉研究》，页435。

〔4〕明四夷馆本《回回馆杂字》"花木门"有"قرنفل(qaranful)，丁香，革蓝夫勒"。"袁氏本""花木

注释〔4-5〕转下页

乌爹泥、茴香、硫黄、血竭、木香、荜拨、[1]木兰皮、番白芷、雄黄、苏合油、荜

(接上页注释〔4-5〕)

门"中"丁香,革蓝伏力"即此。指须苞石竹类植物,阿拉伯语。"袁氏本"委兀儿译语"花木门"中之"丁香,噶蓝夫儿",(见《北京图书馆古籍珍本丛刊》经部6,页600)显然与此有关。参见拙著《〈回回馆杂字〉与〈回回馆译语〉研究》,页350。

中国人很早就知道丁香,古时大臣在向皇帝面奏时,要口含丁香以掩口臭。美国学者谢弗曾收罗过唐代使用丁香各种记载。(〔美〕谢弗:《唐代的外来文明》,吴玉贵译,中国社会科学出版社,1995年,页365。)宋赵汝适在其书中记曰:"丁香出大食、阇婆诸国。其状似'丁'字,因以名之。能辟口气"。又曰"其大者谓之丁香母。丁香母即鸡舌香也"。(冯承钧《〈诸蕃志〉校注》,中华书局,1956年,页109)明张燮在其著作中对丁香描述说:"宋时充贡。《本草》注曰:树高丈余,凌冬不凋,叶似栎而花圆细,色黄,子如丁,长四五分,紫色,中有粗大长寸许,呼母丁香,击之则顺理而拆"。在另一处又写道:丁香"生深山中,树极辛烈,不可近,熟则自堕。雨后洪潦漂山,丁香乃涌涧溪而出,捞拾数日不尽。宋时充贡"。张燮还告诉我们,明时对丁香的进口税为"每百斤税银一钱八分"。——《东西洋考》,页28、45、142。参见拙著《〈回回馆杂字〉与〈回回馆译语〉研究》,页425。

〔5〕明会同馆本《回回馆杂字》"花木门"中有"豆蔻,招子. 卜窒"。已故日本本田实信教授指出,其波斯文原字应为جوزبوا(jauzbuwā)。这是一个复合词,其第一部分"招子"جوز(jawz)意为核桃、坚果。"袁氏本"《委兀儿译语》"花木门"有"豆蔻,勺兀思",(见《北京图书馆古籍珍本丛刊》经部6,页600。)即此。جوزبوا(jauzbuwā),指肉豆蔻。

中国古代把豆蔻称为"益智子",用以入药。〔唐〕段成式记道:"白豆蔻出伽古罗国,呼为多骨,形如芭蕉,叶似杜若,长八九尺,冬夏不凋。花浅黄色,子作朵,如葡萄。其子初出微青,熟则变白,七月采"。(《酉阳杂俎》,前集卷之18,四库笔记小说丛书,《分门古今类事——外八种》,上海古籍出版社,1991年,页1047-1757。)美国学者谢弗在其著作中有专条论述唐代文献中有关豆蔻的记载。(《唐代的外来文明》,页399-400。)〔明〕张燮曾提到,豆蔻"树如丝瓜,蔓衍山谷,春花夏实",并记下了明海关对进口的豆蔻的抽分税率。(《东西洋考》,页54、141-144)。参见拙著《〈回回馆杂字〉与〈回回馆译语〉研究》,页426-427。

〔1〕即胡椒。

澄茄。

诸木：苏木、[1]射木、乌木、[2]红紫。

皮货：沙鱼皮、皮席、皮枕头、七鳞皮。

牛蹄角：白牛蹄、白牛角。

杂物：黄蜡、风油子、紫梗、磨末、草珠、花白纸、藤席、藤棒、叭子、孔雀毛、大青、鹦鹉螺壳、巴淡子。[3]

而元人熊太古也在《广州舶船》中记当地番货：

“《广州舶船》

广州舶船出虎头门，始入大洋。东洋差近，周岁即回。西洋差远，两岁一回。东洋船有鹤顶、龟筒、玳瑁等物；西洋船有象羊、犀角、珍珠、胡椒等物其。贵细者往往满舶。若暹国产蘿木，地闷产檀香，其余香货各国皆有之。若沈香，有黄沈、乌角沈，至贵者蜡沈，削之则卷，嚼之则桑，皆树枯其根所结。惟奇南木，乃沈之生结者。犀角有乌犀、花犀、通天犀、洩通犀。花犀者，白地黑花；通天犀，黑地白花；洩通犀，则通天犀白花中洩有黑花，此皆希世之贵也。鹤顶、龟筒、玳瑁见说可合，惟犀角不苟合故公服以玉与犀为

[1]明会同馆本《回回馆杂字》“花木门”中有“苏木，白干”。已故日本本田实信教授指出，其波斯文原字应为 بقم (baqam)，即洋苏木、苏方、彩色油漆。《高昌馆译语·花木门》和《高昌馆杂字·花木门》均有“bagham，苏木，把丹”，(见《北京图书馆古籍珍本丛刊》经部6，页377及427。)应源于此，惟其音译为“把丹”，可能为“把甘”之笔误。据赵汝适记载，“苏木出真腊国。树如松柏，叶如冬青，山谷郊野在在有之，听民采取，去皮晒干，其色红赤，可染绯紫，俗号窊木”。苏木即红木(《东西洋考》，页17)。参见拙著《〈回回馆杂字〉与〈回回馆译语〉研究》，页436。

[2]明会同馆本《回回馆杂字》“花木门”中有“乌木，阿卜奴思”。已故日本本田实信教授指出，其波斯文原字应为 آبنوس (ābnūs)，指黑檀木、乌木。《高昌馆译语·花木门》和《高昌馆杂字·花木门》均有“abinus，乌木，阿必努思”，(见《北京图书馆古籍珍本丛刊》经部6，页377及427)应源于此。乌木是柿树属的一种树木所产木材，木质乌黑美观，其中质量最优的是印度和斯里兰卡的无纹理乌木。(《中国伊朗编》，页313；《唐代的外来文明》，页300)乌木又称乌樠木，赵汝适曾描述道：“乌樠木似棕榈，青绿丛直，高十余丈，荫绿茂盛。其木坚实如铁，可为器用，光泽如漆，世以为珍本”。(《诸蕃志》冯承钧校注本，页117)《格古要论》提到“乌木出海南、南蕃、云南。性坚，老者纯黑色且脆。间道者嫩”。(《新增〈格古要论〉》，卷8，叶5。)中国输入的乌木主要用于制作木器。参见拙著《〈回回馆杂字〉与〈回回馆译语〉研究》，页436。

[3]《大德南海志》，卷7，宝物。

带贵，其不苟合之义也。”〔1〕

海商集中的浙江宋元明代也是来自海外的舶货的集散地，其番货品种花色，在宋《宝庆四明志》明至正《四明续志》中均有详录，两者区别不大。至正《四明续志》所录“市舶物货”细色者为：

“珊瑚、玉、玛脑、水晶、犀角、琥珀、马价珠、生珠合经抽解、熟珠舶务合收税钱、倭金、倭银、象牙、玳瑁、龟筒、翠毛、南安息、苏合油、槟榔、血竭、人参、鹿茸、芦荟、阿魏、乌犀、膃肭脐、丁香、丁香枝、白荳蔻、茲澄茄、没药、砂仁、木香、细辛、五味子、桂花、诃子、大腹子、茯苓、茯神、舶上茴香、黄芪、松子、榛子、松花、黄熟香、粗熟、黄熟头、速香、沉香、暂香、笺香、虫漏香、役斯宁、蟹壳香、蓬莱香、登楼眉香、旧州香、生香、光香、阿香、委香、嘉路香、吉贝花〔2〕、吉贝布〔3〕、木绵、三幅布单、番花棋布、毛施布、〔4〕袜布、鞋布、吉贝纱〔5〕、胡椒降真、檀香、糖霜、苓苓香、麝香、脑香、人面干、紫矿、龙骨、大枫油、泽泻、黄蠟、八角回香、金颜香、朱砂、天竺黄、桔梗、么香、剉香、鹏砂、新罗漆、笃槈香、乌黑香、搭泊香、水盘香、肉荳寇、水银、乳香、喷哒香、龙涎香、栀子花、红花、龙涎修割香、硇沙、牛黄、鸡骨香、雌黄、樟脑、赤鱼鳔、鹤顶、罗纹香、黄紧香、赖核香、黑脑油、崖布、(缘)[绿?]矾、雄黄、软香、脊蛉皮、三泊、马鸦香、万安香、交趾香、土花香、化香、罗斛香、高丽香、高丽铜器、茲拨、沙鱼皮、桂皮。”

而粗色者则为：

“红豆、壳砂、草豆蔻、倭枋板柃、木鳖子、丁香皮、良姜、蓬术、海桐皮、滑石、藿香、破故帋、花黎木、射香、掂木、乌木、苏木、赤藤、

〔1〕熊太古：《冀越集记》卷上，清乾隆四十七年吴翌凤抄本，清吴翌凤、黄丕烈校并跋。

〔2〕按，即棉花。

〔3〕按，即棉布。

〔4〕李氏朝鲜汉语教科书《〈朴通事〉谚解》释：“毛施布，即本国人呼苎麻布之称，汉人皆呼曰苎麻布，亦曰麻布，曰木丝布，或书作没丝布，又曰漂白布。今言毛施布，即没丝布之讹也，而汉人回丽人之称，见丽布则直称此名而呼之。记书者回其相称而遂以为名也。”——《朝鲜时代汉语教科书丛刊》，第1册，页241。

〔5〕按，即棉纱。

白藤、螺头、鲟鲇、琼芝菜、倭铁、苎麻、硫黄、没石子、石斛、草菓、广漆、史君子、益智、香脂、花黎根、椰子、铅锡、石珠、炉甘石、条铁、红柴、螺壳、相思子、荳蔻花、条倭、倭橹、芦头、椰簟、三赖子、芜荑仁、硫黄泥、五倍子、白术、铜青、甘松、花蘂石、合蕈、邱香、京皮、牛角、桂头、镬铁、丁铁、铜钱、鹿皮、鹿角、山马角、牛皮、牛蹄、香肺、焦布、手巾、生布、藤棒、椰子壳、生香粒、石决明、梔明、云白香、真炉、黄丁、断白香、暂脚香、□黄、杏仁、历青、松香、磨珠、细削香、条截香。"〔1〕

与前述广州番货相较,这里有不少来自来东北亚的商品,如倭金、倭银、人参、鹿茸、松子、榛子、毛施布、桔梗、新罗漆、高丽香、高丽铜噐、倭铁、倭橹等。

24.4.1.1 珠宝

东南洋与印度洋诸地自古产珍珠,称为"南珠"。汪大渊在记苏禄时说:"珎珠较之沙里八丹第三港等处所产,此苏禄之珠色青白而圆,其价甚昂,中国人首饰用之,其色不退,号为绝品,有径寸者。其出产之地,大者已直七、八百余锭;中者二、三百锭;小者一、二十锭;其余小珠一万上两重者,或一千至三四百。上两重者出于西洋之第三港,此地无之。"〔2〕他在记沙里八丹(按,今印度东南部)时,又提到:当地珍珠系"珍珠由第三港来,皆物之所自产也。其地采珠官抽毕,皆以小舟渡此国。"当地富人往往事先收购珍珠,"舶至,求售于唐人,其利岂浅鲜哉。"〔3〕

宪宗蒙哥时刘郁奉使伊利汗国,他记波斯湾的采珠过程:"其失罗子国出珍珠……采珠盛以革囊,止露两,手腰絙石坠入海,手取蚌并泥沙贮于囊中。遇恶虫以醋噀之即去。既得蚌满囊,撼絙,舟人引出之,往往有死者。"〔4〕

珠宝体积小,价值高,便于携带,其贩运的成本要远小于一般贸易

〔1〕至正《四明续志》,卷5。
〔2〕《大德南海志》"苏禄条"。
〔3〕《大德南海志》"沙里八丹条"。
〔4〕刘郁:《西使记》,收于王恽《秋涧集》。

货品。从商品的角度讲，它是一种奢侈消费品，使用者是社会上层，贾贩容易获利。回回人利用蒙古贵族掌握大量社会财富的机会，不时将西域珠宝带至汉地，进献给元皇室，以谋取高额回报。《元史》记载至元二十九年(1292)闰六月“庚戌，回回人忽不木思售大珠，帝以无用却之。”[1]次年，二月“丁酉，回回孛可[2]马合谋沙(Mahmūd Šāh)等献大珠，邀价钞数万锭，帝曰：‘珠何为！当留是钱以赒贫者。’”[3]皇庆二年(1313)二月元仁宗“谕左右曰：‘回回以宝玉鬻于官。朕思此物何足为宝，唯善人乃可为宝。善人用则百姓安，兹国家所宜宝也。’”[4]这几则例子虽然讲的是元世祖与元仁宗拒绝回回人向朝廷进献珍宝，但这正说明回回商人借献宝向蒙元宫廷获取巨额回赐的事经常发生。

24.4.1.2　纺织品

在元代西域手工业品的消费者主要是蒙元贵族。《元史·舆服志》记载：“天子质孙，冬之服凡十有一等，服纳石失、金锦也。怯绵里，翦茸也。”[5]这里提到的纳石失，元代又写作纳失失，为波斯语 ناسیج (nasīj)，释为“金锦”。元代集来自撒麻耳干(Samarqand)的回回工匠于荨麻林[6]，专门织造纳失失。此外还在大都设“别失八里局，秩从七品，大使一员，副使一员，掌织造御用领袖，纳失失等段。”[7]而“怯绵里，则当为波斯语كملی(kumlī)，《元史》释为“翦茸”，今意为粗毛织物。

《舆服志》还记载“夏之服凡十有五等，服答纳都纳石失，缀大珠于金锦。”[8]这里提到的“答纳都纳石失”或为阿拉伯语دانه الناسیج(dāna al-nasīj)。“答纳”دانه(dāna)，在波斯语中意为颗粒、珠子。元代汉文史料中屡言回回人贩售大珠，当即指此。

---

[1]《元史》卷17《世祖纪》，页364。

[2]屠寄认为“孛可”即后世之“伯克”——《蒙兀儿史记》，卷8下注。

[3]《元史》卷17《世祖纪》，页371。

[4]《元史》卷24，中华书局点校本，页555。

[5]《元史》卷78《舆服制》，页1938。

[6]今河北张家口洗马林。

[7]《元史》卷85《百官志》，页2149。

[8]《元史》卷78《舆服制》，页1938。

《舆服志》还记载元帝的服装中有“青速夫金丝阑子,速夫,回回毛布之精者也。”[1]“速夫”乃阿拉伯语صوف(sūf)的音译,此言羊毛、粗毛织品。明会同馆本《回回馆杂字》“衣服门”有“梭甫,苏付”。已故日本学者本田实信指已出,应为صوف(sūf)。阿波文库本注音为“速伏”。[2]本田氏校正文本注音为“苏伏”。[3]这种毛织品陈诚和李暹在《西域番国志》中提到过,称为“锁伏”,并形容它“一如纨绮,实以羊毛”。

《岛夷志略》中还多处提到“西洋布”或“西洋丝布”,[4]这种“西洋布”与《真腊风土记》中所记“来自西洋”的布,[5]应当都是马八儿一带出产的纺织品。开封犹太人祖先向北宋朝廷“进贡”的“西洋布”,与元代《岛夷志略》等书中提到的“西洋布”应当是同一种产品。

24.4.1.3　青花颜料

明代大兴的青花瓷,系在高岭土胎上以含钴颜料描花烧成。即所谓“我明有永乐窑宣德窑成化窑则皆纯白或回青石青画之或加彩色宣德之贵今与汝敌而永乐成化亦以次重矣秘色在当时已不可得所谓内窑亦未见有售者。”[6]生产青花瓷的钴料,元时代称“回回青”,曾被当作一种矿物类药物。元人忽思慧提到“回回青味甘寒,无毒,解诸药毒,可传热毒疮肿。”[7]据明人黄省身的《西洋朝贡典录》记载,此物出自苏门答腊。

24.4.1.4　珍奇异兽

番国使臣或番商时常将珍奇动物运至元境,作为礼物进呈,《元典章》中提及“多有海外诸番进呈狮象、虎豹、汉马、犀牛、猿猴。”[8]

---

〔1〕《元史》卷78《舆服制》,页1938。

〔2〕胡振华、胡军:《回回馆译语》,中央民族大学东干学研究所,内部印刷,无出版年代,页88。

〔3〕〔日〕本田实信:《回回馆译语に就いて》(《论〈回回馆译语〉》),载于《北海道大学文学部纪要》,第11期,1963,见页173。

〔4〕〔日〕本田实信:《回回馆译语に就いて》(《论〈回回馆译语〉》),载于《北海道大学文学部纪要》,第11期,1963,页38、133、209、240等。

〔5〕周达观:《真腊风土记》,夏鼐校注本《真腊风土记校崐注》,中华书局,1981年,页76。

〔6〕〔明〕顾起元撰:《说略》卷23,民国金陵丛书本。

〔7〕《饮膳正要》卷3,明景泰七年内府刻本。

〔8〕《元典章》兵部卷3典章36,“不须防送麄重物件”条,陈高华等点校本,页1294。

(1)狮豹

海外向元廷贡献动物较多的是狮豹等猛兽。至元二十八年(1289)八月"咀喃番邦遣马不剌罕丁进金书、宝塔及黑狮子、番布、药。"[1]咀喃当即俱蓝,即宋之故临。贡使名称中的后半部分"不剌罕丁"当为阿拉伯语 Burhān al-Dīn,元代又音为不鲁罕丁。元贞二年(1296)正月,《元史》中又有"回纥不剌罕献狮、豹、药物,赐钞千三百余锭。"[2]这位使臣或许与至元二十六年的马不剌罕丁为同一人。如是,这里的"回纥"即指咀喃。

狮豹等猛兽深受为蒙古贵族喜爱,在诸王贵族大宴时,有一项程序为牵出各种猛兽供亲贵们欣赏。元末人陶宗仪记载:

> 国朝每宴诸王大臣,谓之大聚会。是日,尽出诸兽于万岁山,若虎豹熊象之属,一一列置讫,然后狮子至,身材短小,绝类人家所畜金毛猱狗。诸兽见之,畏惧俯伏,不敢仰视,气之相压也如此。及各饲以鸡鸭野味之类,诸兽不免以爪按定,用舌去其毛羽。惟狮子则以掌擎而吹之,毛羽纷然脱落。[3]

豹也用于赏赐蒙古贵族。顺帝时于后至正三年(1343)诏木华黎乃蛮台袭国王位,"授以金印,继又以安边睦邻之功,赐珠络半臂并海东名鹰、西域文豹。国制以此为极恩。"[4]但蒙古贵族的这种喜好是建立在耗费大量金钱的基础上的。从海外输入的狮豹等猛兽,单是从东南沿海港口运抵大都,沿途的消耗就是极为惊人的。《元典章》专列"应副豹子分例"一条,提到:

> 大德六年(1302)五月□日,江西行省准中书省咨,据通政院呈准致用院咨备宣使阿里('Alī)呈,回帆舶船附载使臣阿密(Āmid?)、忽三马丁(Husām al-Dīn)等进呈豹子,宣使阿里呈说,有马合麻(Muhammad)等管押豹子赴北,日要无骨肉七斤,折要中统

〔1〕《元史》卷16《世祖纪》,标点本,页350。

〔2〕《元史》卷19《成宗纪》,标点本,页402。

〔3〕《辍耕录》卷24,中华书局点校本,1980年。

〔4〕《元史》卷139《乃蛮台传》,标点本,页3352。

钞八两五钱。遇夜宿顿，又要肉一十四斤。今后遇有起发豹子，行移有司，每豹子一个日夜止应付带骨肉七斤，咨请照验，准此送。据户部呈备大都运司申，照得旧例，分付金钱豹每一个日支羊肉七斤，大土豹每一个日支净羊肉四斤，小土豹每一个日支净羊肉三斤。自来遇夜不曾应付，肉货及折钞两体例本部口详。今后如遇起发豹子，沿路食肉若准大都运司所申应付，相应具呈照详，都省合行咨请，照验施行。[1]

(2)花驴

海外进献的奇兽中还有一种称为花驴动物。元人曹伯启遇见过海外贡使运送"花驴"赴京，并曾以"海外贡花驴过"为题写了4首有关贡献花驴之事，诗云：

当年老鹤快乘轩，犹逊花驴食万钱。昨夜灯前成独笑，痴儿方诵旅獒篇。

航海梯山事可疑，眼前今日看瑰奇。布韦且莫怀孤愤，秋菊春兰自一时。

天地精英及海隅，兽毛文彩号花驴。同来使者如乌鬼，还责中原礼法疎。

行台飞檄敬来王，多少饥膏委路傍。忽见狂人鞭老骥，眼眵成滴背成疮。"[2]

他了解到这种"梯山航海"运至元境的动物身带文彩，护送的使臣肤色很深，还知道运输这种动物的过程中，每日饲料就需"万钱"。《元史》记载，至元二十六年(1289)"马八儿国进花驴二。"[3]世祖朝末期，曹伯启适为壮岁，他所遇见的或许就是这次进贡。

花驴又称为"花福禄"，或"福禄"的动物。明人戴冠曾提到，"福禄似驴而花纹可爱，出忽鲁谟斯等国。"[4]《皇明象胥录》在记位于东非索

---

〔1〕《元典章》户部卷2典章16，"应副豹子分例条"条，陈高华等点校本，页570。

〔2〕曹伯启撰：《曹文贞诗集》卷8，七言绝句，至元四年曹复亨刊本，现藏南京图书馆。

〔3〕《元史》卷15《世祖纪》，标点本，页329。

〔4〕〔明〕戴冠撰：《濯缨亭笔记》卷9，明嘉靖二十六年华察刻本，〔清〕丁丙跋，现藏南京图书馆。

马里一带的卜剌哇时，提到“花福禄状如花驴，永乐中尝遣使朝贡”。[1]明人田艺蘅还特别记载，“福禄，番人本名福俚，状如驴骡，花纹黑白交错，莹净可爱，异他兽，出忽鲁谟斯等国，《王会图》所不载者。”[2]从上述作者所描述的体态上看，这种“花驴”应当是斑马。

24.4.2 输出品

元人周达观曾从元使至真腊，他曾长时间、近距离地观察了当地的社会与生活。据他记载，真腊权贵出入用轿及伞，“伞皆用中国红绢为之。”[3]人“欲得唐货”有“真州之锡镴，温州之漆盘，[4]泉州之青瓷器，[5]及水银、银朱、纸札、硫黄、焰硝、檀香、白芷、麝香、麻布、黄草布、雨伞、铁锅、铜盘、水朱、桐油、篦箕、木梳、针；其粗重则如明州之席；甚欲得者则菽麦也，然不可将去耳。”[6]当地百姓“盛饭用中国瓦盘或铜盘……地下所铺者明州之草席……近新置矮桌，近有用矮床者往往皆唐人制作也。”[7]

其他元境输出品有：纺织品，如五色绢、[8]诸色绫罗段匹；[9]各种陶瓷器等。在陶瓷制品中最受海外居民欢迎的一是“青白花碗”或“青白花器”，[10]浙江处州瓷。这种青瓷器当时在海内外均称为“处瓷”[11]“处

---

[1]明崇祯刻本，卷5。

[2][明]田艺蘅撰：《留青日札》卷29，明万历三十七年徐懋升刻本，现藏南京图书馆。

[3]《真腊风土记》“官属”条。

[4]在[明]王士性所撰之《广志绎》在提及“天下马头物所出所聚处”时，与“温州之漆器”并举的是“苏杭之币、淮阴之粮、维扬之盐、临清济宁之货、徐州之车骡、京师城隍灯市之骨董、无锡之米、建阳之书、浮梁之瓷、宁台之鲞、香山之番舶、广陵之姬。”（清康熙十五年刻本，现藏北京图书馆，卷1），可见温州漆器之闻名。

[5]应指德化窑器。

[6]《真腊风土记》“欲得唐货”条。

[7]《真腊风土记》“器用”条。

[8]这种纺织品在南亚次大陆广受欢迎，汪大渊记，在印度“土塔”“贸易之货用糖霜、五色绢、青缎、苏木之属”；在小俱南（即卡里卡特）贸易用“五色緞”；朋加剌（今孟加拉国国）“贸易之货用南北丝、五色绢緞”等。

[9]汪大渊记，在交趾“贸易之货用诸色绫罗匹帛、青布、牙梳、纸札、青铜、铁之类。”

[10]汪大渊多次提及交易用“青白花碗”或“青白花器”。

[11]如元人姚燧有诗题为《谢马希声处瓷香鼎》，《牧庵集》卷33；汪大渊在记旧港时，提到贸易之货中有处瓷。

器”[1]或“处州磁水缸”等。这种瓷器即龙泉青瓷。明人曹昭辑、王佐增补之《新增格古要论》收有“古龙泉窑”条，其中曰“古龙泉窑在今浙江处州府龙泉县，今曰处器、青器、古青器。土脉细且薄，翠青色者贵，有粉青色者。有一等盆底有双鱼，盆外有铜掇环。体厚者不甚佳。”[2]

从长时段历史来，有元一代，海外贸易的发展成为后来明初郑和元船的重要物质基础。

（原刊于《青花的世纪——元青花与元代的历史、艺术、考古》，上海博物馆编，北京大学出版社，2013年1月，页154-183，收入本书时略有修改。）

[1]汪大渊在记苏禄时，提到贸易之货中有“处器”，在记花面国时，提到交易用“青处器”。

[2]卷7，北京中国书店影印本，无影印出版年代。

25 《〈大明混一图〉与〈混一疆理图〉研究》序

读者眼前的这本论文集《〈大明混一图〉与〈混一疆理图〉研究——中古时代后期东亚的寰宇图与世界地理知识》，是2008年韩国国际交流财团所支持的在南京大学举办的国际学术研讨会——“中古时代来亚的舆图与世界地理知识——以大明混一图及混一疆理历代国都之图为中心”的成果。出席此次专业讨论会的海外学者有英国剑桥大学、韩国首尔市立大学的学者，国内参加者包括了中国大陆主要研究历史地理与中外关系的研究机关，如北京大学、复旦大学、中国科学院地理研究所与香港中文大学的研究人员，以及主办单位——南京大学的学者。

自从英国学者李约瑟(Dr. Joseph Niedham, 1900—1995)在《中国科技史》中，对权近与李荟在朝鲜时代初期所绘制的《混一疆理历代国都之图》[1]做出高度评价以来，《疆理图》便引起了学术界的重视。在14世纪末、15世纪上半叶欧洲探险家大航海与地理大发现以前的时代，东亚人对世界有着怎样的认识，一直是学术界非常关注的问题。比对现存于第一历史档案馆的《大明混一图》，[2]可知，《疆理图》是《大明混一图》的摹本。《大明混一图》包括了整个“旧世界”，即亚洲、欧洲与非洲三大陆，它与《疆理图》一起是目前我们所能见到的描绘六七百年前东亚人所了解的世界的最重要的资料库。研究中古时代旧大陆历史、文化的不同专业的学者，如东北亚史、中国古代地理、东南亚史、内陆亚洲历史文化、伊斯兰学、东西交流史等领域的研究者，都可以利用它，并从中

〔1〕以下简称《疆理图》。

〔2〕《中国古代地图集》(明代)，文物出版社，1994年。

发现有益的研究课题。

李约瑟以后,日本学者在古代东亚的世界舆图研究上做了长期的努力,取得了一些重要的成果。相形之下,我国的研究略显单薄。四年多以前在南京大学举办的一次学术会议上,我们与复旦大学姚大力教授在讨论中,考虑到国内举办大型学术会议较大,专业性的深入讨论不足,因此确定力争在两年之后组织一次有关《大明混一图》与《混一疆理图》的专题学术会议。此后我在慕尼黑大学东亚学系参加"东亚的海域"研讨会时,遇到北京大学李孝聪教授,我们再次协商了组织此次会议的设想。嗣后,南京大学韩国研究所向韩国国际交流财团(Korea Foundation)提出申请,希望通过组织这次讨论会,促进有关中古时代东亚历史地理学及其相关领域的研究,加深中韩、东亚与世界学术同行的交流。我们的设想得到了该财团的理解,对方表示同意提供资助。南京大学韩语系专家、我所的所长助理尹恩子副教授,还协助我们在首尔奎璋阁复制了该馆收藏的《疆理图》摹本。可以说,没有多方的支持与努力,组织这次会议是不可想象的。

长期以来,我国文史研究者关注较多的是写卷、刊本、碑铭、家谱等文字资料,而对舆图的收集不够。北京大学李孝聪教授曾对海外大图书馆中所藏中国古地图做过收集,而中国国内各图书馆和民间,古代中国边疆地区、周边地区以及中国以外世界的舆图的收藏情况究竟怎样,迄今并不清楚。为此,我希望通过本论文集的出版,引起国内学术界的重视,各方共同努力,通过各种渠道收集并分享舆图资料,以达到促进研究的目的。

《大明混一图》原为汉文地图,满清入关后,落入清人手中。后来不知何时清人将此图上的汉文地名音译为满文,写在小纸条上,并将小纸条贴盖在相应的汉文地名之上。现第一历史档案馆所藏《大明混一图》原件上,部分满文标签脱落,原明代汉文地名复现,其景况可见文物出版社1994年影印出版的《中国古代地图集》明代卷。但《中国古代地图集》所刊之全图影印件质量差,不具研究价值,而第一历史档案馆所藏《大明混一图》原件已朽,不宜再提供公开阅览,因此极少有学者亲见其貌。2000年一档馆会同敦煌研究院有浙江大学的专家，曾对《大明混一图》做过摹绘。据复旦历史地理研究所姚大力教授最近相告，此图摹绘件共4份，一份为日本京都大学所得，一份现存南非，曾在2002年"南非国民议会千年项目地图展"上公开展出，后存该国；一份现展于新建之上海中国航海博物馆；另一份存档。此图摹本在上海航海博物馆的展出，为国内研究者之福音。

在我们的会议之后，2009年11月，在美国纽约州立大学宾厄姆顿分校举办的主题为"欧亚文化对元代的影响——13—14世纪的跨文化传输"(Eurasian Influences on Yuan China: Cross Cultural Transmissions in the 13th and 14th Centuries)的国际学术会议上，奥地利科院院伊朗研究所廉亚明(Ralph Kauz)教授[1]做了题为《波斯对中国地理学与制图学的影响》(Geographical and Cartpgraphical Impacts from Persia to China)的报告，而纽约市立大学助理教授、年轻的旅美韩国朴贤熙女士(Park Hyunhee)的报告题目则为《有关元代中国的地理学知识》(On Geographic Knowledge of the World in Yuan-dynasty China)，两位学者不约而同地探究了元《经世大典图》、朝鲜《混一疆理图》与伊利汗国学者穆思脱非(Mustafi)的地图之间的关系。由此可见，我们这部论文集的作者们，对《大明混一图》与其拷贝——朝鲜的《混一疆理图》的研究，只是东亚古代舆图研究学术之奔流不断的长河中的一段。世界各地学者在这一课题上的探讨会一直继续下去。

（原载《〈大明混一图〉与〈混一疆理图〉研究——中古时代后期东亚的寰宇图与世界地理知识》，南京大学韩国研究丛书，凤凰出版社，南京，2010年，页1–3。）

〔1〕现任德国波恩大学汉学系教授，系主任。

26 《混一疆理历代国都之图》中的五国城等地

自从李约瑟(Dr. Joseph Niedham, 1900—1995)在《中国科技史》中对权近与李荟在朝鲜时代初期所绘制的《混一疆理历代国都之图》[1]做出高度评价以来,此图便引起中古世界史学术界的重视。根据比对现存第一历史档案馆保存的《大明混一图》,[2]可知《疆理图》是《大明混一图》的摹本。《大明混一图》原本是汉文地图。明亡后,此图为清所有。在清代,有人在此图的汉文地名上粘贴了满文音译。从目前公布的照片看,这些满文音译标贴多数至今仍存,少数脱落后显露出明时的汉文地名。目前很难得到《大明混一图》的清晰照片,而《疆理图》的各种摹绘本除朝鲜半岛与日本之外,其欧亚非大陆部分主要继承的是《大明混一图》,故而笔者将注意力的重点放在《疆理图》的各种摹绘本上。

笔者九十年代初在英伦访学时,曾至剑桥大学面见李约瑟教授,并在该研究所查找过李约瑟写《中国科技史》所用资料,发现该所仅藏有《疆理图》的一幅不甚清晰的黑白照片。日本学者高桥正此图做了细致的观察,认为其西亚、北非部分深受伊斯兰舆图影响。[3]近年来日本学者出版了数部与此论题有关的著作,如:杉山正明等人的《文明之路

---

[1]以下简称《疆理图》。

[2]《中国古代地图集》(明代),文物出版社,1994年。

[3]高桥正:《东渐せる中世イスラーム世界图——主として混一疆理歴代国都之図について——》,《龙谷大学论集》,1963年,页374。

同氏:《〈混一疆理歴代国都之図〉再考》,《龙谷史坛》,1966年,页56-57。

同氏:《〈混一疆理歴代国都之図〉続考——中世イスラーム世界図との关系について——》,《龙谷大学论集》,1973年,页400-401。

以上资料由何启龙博士提供,谨致谢意。

——蒙古帝国》[1]、海野一隆的《亚洲地理学史研究》、[2]金田章裕等人的《大地的肖像——舆图所述之世界》[3]与宫纪子的《蒙古帝国所产生之世界地图》[4]等。在这些著作中，各位作者除表述已见之外，还公布了日本各地所藏《疆理图》的一些绘本，若干幅题为《明国图》的类似地图其他有关舆图，以及其分幅图，将《疆理图》的研究推进一个高潮。日本学者四日市康博向笔者提供了日本九州岛本光寺所藏《疆理图》绘本光盘，南大韩国学者尹恩子在首尔奎璋阁为笔者复制了该馆摹绘的京都大学《疆理图》绘本，大为改善了笔者的研究条件。在此谨表谢意。

《疆理图》中欧亚大陆的北部部分东起日本海，西抵大西洋。全图未见于前代舆图的地名多集中于中亚、西亚、欧洲与北非。在本文中笔者拟集中讨论此图中所标的五国城诸地及其周边地区的地名。本光寺绘本《疆理图》电子图片将此绘本横向划分为8个分幅图，纵向划分为4个部分，共计32幅图。各图幅相接部分互有重叠。其各分片图幅及编号如表26-1：

表26-1《疆理图》电子图各分片图幅及编号表

13B	13A	09B	09A	05B	05A	01B	01A
14B	14A	10B	10A	06B	06A	02B	02A
15B	15A	11B	11A	07B	07A	03B	03A
16B	16A	12B	12A	08B	08A	04B	04A

所谓黑龙江流域及其周边地区，具体到本光寺藏绘本上，笔者在本文中指的是横向上方第一排的图幅，即编号为01B与05A的两幅分图。具体在全图中的位置如表26-2：

〔1〕杉山正明、弓场纪知、宫纪子、宇野伸浩、赤坂恒明、四日市康博、桥本雄著：《文明の道——5モンゴル帝国》，日本放送协会(NHK)，2004年。

〔2〕海野一隆：《东洋地理学史研究·大陆篇》，大阪，2004年(Kazutaka Unno, *Monographs on the History of Geography in the East*, volumeon Continental Asian Society, Osaka, 2004)。

〔3〕金田章裕、杉山正明、藤井让治编：《大地の肖像——绘图.地图が语る世界》，京都大学学术出版会，2007年。

〔4〕宫纪子：《モンゴル帝国が生んだ世界图》，日本经济新闻出版社，2007年。

表 26-2 黑龙江流域及其周边地区分图位置表

13B	13A	09B	09A	05B	05A	01B	01A

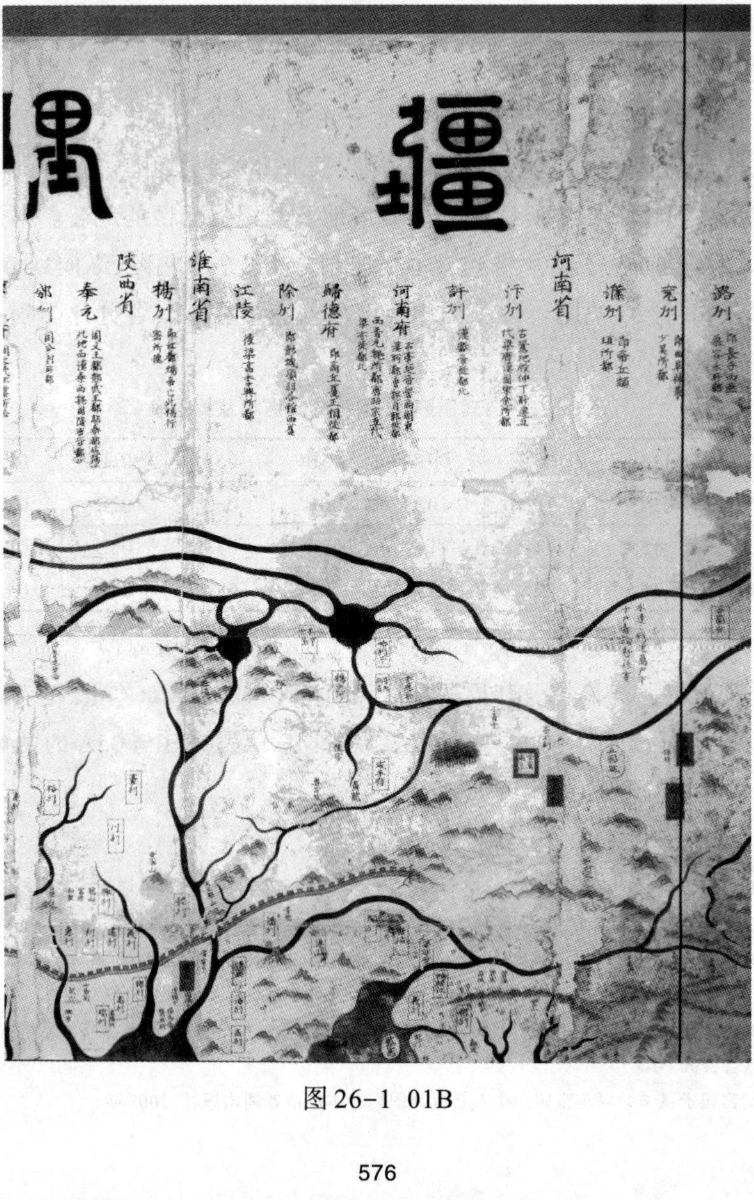

图 26-1 01B

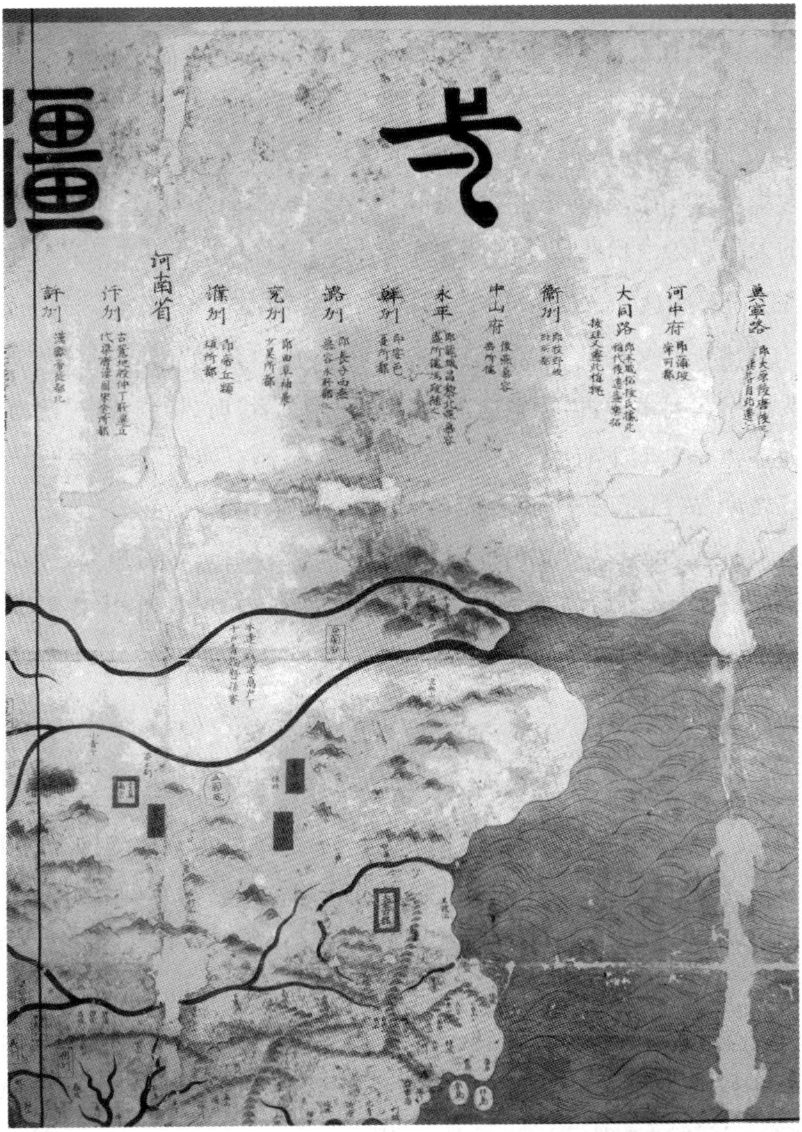

图 26-2 05A

26.1 水达达及其周边

在图01B北部,注有"水达达忽昌改万户下十户福""水达达合阑府"〔1〕与"水达达列速万户下千户青狗魁孙赛"等字。这些字置于一条大河之南,另一条大河之北。两河汇流后注入日本海。其南另一条河标为黑龙江。上述两大河与忽昌改万户之南为"空无山"。上述地名北面的大河当为今松花江下游,南面的大河当为今乌苏里江下游。

26.1.1 水达达

水达达一名首见于南宋彭大雅1232至1233年的北使记录《黑鞑事略》,该书在列举蒙古"残虐诸国""已争而未竟者"时,提到蒙古"西南曰斛速益律子",其下有小字注"水鞑靼也"。"斛速益律子"之末字"子"为"干"之讹,故当订正为"斛速益律干"。

"斛速"为蒙古语husu之音译,意为"水"。但在《元朝秘史》与元代其他史料中,蒙古语"水"均为usu的音译,如在《元朝秘史》中作中水作兀速(usu),例如第188节:

涅昆兀速纳

Nigün usun-a

水名 水行

又《元史》卷135《明安传》记,至元二十九年(1292)"时别失八剌哈孙盗起,诏以兵讨之,战于别失八里秃儿古阇,有功,贼军再合四千人于忽兰兀孙,明安设方略与战,大败之。"这里的"忽兰兀孙",当为蒙古语qula'an usun的音译,意为"红水"。其中之"兀孙"(usun)即水清代马纳斯河以西有地名忽兰乌苏,可见此名并非来自准噶尔蒙古语,而源自元代。

此外,自元、明各时期汉人所编各种蒙古语资料中,水亦均为usu。如《至元译语》"地理门":水,沃速。〔2〕

在13世纪以前的蒙古语中,"在语音方面最突出的特点,在词首原

〔1〕地名置于黑色方框中,位于上述两大河,即松花江与乌苏里江之间。

〔2〕贾敬颜、朱风合编:《蒙古译语女真译语汇编》,天津古籍出版社,页1。

音上出现摩擦音h。如aran读作haran, elige读作helige, on读作hon等。”[1]因此《黑鞑事略》中所谓“斛速益律干”当还原为蒙古语husuirgen,其意为“水百姓”,指当时居于松花江、混同江两岸以捕鱼为生的百姓,也就是元代汉文史料中出现的水达达。

13世纪中叶意大利人普兰诺·卡尔平尼访问蒙古时被告知,蒙古人有四种,其一种为Su-mongol。Su为突厥语,意为“水”,故Su-mongol直译为即“水蒙古”,即水达达。可见水达达的名字传得很远。

元末人周致中在其《异域志》记载了一个称为“无连蒙古”的地方,说它“在海岛中,有城池房屋。其人颇富,出貂鼠。其国近西蕃。”陆峻岭先生在校刊记中提到“《三才图会·人物篇》‘无连蒙古’条作至应天府马行五个月。今地无考”。[2]如果这个“无连蒙古”中的“连”字是“速”字之误的话,即“无连蒙古”原应写为“无速蒙古”的话,则它有可能是usu-mongqol的音译,换而言之,是“水蒙古”——水达达的另一种称呼。

除汉人与蒙古人之外,朝鲜人与水达达也有接触。李朝世宗时代郑麟趾、安止等人以汉文与正音文字混合写作了的叙述李成桂建国艰难经历的《龙飞御天歌》诗作,以为朝祭之需。[3]该诗歌每四行为一章,共计125章。其第53章中提到“阔儿看兀狄哈”(Kolkan Wudige)人,即水兀狄哈,水居,以捕鱼为生。此应即水达达。

26.1.2 忽昌改万户

图中所标“水达达忽昌改万户[4]下十户福”中的“忽昌改”应为“忽里改”之误,即胡里改。元忽里改万户府,乃合兰府下属五万户之一,治地为今黑龙江依兰县。《元史》卷59《地理志二》:

---

〔1〕额尔登泰、乌云达赉、阿萨拉图著:《〈蒙古秘史〉词汇选释》,内蒙古人民出版社,1980年。

〔2〕《异域志》,陆峻岭校注本,中华书局,1981年,页1981。

〔3〕《龙飞御天歌》,金圣七译注,正阳社,韩国印刷株式会社印制(缺无出版年份),中国社会科学院民族研究所藏。

〔4〕日本本妙寺藏“大明国地图”此地名之东有“此去东北尽大山林,远至巨海”几个字(图见〔日〕宫纪子著:《モンゴル帝国が生んだ世界图》,日本经济新闻出版社,2007年同,页38,页248)。

日本大仓集古馆藏《水东日记》所收“広轮疆理图”此处为“过东北尽大山林,远至巨海不可殚纪也”。上引宫纪子书,扉页图7。此书美国国会图书馆藏本附彩绘图全书见宫纪子书,页32。

合兰府水达达等路，土地旷阔，人民散居。元初设军民万户府五，抚镇北边。一曰桃温，〔1〕距上都四千里。一曰胡里改，〔2〕距上都四千二百里、大都三千八百里。有胡里改江并混同江，又有合兰河流入于海。一曰斡朵怜。〔3〕一曰脱斡怜。〔4〕一曰孛苦江。〔5〕各有司存，分领混同江南北之地。其居民皆水达达、女直之人，各仍旧俗，无市井城郭，逐水草为居，以射猎为业。故设官牧民，随俗而治，有合兰府水达达等路，以相统摄焉。有俊禽曰海东青，由海外飞来，至奴儿干，土人罗之，以为土贡。至顺钱粮户数二万九百六。〔6〕

明末查继佐《罪惟录》：

金亡归元，设军民万户府五，镇抚北边曰桃温、曰胡里改、曰干朶怜、曰脱干怜、曰孛若江分领混同江南北水达达及女直之人。有合兰府、水达达等路以总摄之。〔7〕

胡里改是金元时代常见地名。上述《元史·地理志》中所提到的胡里改江即今松花江支流牡丹江。此河在唐代称忽汗河/忽汗水，金代称呼里改江/骨乌里改江。

图中所标"下十户福"日本龙谷大学图此处为"下千户福寿"〔8〕。元制千户分上、中、下三等：

"上千户所，管军七百之上。达鲁花赤一员，千户一员，俱从四品，金牌；副千户一员，正五品，金牌。

中千户所，管军五百之上。达鲁花赤一员，千户一员，俱正五品，金牌；副千户一员，从五品，金牌。

---

〔1〕治今黑龙江汤原县双河古城。

〔2〕治今黑龙江依兰县城附近。

〔3〕治今黑龙江依兰县城牡丹江西马大屯。

〔4〕治今黑龙江桦川县东北万里河古城。

〔5〕治今黑龙江富锦市西南古城。

〔6〕中华书局标点本，页1400。

〔7〕卷6下，四部丛刊三编，涵芬楼影印吴兴刘氏嘉业堂藏抄本。

〔8〕分幅图见宫纪子书，页6。

下千户所，管军三百之上。达鲁花赤一员，千户一员，俱从五品，金牌；副千户一员，正六品，银牌。”[1]

26.1.3 列速万户

图中“水达达列速万户[2]下千户青狗魁孙赛”[3]中的“列速”疑为“吉列迷”之误。有关吉烈迷，元《经世大典》记至元十年(1273)征东招讨使塔匣剌的报告，[4]许多学者已经引用过，兹暂置不论。

“青狗魁孙赛”未见学者做过解释。《元史》提到过女真旧将青狗，其文曰：

> “甲戌，金遣使青狗诱以重禄使降，不从。青狗度其势不可，反臣之。金主怒，复遣宣抚万奴领军四十余万攻之。留哥逆战于归仁县北河上，金兵大溃，万奴收散卒奔东京。”……“丙子，乞奴、金山、青狗、统古与等推耶厮不僭帝号于澄州，国号辽，改元天威，以留哥兄独剌为平章，置百官。方阅月，其元帅青狗叛归于金，耶厮不为其下所杀，推其丞相乞奴监国，与其行元帅鸦儿，分兵民为左右翼，屯开、保州关。”[5]

此名中的“青狗”是否有上文之“青狗”有关，待考。“魁孙赛”，亦待考。

26.1.4 鲸川等处

图01B中北部有地名空无山[6]。本妙寺“大明国地图”在此处增添如下地名：[7]

(1)鲸川、(2)触(?)纯干、(3)旧开原、(4)阿速(干)[卫]、(5)阿都哥、(6)芥哥河、(7)毛怜卫、(8)古州、(9)忽儿海河、[8](10)潭州、(11)理

---

[1]《元史》卷91《百官志》，中华书局标点本，页2311。

[2]日本本妙寺藏“大明国地图”此地名“水达达”之后无其他字，图见宫纪子书，页248。

[3]地名置于上述两大河之间。此地名之后日本本妙寺藏“大明国地图”中有两个地名，分别为：黑龙江、混同江(见宫纪子书，页248)。

[4]此据《元文类》卷41《招捕·辽阳嵬骨》，清光绪刊本，叶32。

[5]《元史》卷149《耶律留哥传》，标点本，页3512-3513。

[6]地名置于上述两大河之南，一座大山脉之北，此山直达于日本海边。空无山，待考。

[7]见宫纪子书，页38，页248。

[8]《嘉庆重修大清一统志》，对“瑚尔哈河”有详注，四部丛刊本，卷67，吉林一，叶20a。

河、(12)金水河、[1](13)稳秃河、(14)按察河、(15)纳亦府(地名置于黑圆圈内)、(16)小白头山、(17)坊州(地名置于黑圆圈内)、(18)松花江、(19)古□□路,今尼麻军、(20)速平江。

上述地名中之“鲸川”,《明一统志》记:

郡名辽东秦名、东平辽名、辽阳金名,形胜负山阻河,控制东土,秦筑鄣塞以限要荒,临闾之西,海阳之北,地实要冲以上俱元志,东北一都会。开元志:南镇长白之山,北浸鲸川之海,三京故国,五国故城,亦东北一都会也。[2]

《钦定满州源流考》抄录《明一统志》:“开元宣慰司,《元一统志》开元路,南镇长白之山,北浸鲸川之海”。[3](四库本)足见乃指黑龙江所注入之日本海。

上述地名中之“阿速干”可能为“阿速卫”之误。此阿速卫关非元代宿卫中之阿速卫,乃奴儿干都司下属正统以后添置诸卫之一。[4]

而上述地名中之“阿都哥”疑为元代之“阿木哥”。《析津志》“大都东西马步站”项下有“天下站名”条,其中几处提到“阿木哥”。如:

驿安　东北五十里洪州　一百二十五里宁昌……正北一百吉答　至此分二路:一路东行至失宝赤万户,一路西行至五失温,其西接阿木哥。

又

吉答　正东牙剌　百二十　苦怜……其西阿木哥。[5]

此阿木哥是否为明阿木河卫,待考。《析津志》“大都东西马步站”中另有“阿木哥大王府”:

蓟州　一百二十里至此,分四路:一路正东至遵化,转东北至北京。一路东南至玉田,东北行至永平,正北至北京。一路东行八里里遵化　九十里东北滦阳　六十里富民　百二十里宽河　一百

[1]《嘉庆重修大清一统志》,叶20b。

[2]《明一统志》卷25,四库本。

[3]《钦定满州源流考》卷13,四库本。

[4]见《明史》卷90《兵志·都司一》,上海中华书局据武英殿本校刊本,四部备要,页631下。

[5]熊梦祥:《析津志辑佚》,北京古籍出版社,1983年,页122-123。

里神山　一百里富峪　北京　今大宁　玉田　正东八十里丰　七个岭　八十里永平　正北五十里建昌　四十里上滦　八十里大姑　九十新店　七十木思　六十里甜水　六十里家店　七十里城子　八十里大部落　北京至分二路：一路正北至阿木哥大王府，一路正东行，至驿安。

大宁　北京八十正北恩州　八十里花道　八十里狗群　东北三十里高州　正北阿木哥大王府……。〔1〕

此阿木哥大王为魏王，其女儿曾下嫁高丽王室。他本人亦曾流高丽。

"毛怜卫"，《明史》卷90《兵志》记"羁縻卫所，洪武永乐间边外归附者，官其长为都督、都指挥、指挥、千、百户、镇抚等官，赐以敕书、印记，设都司卫"。其中与本图幅有关者即"奴儿干都司"，毛怜卫为其下辖诸卫之一，置于永乐三年(1405)。明景泰(1450—1456)年间进士张宁(字靖之，号方洲)记：

钦差正副使、礼科等衙门给事中等官臣张宁等谨题："为公务事臣等先奉敕旨往朝鲜国公干。天顺四年(1460)二月十一日行至辽东都司。钦奉敕：'今得辽东镇守等官奏报：毛怜卫都指挥尚董加等，会合人马往朝鲜国报雠。朕意小国相残，或有此举。恐道路不便，未可前去。敕至，尔即会同镇守等官差人远探消息，以为进止。若有此事，尔且于辽东暂住。待宁静无事然后起行。钦此。'"〔2〕

又记：

钦差礼科等衙门给事中等官臣张宁等臣等，先蒙差往朝鲜国敕谕国王李瑈，责问诱杀毛怜卫都督佥事郎卜儿哈等十六人。〔3〕

〔1〕《析津志辑佚》，北京古籍出版社，1983年，页122-123。

〔2〕《辽东复奏题本》，《方洲集》，卷12，四库本。

〔3〕辽东复奏题本》，《方洲集》，卷12《朝鲜国回还复命题本》。

26.1.5　东京路、开元路等地

图01B中南京有东京路、开元路。[1]东京路为金代地名。《大金国志》记：

二十路：中都路、南京路、西京路、东京路、临(洮)[潢]路、会宁府路……。[2]

东京沈璋曾任路都转运使。[3]此职《大金国志》有如下记载：

转运司十三处：南京路，开封府置司，北京路，大定置司，西京路，大同置司，东京路，咸平置司，……。[4]

《金史》卷24《地理志》记：

东京路，府一，领节镇一，[5]刺郡四，县十七，镇五。皇统四年(1144)二月，立东京新宫，寝殿曰保宁，宴殿曰嘉惠，前后正门曰天华，曰干贞。七月建宗庙，有孝宁宫。七年(1147)建御容殿。[6]

元代袭用东京路之名。元代东京路，治今辽阳。《元史》记，至元七年(1270)五月，

"丁未，东京路饥，兼运粮造船劳役。免今年丝银十之三"。[7]至元九年(1273)十月，"壬辰，中书省臣奏：'高丽王王禃屡言小国地狭，比岁荒歉，其生券军乞驻东京。'诏令营北京界，仍敕东京路运米二万石，以赈高丽"。[8]

《元史·地理志》记：

辽阳路，上。唐以前为高句骊及渤海大氏所有。梁贞明中，阿保机以辽阳故城为东平郡。后唐升为南京。石晋改为东京。金置

---

[1]地名位于上述两大河之南，置于红色方框之内，底色涂红其北隔河为合阑府与水达达列速(吉列迷?)万户。

[2]《大金国志》卷38《京府州军》，崔文印《校注本》，中华书局，1986年，页537。并见《金史》卷24《地理志》，"东京路"，中华书局标点本，页554。

[3]《金史》卷75《沈璋传》，东中华书局标点本，页1722。

[4]《大金国志》卷38《京府州军》，崔文印校注本，中华书局，1986年，页538。

[5]中华书局标点本校勘记(9)："东京路，府一，领节镇一原脱'府一'二字。据殿本补。"

[6]《金史》卷24《地理志》，中华书局标点本，页554。

[7]《元史》卷7，标点本，页128。

[8]《元史》卷8，页151。

辽阳府，领辽阳、鹤野二县；后复改为东京，宜(风)[丰]、澄、复、盖、渖、贵德州、广宁府、来远军并属焉。[1]元初废贵德、澄、复州、来远军，以广宁府、婆娑府、懿州、盖州作四路，直隶省。至元六年，置东京总管府，[2]降广宁为散府隶之。十五年，割广宁仍自行路事，直隶省。十七年，又以婆娑府、懿州、盖州来属。二十四年，始立行省。二十五年，改东京为辽阳路，[3]后废婆娑府为巡检司。户三千七百八，口三万三千二百三十一。壬子(1252)年抄籍数。领县一、州二。[4]

姚燧《中奉大夫荆湖北道宣慰使赵公墓志铭》："东京当高丽、倭奴用兵之冲，其间渤海、女眞、契丹错居，俗各异宜。"[5]《元史》卷59《地理志》记开元路：

金末，其将蒲鲜万奴据辽东。元初癸巳(1233)岁，出师伐之，生禽万奴，师至开元、恤品，东土悉平。开元之名，始见于此。乙未(1235)岁，立开元、南京二万户府，治黄龙府。至元四年(1267)，更辽东路总管府。二十三年(1286)，改为开元路，领咸平府，后割咸平为散府，俱隶辽东道宣慰司。至顺(1330—1332)钱粮户数四千三百六十七。[6]

《明一统志》卷25在开元城项下有小字：

在三万卫西门外。元志：开元城西南曰宁远县，又西南曰南

---

[1]《元史》，标点本，页1419，校勘记(1)："宜(风)[丰]据辽史卷三八地理志、金史卷二四地理志改。"

[2]《本证》卷24证遗1：案纪至元三年，"立东京、广宁、懿州、开元、恤品、合懒、婆娑等路宣抚司。"十五年，"以征东元帅府治东京"。二十三年二月，"立东京等处行中书省"；三月，"徙东京行中书省于咸平府"；七月，"罢辽阳等处行中书省。"志皆失书。二十西年，立行尚书省，志云"行省"，亦略。点校者按，《元史》卷六世祖纪至元六年十月，"赵璧行中书省于东京。"卷7世祖纪至元七年三月，改"东京等路行中书省为行尚书省。"

[3]《元史》卷15《世祖纪》：至元十五(1278)年二月"改南京路为汴梁路，北京路为武平路，西京路为大同路，东京路为辽阳路，中兴路为宁夏府路。"(标点本，页309)但实际上，东京路之名仍然使用。

[4]《元史》卷59《地理志》，标点本，页1395-1396。

[5]《牧庵集》卷28，四部丛刊缩印武英殿聚珍本，页263。

[6]中华书局，标点本，1400。

京，又南曰合兰府，又南曰双城，直抵高丽上都，正西曰谷州，西北曰上京，即金之会宁府。京之南曰建州，西曰滨州，又西曰黄龙府，金改为利涉军，又西曰信州，治武昌县。北曰肇州，治始兴县，东曰永州，曰昌州，曰延州。东北曰哈州，曰奴儿(下)[干]城，皆渤海辽金所建。元废城址犹存。[1]

26.2 五国城

地名置于上述两大河之南，其东为采珠。《建炎以来系年要录》：

是日，二帝自韩州移居五国城。五国城者，在金国所都西楼之东北千里。金人将立刘豫，乃请二帝徙居之。臣谨按《北狩行录》云"庚戌中元迁五国城。乙卯十五日也，故附于此日"。[2]

因为徽、钦二帝被囚于五国城至死，"靖康之耻"因而被深深刻入宋人的心中，而五国城也成为宋人心目中最著名的地名之一。如《明一统志》卷25"五国头城"记，

在三万卫北一千里，自此而东分为五国，故名。旧有宋徽宗葬于此。

五国头城即五国城。据《辽史·营卫志》载："五国部：剖阿里国[3]、

[1]四库本。《明史》卷41《地理志二》记开元路："三万卫元开元路，洪武初废。二十年(1387)十二月置三万卫于故城西，兼置兀者野人、乞例迷、女直军民府。二十一年(1388)府罢，徙卫于开元城洪武二十四(1391)年建韩王府，永乐二十二年(1424)迁于陕西平凉。西北有金山，东有分水东岭，北有分水西岭，西有大清河，东有小清河流合焉，下流入于辽河。又北有上河，东北有艾河流合焉。谓之辽海，即辽河上源也。又北有金水河，北流入塞外之松花江。又镇北关在东北，广顺关在东。又西有新安关，西南有清河关，南有山头关关，又北有北城，即牛家庄也，洪武二十三年(1389)三月置辽海卫于此。二十六年(1393)卫徙。又南有中固城，永乐五年(1407)置。南距都司三百三十里。"(四部备要本，页284。)

[2]卷35，四库本。

[3]伯力，今俄罗斯哈巴罗夫斯克。

盆奴里国[1]、奥里米国[2]、越里笃国[3]、越里吉国，[4]圣宗时来附，命居本土，以镇东北境。”前引《大明一统志》“五国头城在三万卫北一千里，自此而东分为五国，故名”即本于此。《清一统志》在此基础上，又加补充：

五国头城在宁古塔城东北。《契丹国志》：女直东北与五国为邻，五国之东接大海，出名鹰，自海东来者谓之海东青，辽人酷爱。岁求之女直，至五国战斗而后得，不胜其扰。《大金国志》天□八年(1130)宋二帝自韩州如五国城。城在金国所都之东北千里。《明统志》：自此而东分为五国，故名。旧传宋徽宗葬于此。高士奇《扈从录》：自宁古塔东行六百里曰章图哩噶善，松花、黑龙二江合流于此，有大土城，或云五国城。章图哩噶善，原作羌突里噶尚，今改正。[5]

五国部原各有酋帅，后罢五国酋帅，由朝廷直接派驻节度使管理。金朝建立后，于五国头城设置胡里改路，曾将北宋徽、钦二帝囚禁于此。元灭金后，属水达达路管辖。明设忽儿海卫，清设三姓副都统驻防。

“越里吉”部在五国部中居主导地位，其治所为盟城，被称为“五国头城”，或“五国城”。其遗址位于黑龙江省东部松花江下游南岸，依兰县城北门外。西濒牡丹江，东临倭肯河，以倭肯哈达山（俗称东山）和拉哈福山（俗称西山）为东西屏障，南面为牡丹江、倭肯河的冲积平原，曾为水陆交通要冲。现仅存部分残墙断壁。城平面呈长方形，东西长，南北窄，周长2600米。东西墙长约850米，南北墙长约450米。现存墙高1~4米，墙基底宽8米、顶宽1.5米。墙垣以土堆筑，不见马面遗迹，门址已荡然无存。城内已垦为耕地，地表散布着残砖、断瓦及陶瓷片，俯拾可得。出土文物有“青盖盘龙镜”“双鲤鱼纹镜”、带柄镜及铜印等；铜钱有宋代“崇宁通宝”和金“大定通宝”等。1976年曾于城中出东夏国的

[1]今汤原县境内双河村南的“固木纳古城”。

[2]今绥滨县境内松花江北岸敖来河畔敖来村西的“奥里米古城”。

[3]今桦川县东北万里河村的“瓦里霍吞古城”。

[4]今依兰县城北松花江南岸。

[5]《嘉庆重修一统志》，卷68，四部丛刊本，叶16。

“监造提控所印”一颗。“五国头城”是辽金乃至清代东北重镇之一,已建立五城石碑标志,为黑龙江省文物保护单位。

26.2.1 元文人心中的五国城

五国城因系金人囚系宋徽、钦二帝之处,在汉地甚为有名。入元以后,文人诗文是提到此地的乃有不少,如袁桷有诗《皇姑鲁国大长公主图画奉教题·徽宗扇面》云:

水殿风高菡萏清,手题纨扇墨花轻。

君王犹道宫中热,竟上临潢五国城。〔1〕

袁桷在为宋徽宋亲笔诗书写题跋时还提到,“道君书此诗当在宝篆宫〔2〕所制,笔法飞动,有凌云步虚之意,真元杳□诗中有一□真元在杳冥之句,验于五国城下,殆诗□。于□定元年(1324)三月癸卯,袁桷书”。〔3〕

郑元祐《岳武穆王墓》诗记:

栖霞岭南湖水阴,墓木两株高百寻。鬼神撝护霜雪干,日夜怒号风雨音。

山僧纸钱每自挂,陇酋金槌那得侵。精忠既已塞天地,英爽尚尔盘山林。

恨虽无血可化碧,世故有人能范金。恭惟父子一抔土,尚想君臣千载心。

万松岭前行殿废,五国城头寒漏沉。空令遗黎痛至骨,荒坟一上一哀吟。〔4〕

作者在另一首诗《古墙行》云:

某童时侍先人到杭访诸故家,其数至则循王府〔5〕也。府在省

〔1〕《清容居士集》卷45,上海商务印书馆缩印元刊本,四部丛刊,页642。

〔2〕即上清宝箓宫,宋徽宗命建于汴京皇宫附近。

〔3〕《书徽宗御书诗》,同上书卷46,页656。

〔4〕郑元祐:《侨吴集》卷2《岳武穆王墓》,元代珍本文集丛刊,台湾中央图书馆编印,叶2。

〔5〕循王即张俊。〔明〕田汝成《西湖游览志》记“清河坊,与兴礼坊对,宋有张循王俊赐第在焉。俊封清河郡王,故称清河坊。”(上海古籍出版社,1998年,页154)清河坊今犹在。

西天井巷，[1]其北则油车巷也。宋诸王子孙居之者如蜂房，其家粗完则月润先生也。先生讳棋，与菊存先生兄弟行。先人言论孤峭，尊俎间每谓循王功名去韩、岳远甚，特与高宗意合，故享富贵寿考耳。其昆季每闻先人抗论，往往引去，今几五十年。杭故家扫地尽矣，而循王府亦为江浙省官署。向年淮阴龚圣予与菊存交厚，见王府环墙犹坚，完知其版筑时取土于南山，其用意远矣。为赋《古墙行》，其词于王多所褒美。然岂春秋笔削之谓哉，为赋此，庶几黄太史浯溪读碑诗意夫。

“崒嵂环墙连数堵，宋亡犹是循王府。渡南功臣王第一，赐第钱塘贮歌舞。

筑墙远取南山土，军士肩赪汗流股。桢干停匀杵筑坚，小却犹支三百年。

当时能留岳忠武，返旆定可铭燕然。嫖姚忘家子婿戮，宰嚭卖国身名全。

偷安湖山忘大辱，诏谕江南等臣仆。萧墙缭周千柱宫，只欠甑

〔1〕《乾道临安志》“秘书省在天井巷之东，光尧太上皇帝御书右文殿，曰：右文之殿。门曰右文殿门”（卷1，中华书局影印宋元方志丛书，页3125）。《咸淳临安志》“秘书省在天井坊之左，东都建于禁中。绍兴初权寓法惠寺。十三年十二月，诏两浙运司即殿司寨基重建，从秘书丞严抑之请也。”（卷7，中华书局影印宋元方志丛刊，页3416）《咸淳临安志》还在“坊巷”部分提到“天井坊天井巷，旧名通浙坊，稍西为龙舌头”（卷19，同上刊本，页3545）。该书卷1中附图标有此巷（同上刊本，页3345）。

《建炎以来系年要录》卷150记辛卯“秘书丞严抑言：‘本省藏祖宗国史、历代图籍、旧有右文殿秘阁、石渠及三馆、四库，自渡江后权寓法慧寺，与居民相接，深虑风火不虞，欲望重建。仰副右文之意。’于是建省于天井巷之东。以故殿前司寨为之。上自书右文殿秘阁二榜。命将作监米友仁书道山堂榜，且令有司即直秘阁陆宰家录所藏书来上。”（清广雅书局丛书本）此段文字被《宋史全文》抄录（卷21中，《宋高宗》14，四库本）。

天井巷入元后为回回人居住区。宋末元初人周密记载，辛卯岁十二月“二十四日之夜，火作于天井巷回回大师家。行省、开元宫尽在煨烬中，凡毁数千家。”（《癸辛杂识》，续集，卷上“海鳅兆火”条，中华书局，吴企明点校本，1997年，页155。）周密还说，当时天井巷有“张家金银铺”（《癸辛杂识》别集，卷上“丁酉异星”条）。天井巷又称天井坊，距上述清河坊不远。〔明〕田汝成《西湖游览志》记“自清河坊而西，至杭州府治，其街之南，……其街之北为南新街、清望街、德化街、十三湾街、天井坊、文明坊。”（页159）同书又曰“天井坊，以布政司右，旧名通浙坊，今废。其对山有天井。”（页160）

泥蒸后筑。

带砺镌铭在甲第，筑墙不厌高于屋。远雁秋横五国城，帛书无复泪交倾。

可怜忠臣痛刻骨，空令志士死结缨。佞显忠诛谁得失，二百年余昭白日。

旧时每见古墙边，鬼灯夜暗光如漆。墙土于今化作灰，欲问故老心先摧。

只有省垣新筑后，鼓角声殷吴山隈。"〔1〕

元人张宪在《岳鄂王歌》也提到了五国城：

君不见，南熏门，铁炉步，神矛丈八舞长蛇，双练银光如雨注。

又不见，铁浮屠，拐子马，斫踁钢刀飞白霜，贯阵背嵬纷解瓦。

义旗所指人不惊，王师到处壶浆迎。两河忠义望风附，襄邓荆湖唾手宁。

朱仙镇上马如虎，百战经营心独苦。赐环竟坏回天功，卷旆归来卧枢府。

钱塘宫殿春风轻，娇儿安宴醉未醒。徒令功臣三十六，舞女歌儿乐太平。

虎头将军面如铁，义胆忠肝向谁说。只将和议两封书，往拭先皇目中血。

将军将军通军术，君命不受未为失。大夫出疆事从权，铁马长驱功可必。

功成解甲面赤墀，拜表谢罪死不迟。惜哉忠义重山岳，智不及此良可悲。

乌乎！肆谗言，加毒手，申王心，循王口，蕲王湖上乘驴走。

五国城头帝鬼啼，金人相酌平安酒。〔2〕

杨维桢《金人击球图》诗中也写道：

鞑鞨国，鹘产仇，赤药半吐妖狐愁。夹山丈雪走髑髅，黄羊紫

〔1〕郑元祐：《侨吴集》卷2，叶2-3，《古墙行》。

〔2〕《玉笥集》卷2《岳鄂王歌》，四库本。

酪熏神州。

丽春堂前春正好，胭脂妆花绒剪草。君王自作击球戏，说与一作似郎君莫相恼。

鞊虎帜，蟠龙袠，乌纱顶换银兜鍪，四垂带绾双白月，玉脑紧贴金笼头。

袒臂交肩捷过鸟，鐵一作赤棒旋身电光绕。一阵欢声埽地来，火珠迸落双华表。

盲骨天人赤龙须，火伍要与常人殊。画工俗笔不可摹，谩作十国朝王图。

于乎五国城，一丸土，不为羊哥封国户。麒麟脱地地一裂，千古球场吊禾黍。[1]

值得注意的是，上文这里提到五国城的，均为元代文人追念宋事的诗文，且它们均未提到元时"五国城"的具体情况。那么，五国城在元代究竟存在不存在？这个问题事关《疆理图》中"五国城"地名的知识来源，值得深究。

26.2.2 别十八——五国城的另一名称

笔者注意到，宋末元初人周密在描述"狗站"时有一段重要的记载：

伯机云：高丽以北地名别十八，华言乃五国城也，其地极寒，海水皆冰，自八月即合，直至来年四五月方解，人物行其上如履平地，站车往来悉用四狗挽之，其去如飞，其狗悉谙人性，至站亦破狗分例，稍不如仪，必至啮死其人。[2]

元末人陶宗仪抄录了周密的这段记载，并增添了一些内容，且调整了一些字句。其文如下，其中着重点标出字为陶宗仪所增者：

高丽以北名别十八，华言连五城也。罪人之流奴儿干者，必经此。其地极寒，海亦冰，自八月即合，至明年四五月方解，人行其上，如履平地。征东行省每岁委官至奴儿干给散囚粮，须用站车，每车以四狗挽之。狗悉谙人性，站有狗分例。若克灭之，必啮其主

[1]《铁崖集》卷2《金人击球图》，四部丛刊景明成化本。

[2]《癸辛杂识·续集》，上，"狗站"，吴企明点校本，1997年，页133。

者,至死乃已。[1]

上述史文中的高丽以北的地名"别十八",乃为突厥语Beš-balïq的音译,意为"五城",正与周密的注文"华言五国城也"相符。向周密提供消息的伯机即元代著名文人与书法家鲜于枢(1254—1322),号困学山民,寄直老人。伯机是他的字。在《癸辛杂识》中,直接以"别十八"被径直汉译为"五国城",[2]可见鲜于枢与周密都知道它就是囚禁宋徽钦二帝之所。

值得指出的是,在多数元代史料中,凡出现别十八里或别失八里者,多指西北地区天山以北的北庭,即高昌回鹘狮子王的度夏地。别十八里乃北庭的突厥名称Beš-balïq的音译。但这里并非指同一个别十八里,而是指五国城,足见五国城在元代仍然存在。

26.2.3 鲜于枢有关五国城的知识来源

人们会产生疑问,五国城位于女真旧地,当地居民并非操突厥语民族,而元朝的统治民族为蒙古人,为什么鲜于枢要以突厥语称呼五国城? 鲜于枢一生并未去过辽阳,他的消息是从何而来? 换而言之,如果这个城被周密以女真语汉字译音记作"顺札黑彻舍"(五城),[3]或以蒙古语汉字译音记作"塔本八剌合速惕"(五城),一般学者不会感到有什么奇怪。但以突厥语记载这个东北极东北地区的名称,相信绝多大数学者都会觉得奇怪。

笔者为此专门搜检了有关鲜于枢的交游网络中与辽阳地区人氏与操突厥语人物的往来资料。大德元年(1297),廉访佥事完颜贞与时任江浙行省都事的鲜于枢均在横阳,即今之浙江温州苍南县。鲜于枢曾

---

〔1〕《辍耕录》卷8"狗站"条,中华书局标点本,1980年,页97。引文中草体字为陶宗仪所增内容。

〔2〕《辍耕录》中的解释为"连五城"。

〔3〕据阿波文库本《女真译语》"地理门"与"数目门"拟构,女真语"五"为"顺札";"城"为"黑彻"参见贾敬颜、朱风合辑:《蒙古译语女真译语汇编》,天津古籍出版社,1990年,页306、264。女真语复数附加成分为-šï,-sə,-ə,-ta,且以添加-šï,-sə者更为常见。见金光平、金启孮《女真语言文字研究》,文物出版社,1980,页196。

为此作《德泉铭》并序。[1]如果鲜于枢有关辽阳狗站的知识有可能来自他与完颜贞的此次接触的话，完颜贞这个女真人怎么可能将五国城以突厥语称为“别十八”(Beš-balïq)(?)由此可反证鲜于枢有关五国城的信息与完颜贞无关，即完颜贞虽然是女真人，虽然与鲜于枢有过交往，但我们将他排除在鲜于枢有关“五国城”信息来源之外。

值得注意的一位人物是廉希贡，名见于《元史》卷125《布鲁海牙传》，官至两浙都转运使。鲜于枢说他“读书略通大义，尤喜读《易》”，即粗通汉文。但他却是居杭的书法家群体中的一员。而鲜于枢正是当时的书法名家，故而鲜于枢自称“知公最详”。布鲁海牙父子为畏兀儿人。至元二十七年(1290)廉希贡病危，其兄长廉希宪适在杭，鲜于枢记载了其兄弟两人之间诀别的情况：

> 两浙都转运使廉希贡，中统初平章公之弟，累官至正议大夫。余在运幕，知公最详。公于阗人，读书略通大义，尤喜读《易》。为人沉静寡言，乐善有守。至元二十七年七月末旬下血。适其兄□政公以事来杭。八月八日疾革，沐浴易衣冠而逝。家人举哀久之，忽摇手止哭者，起坐谓其兄参政公曰：“吾与兄生同胞，相离十余年。今幸遇会于此，谓必能承事颜色，接杯酒之欢，数月而别。岂

[1]“横阳岸海为邑，土层浅薄，井泉不冽，邑人病之。前宋时邑人宋氏得清泉于昆山之阳，引以巨竹，承以石池，邑人取足焉。岁用竹百丈，役二人，皆出宋氏，今有年矣。大德元年(1297)九月，本道廉访佥事完颜贞按部，见而嘉之。时枢亦以公事至州，公曰：‘是不可不名，亦不可不述。名而述之，非子其谁？毋讓。’枢退考诸《易》，得蒙之象，遂名曰德泉。且告之曰：‘斯泉也当蒙而未达，梯崖架壑，期于必致，非果行欤。既达矣，蓄以育物，非育德欤。育已之德而及于人，若宋氏者，非君子欤。以德名之，其谁不然。’公曰：‘诺’，并序元，乃大书二字于石，旌善劝功焉。铭曰：

觱沸清泉，发兹灵岳。柔滑甘寒，可烹可瀹。
笕以致用，厥施斯博。流泉散雪，四时不涸。
瞻彼巨海，百川所归。出而不返，作醎是宜。
如人之身，漉汗涕泄。泉出百原，譬犹华池。
味甘色白，滟滟生肥。饮之寿考，松乔可希。
坡仙之言，信不我欺。有美宋氏，心瘁体勤。
果行于已，育德于人。功在邑人，泽流子孙。
侃侃廉卓，旌善劝功。扛鼎之笔，虎螭拏空。
勒铭山根，与泉无穷。”
——雍正《浙江通志》，卷268，四库本。

期一病至此，今将永诀。兄能无一杯相饯乎？”时久不饮酒，参政公手斟酪浆一杯饮之，且谓曰：“吾父母去矣，大兄去矣，五弟、六弟又去矣。吾二人年各五十之上，死不为夭。勿以妻子之故乱汝身后。汝之妻子吾竭力以恤之。汝去之后，吾继汝去矣。”公首肯，又嘱其弟端夫理问，及其子可忠等，勉以忠孝，促令鞴马。既告辞，复卧而逝。身后家无一钱，行台赙楮币五十疋，乃归中山。〔1〕

上文中提到的廉希贡之兄“中统初平章公”即廉希宪。廉希宪为世祖朝名臣，至元初曾官至平章政事，因开罪世祖而居家赋闲。时元政府在辽河上游地区设有北京行省。〔2〕阿合马执政之初，北京行省由木华黎之后头辇哥执掌。因木华黎曾受封为国王，故头辇哥拥有“嗣国王”的头衔。辽西地区为成吉思汗诸弟东道诸王以及与蒙古部贵族世第联姻的宏吉剌忒部与亦乞列思部的驻牧地。木华黎出自成吉思汗家族的世仆札剌亦儿人，此地的诸王、驸马势力很强，根本不把代表朝廷的头辇哥国王放在眼里。如东道诸王塔察儿的使臣传达其令旨时，头辇哥不能坐着，必须“立听”。是故，当廉希宪身体稍好后，世祖决定派他出镇辽阳，取代头辇哥。临行时，廉希宪乘轿入宫陛辞。世祖表示，北京行省主要职责就是观察东道诸王驸马私下交通来判断危及国家安全的形势，而世祖在潜邸时廉希宪已经是重要的谋臣，塔察儿很清楚廉希宪在朝中的地位，因此会体察朝廷更换行省大臣的用意。廉希宪至其地后，不但以国法压制诸王驸马的势力，而且在亲王塔察儿的使臣传达其令旨时，廉希宪凸显自己并非黄金家族的世臣世仆，而是朝廷大臣拒不起立。待威信确立后，世祖命头辇哥国王归藩，由廉希宪专行省事。

《廉希宪神道碑》提到过这样一件事：当时一位“长公主”与“国婿”在入朝途中，“纵猎郊原，发民牛车，载其所获，征求须索，其费至钞万五千贯”，廉希宪以驸马纵猎原禽，非因国务而费民财为由，遣使上奏，引

〔1〕鲜于枢：《困学斋杂录》，四库本。此段文字在陶宗仪所编《说郛》卷25下中全文抄录，但文字略有不同。

〔2〕王恽：《中堂事记》卷中，《秋涧集》，卷81，四部丛刊本（上海商务印书馆缩印江南图书馆藏明弘治刊本），页786。

起“国婿”与“长公主”的恐慌。公主请求“钞数偿民”,事乃已。自后亲贵入朝皆不敢纵。[1]

这里提到的长公主应当是世祖之女囊加真公主,她于至元八年(1271)下嫁宏吉剌氏驸马斡罗臣。故上述神道碑中提到的“国婿”即指此人。斡罗陈驸马与囊加真公主入朝时当沿北京至大都的驿路而行,这条驿路在前引《析津志》中有详细记载。他们擅自征发的牛车也当属于这些沿途站户。由此可见,廉希宪这次处理的是一起宏吉剌忒侵犯站户权利的案件。这证明他在行省北京时,曾专门关注过驿站事务。北京行省的前身是中统元年世祖登基时设立的十路宣抚司中的“北京路宣抚司”,治北京(今辽宁赤峰市宁城县),辖原辽上京临潢府与东京路。中统二年(1261)八月,设开元路宣抚司,次年并入北京路[2]。而开元路的驿站恰恰是狗站。

以上论证是说明,廉希宪不但主持北京行省,而且了解开元路的驿站。他在至元二十七年(1290)在杭州期间会见过自己的弟弟廉希贡。廉希宪与其诸弟关系极为密切,其弟不但藏有希宪的画像,而且常与议论政事,元郑元祐《遂昌杂录》对此记道:

---

〔1〕“先以嗣国王条辇哥行省鎮辽霫,东人有言。王疾稍愈,上命王往。肩舆入辞,朝廷大议,朕将与之论决。赐坐,上曰;‘昔在先朝,卿先事知几,每慰朕以帝道。及鄂渚班师,娄述天命,朕心不忘。丞相,卿实当,为顾自退托尔。辽霫戸不数万,政以诸王、国婿分地所在居者。行者联络旁午,明者见往知来,察□烛着。塔察尔诸王素知卿能,命卿往者,当识此意。’王至北京,问民所苦。皆曰;‘有西域人,自称驸马,营于城外,逮系富家,诬其祖父尝贷子钱。讯之使偿,无所于诉。’旦日,持牒告王,即遣吏逮驸马者。其人怒马而来,直入省堂,径坐榻上。王令曳下,跪而诘之曰;‘制无私狱,汝何人?敢尔系民!其械系之。’哀祷请命,国王亦为之言,稍寛待对。一夕拔营遁去。塔察尔使者传旨,国王立听,王坐自如,曰;‘大臣无为诸王起’。也使者还语,其王曰;‘朝廷大臣,彼无违礼也。’诏国王归国,王独行省事。朝廷发宝钞市马六千五百,王遣市东州,尽所发钞,得羡马千三百。王曰;‘上之,则类自衒。其以马依元直予他郡,他郡马不入数,害及其民。终不忍分彼此也。’长公主及国婿入朝,纵猎郊原,发民牛车,载其所获,征求须索,其费至钞万五千贯。王燕公主,从者怨食不及。王曰;‘我天子宰相,非汝庖者。’国婿怒起,立随之曰;‘驸马纵猎原禽,非国务也,费民财不赀,我已驰奏矣。’国婿愕然,入语公主。公主出饮王酒,曰;‘从者烦民,我不知也。请出钞数偿民,幸公止使者。’自后贵人过者,皆不敢纵。”(元明善:《廉希宪神道碑》,《元文类》,卷65,清光绪刊本叶5-6。)

〔2〕《元史》卷4《世祖纪》,标点本,页67。

高昌廉公讳希真[1]，字端甫，由按察佥事累任廉使，以蓟国公致仕。尝出其兄平章公讳希宪像，白皙如满月，冠巾团领，袍手执孟子。公尝言，先兄礼贤下士如不及。方为中书平章时，江南刘整以尊官来见先兄，毅然不命之坐，刘去。宋诸生褴褛冠衣，袖诗请见。先兄亟延入，坐语稽经䌷史，饮食劳苦如平生。欢既罢，某等兄弟请于先兄曰："刘整贵官也，而兄简薄之。宋诸生，寒士也，而兄加礼殊厚。某等不能，无疑敢问。"公曰："此非汝辈所知。我，国家大臣，语默进退，系天下轻重。刘整官虽贵，背其国以叛者。若夫宋诸生，所谓朝不坐、燕不与，彼何罪而羁囚之？况今国家起朔漠，我于斯文不加厚，则儒术由此衰熄矣。"公之卓识有若此哉。[2]

而廉希宪诸弟中廉希贡则与鲜于枢相识。廉希贡在与其兄廉希宪相遇后不久逝去。从鲜于枢绘声绘色地描述廉希贡与其兄诀别的情景判断，他或是在廉希贡家中遇见过廉希宪，或是廉希宪离云后通过廉希贡或其家人之口了解到廉希宪的情况。

因此，鲜于枢上述前往奴儿干狗站所经地别十八的消息，非常可能得自廉希宪。廉希宪兄弟是畏兀儿人，不可能了解五国城在宋人心中的地位。而将"别十八"与"五国城"相勘同的，不是别人，正是鲜于枢。

这一段有关"五国城"与"别十八"的比较似说明，元代不同话语体系的人以不同的名称来称呼这同一个地名。汉人口口相传的是自金时留下来的五国城，而色目人并不了解汉人因宋徽、钦二帝被俘掠，扣押于极东北所产生的五国城情结。当时色目人与汉族文人之间，在这一个地名上是缺乏交流的。

鲜于枢是元代著名书法家，但他与色目人有密切的交往，这一点很少有人关注。除了上面提到的他与廉希宪之弟廉希贡的往来，据元末明初文人叶盛记载，他与高昌王家族还有着亲戚关系。至治、天历年间

---

[1]按，应为"贡"。

[2]上海古籍出版社影印四库本，1991年，页1040-1381；并见《说郛》，卷47下。

的高昌王亦都护帖木儿补化[1]之子伯颜不花的斤为鲜于枢之甥，[2]鲜于枢为其舅。换而言之帖木儿补化之妻似为鲜于枢之姊妹。[3]

伯颜不花的斤《元史》有传。元末他驻守江浙行省信州(今江西上绕)，与陈友谅军拒战。据《元史》记载，在面临危局时，他曾泪下曰：

“所念者，太夫人耳。”即日入拜其母鲜于氏曰：“儿今不得事母矣。”母曰：“而为忠臣，吾即死，复何憾！”鲜于氏，太常典薄枢之女也。伯颜不花的斤因令子也先不花，奉其母间道入福建。[4]

可见伯颜不花是鲜于枢的外孙，其母为鲜于枢之女，叶盛的记载并不准确。但值得注意的是，叶盛说伯颜不花“草书逼真”舅氏。而廉希贡也以书法见长。以此推测，鲜于枢嫁女与高昌王家族联姻或许与廉希贡有关。

鲜于枢家颇似一个闲谈俱乐部。周密对此记道：

贡狮子。近有贡狮子者，首类虎，身如狗，青黑色。官中以为不类所画者，疑非真。其入贡之使遂牵至虎牢之侧，虎见之皆俯首帖耳，不敢动。狮子遂溺于虎之首，虎亦莫敢动也，以此知为真狮子焉。唐阎立本画文殊所骑者，及世俗所装戏者为何物？岂所贡

---

[1]帖木儿补儿为亦都护高昌王纽林的斤之子，火赤哈儿亦都护之孙。

[2]但《元史》卷195《伯颜不花的斤传》称伯颜不花的斤之父为荆南王朵儿只的斤，其祖父为高昌王雪雪的斤。两书所记世系虽有区别，但伯颜不花的斤是畏兀儿贵族，出自高昌王家族则于疑问。

[3]叶盛《水东日记》：“《高昌王世勋碑》。《高昌王世勋碑》，雍虞公叙之详矣。此碑尚存副，在帖睦儿补化之五世孙宣府前卫指挥使宁家。盖帖睦儿补化二子，长不答试里嗣亦都护高昌王，尚阿哈也先忽都公主。卒，传子和赏；次子伯颜不花的斤，字苍岩，为太常典簿，鲜于枢之甥，官至江东廉访副使、浙东宣慰使，介立不群，草书逼真舅氏。和赏嗣亦都护高昌王，镇甘肃。国朝洪武三年(1370)宋国公西征，以全部士马金印归附，除和阳卫指挥同知。洪武七年(1374)卒，赐葬聚宝门外。子伟，字怀英袭职，后调宣府前卫，卒，子永传。宁云，伟之姑妙光，适莽速，前卢州宣让王世子之子，廿五孀居。伟遗腹子，三岁母死，赖姑以生，宁亦遗腹子云”。(魏中平点校本，中华书局，1980年，页265。)

帖睦儿补化→不答试里→和赏的世系可从宋濂的《故怀远将军高昌卫同知指挥使司事和赏公坟记》中得到证实：“公讳和赏，畏兀氏，世居高昌。曾祖纽怜，事元世祖有功，封高昌王。祖帖木儿不花，中书左丞相。父不荅失里，中书平章政事，皆袭王爵。母也先忽都封王夫人。”(《宋学士文集》，卷28，四部丛刊，涵芬楼李氏藏明正德本影印。)

[4]《元史》卷195《伯颜不花的斤传》，标点本，页4411。

者乃狮子之常，而佛所骑者为狮子之异品邪？又云狮子极多力，十余人挽之始能动。伯机坐中闻杜郎中云。[1]

由此可见，鲜于枢家中的座客不仅谈论辽阳的奴儿干、狗站、五国城时饶有兴趣，而且对许多远方的奇闻逸事都很好奇。元朝辽阔的国土与众多的民族的信息，为他们提供了高谈阔论的资料。《大明混一图》与《混一疆理历代国都之图》的绘制背景，应与此有几分相似。

（原刊于《〈大明混一图〉与〈混一疆理图〉研究——中古时代后期东亚的寰宇图与世界地理知识》，南京大学韩国研究丛书，凤凰出版社，南京，2010年，页51–75。）

〔1〕周密：《癸辛杂识》，续集，卷下。

其他

27　草原帝国

——追寻成吉思汗的地理足迹

800年前，一代天骄成吉思汗统一大漠南北(蒙古高原)，建立蒙古国，随后东征西讨，建立了人类历史上疆域空前的蒙元帝国。

其疆域东起朝鲜，西与地中海之滨的叙利亚、小亚半岛的拜占庭以及西欧为邻，北及北冰洋，南临印度洋。在人类历史上，世界范围内不止一个民族建立过疆土辽阔的大帝国。如公元前6世纪波斯人建立的阿黑门尼德王朝(Akhmanids)，公元前4世纪马其顿人建立的希腊亚历山大帝国，中国的汉、唐王朝，公元前后意大利人的罗马帝国，公元7世纪阿拉伯人建立的大食帝国，近代海上强国葡萄牙，西班牙，英吉利建立的殖民帝国与俄罗斯帝国等。而蒙元帝国是文艺复兴以前人类历史规模空前的大帝国，疆域之广只有近代的大英帝国可与之相较。

言及成吉思汗时，便不能不涉及成吉思汗历史上的地位。成吉思汗是中华民族的英雄，毛泽东主席称之为“一代天骄”。

27.1　话题的背景

27.1.1　民族英雄问题

成吉思汗的武力征讨，在当时对卷入战争的人们来讲，无疑是一场巨大的浩劫，有人称之为“一场来自东方野蛮人的黄祸”。但800年后的今天，世界各国的学者从不同的角度重新审视这个草原帝国的奇迹，探求成吉思汗这位草原英雄留给人类的遗产。

(1)民族平等观

(2)统一草原

(3)统一中国

(4)打破此疆彼界

(5)全球化时代的开始

不少学者认为,成吉思汗打通了东西方经济文化交流之路,缩短了地球的距离,改变了世界历史发展的方向,拉开了人类全球化的序幕。成吉思汗和他的草原帝国对人类的贡献,在全球化的今天,将越来越被人们理解。

(6)什么是民族英雄

人们会问,如果成吉思汗是民族英雄,那么因为抵抗蒙古入侵而英勇就义的文天祥的历史地位又应如何看待?

民族英雄的意义是多方面的:体现反抗压迫,体现中华民族不畏强暴、舍生取义的民族气节。

27.1.2 蒙古民族的兴起

27.1.2.1 广义的蒙古史与狭义的蒙古史

27.1.2.2 历史舞台上的操蒙古语民族

(1)东胡—鲜卑—阿干之歌

(2)拓跋—南齐书魏虏传

嘎仙洞:史书上记载,拓跋鲜卑源出于"大鲜卑山"。学者们一致认定"大鲜卑山"就是今大兴安岭。据史籍《魏书》记载,北魏定都洛阳之后曾派出大臣赴大鲜卑山的石室祖庙祭祖,史书中还保留了此次祭祖的祭文。呼伦贝尔市鄂伦春自治旗阿里河镇的当地居民很早就知道,镇西北约9公里处有一个神秘的嘎仙洞。"嘎仙"是鄂伦春语,意为"猎民之仙"。1980年7月考古学家米文平与他的同事们在嘎仙洞的洞壁上发现了铭文,经比对后发现与《魏书》中所记祭文基本一致,足证这里就是拓跋鲜卑的祖居地。这里如今已是一处森林公园,1997年2月经内蒙古自治区林业厅批准为自治区级森林公园。它占地1.5万余公顷,距阿里河镇3.5公里，林海苍茫，古木参天，峰峦叠翠，松桦蔽日，基本保持着1500年前蒙古人居住在大兴安岭时代的原生态的面貌。

丑奴部：拓跋鲜卑中有一个丑奴部，后来改汉姓为"狼"氏。这个丑奴应当是蒙古语čino"狼"的音译。丑奴部很可能与后来的蒙古赤那思部有某种关系。

（3）三十姓塔塔儿（Otuz Tatar），九姓鞑靼（Toγuz Tatar）

（4）契丹、拔也固

27.1.2.3 蒙古部的早期历史

（1）蒙兀室韦：室韦→蒙兀室韦→蒙古部

隋唐时代，在契丹之北散布着室韦各部。而在拓跋鲜卑的故居附近，今中俄界河额尔古纳河上游地区，居住着蒙兀室韦。它是成吉思汗家族所源出的蒙古部的直系祖先。在辽金时代则称为萌古，或蒙古斯，源自女真语。

（2）蒙古高原的蒙古化

公元840年，强盛一时的漠北回鹘汗国在黠戛斯人（今柯尔克孜族的祖先）的袭击下顷刻瓦解，回鹘部众四散逃走，漠北草原陷于无主状况。原先居于大兴安岭地区的许多操蒙古语的部落，包括成吉思汗家族所源出的蒙兀室韦，逐渐开始西迁，占据了回鹘故地—蒙古高原。蒙兀室韦的后裔蒙古部从额尔古纳河流域西迁，移居于今蒙古国肯特省土拉河（土兀剌河）、鄂嫩河（斡难水）与克鲁伦河（怯绿连河）三河的源头——不儿罕山。当时在蒙古人眼中，蒙古高原及其周边地区的部落与民族按其生活与生产方式而言，大致分为两类：即游牧民与"林木中百姓"。

27.1.3 草原社会

在辽金时代，蒙兀室韦的后裔——蒙古部已经是人口众多的大部落，形成了许多分支。在追溯血缘时，各分支都认为自己是受人尊重的老祖先朵奔蔑儿干，特别是其妻阿兰豁阿的后裔。蒙古部各分支分布很广，见之于史籍的蒙古氏族有30余个，成吉思汗家族出自其中的贵族,称为乞颜氏。蒙古部与东邻塔塔儿部是世仇,并与其西北的蔑儿乞部攻战不断。克烈部在蒙古人之西,与蒙古部有长期的同盟关系。蒙古贵族与宏吉剌部与巴儿忽部有姻亲关系。

辽金时代的蒙古草原贫富分化严重,权贵们被称为那颜,其中许多人有各种各样的带有浓厚草原色彩的头衔,如把阿秃儿(勇士,今称为巴图尔)、蔑儿干(善射者)、必勒格(智者)、薛禅(贤者)、太石(太子)等,其配偶常称为旭真(来自汉语夫人)。那颜们高居于普通部落成员与奴隶之上,部落的首领称为罕(汗)。部落内的其他贵族要向汗宣誓效忠,违背誓言者要受到惩罚。

27.1.4 童年艰辛造就英雄本色

成吉思汗出自蒙古部最有权势的贵族家庭,其直系五世祖屯必乃、四世祖合不勒均曾为蒙古部的汗,而其曾叔祖俺巴孩也曾为汗。成吉思汗的父亲也速该是蒙古部中有名的英雄。1162年,也速该在与宿敌塔塔儿部的战争中生俘了塔塔儿部的首领铁木兀格,捷报传回故乡时适逢成吉思汗降生,史书描述说成吉思汗初生时“手握凝血如赤石”,遂将新生的儿子命名为铁木真,以纪念这次胜利。成吉思汗出生在斡难河(今鄂嫩河)畔,其准确地点学者们看法不一,一说是在斡难河上游,今蒙古国境内;一说是在斡难河中游北岸,今俄蒙边境俄方一侧,距涅尔琴斯克(即尼布楚)不远。

铁木真9岁那年,父亲也速该被塔塔儿部下毒致死。辽金时代草原贵族身份是相对的,有权有势的贵族可能因为某种原因迅速破落下去。当时蒙古部为泰赤乌氏俺巴孩汗家族的后裔控制,也速该死后其家庭顿陷困境,时常受到泰赤乌氏的欺凌。后来泰赤乌氏抛弃了铁木真一家,铁木真母子从高居于部民之上的贵族跌入深渊,全家10口人的财产只有9匹马。

草原牧民的心态与草原社会的多变性以及草原人的社会地位的忽起忽落是相适应的。昨天还是由人伺候的贵族在破落后会迅速变换角色,在新的环境中顽强地生活下去。铁木真的母亲诃额仑夫人像一位普通的蒙古母亲,为抚养孩子,做一切能做的事。博大的草原丰富多样的物产为他们提供了衣食之源。她亲自采摘野果,挖掘野菜。铁木真虽然年幼,也带领诸弟在斡难河畔渔猎,贴补家用。生存是艰难的,长年处于半饥半饱之间,然而童年时代所经历的生活变迁和苦难在铁木真的心灵中留下了深刻的烙印,使他具备了改变悲惨命运,重振家业的强烈动力。

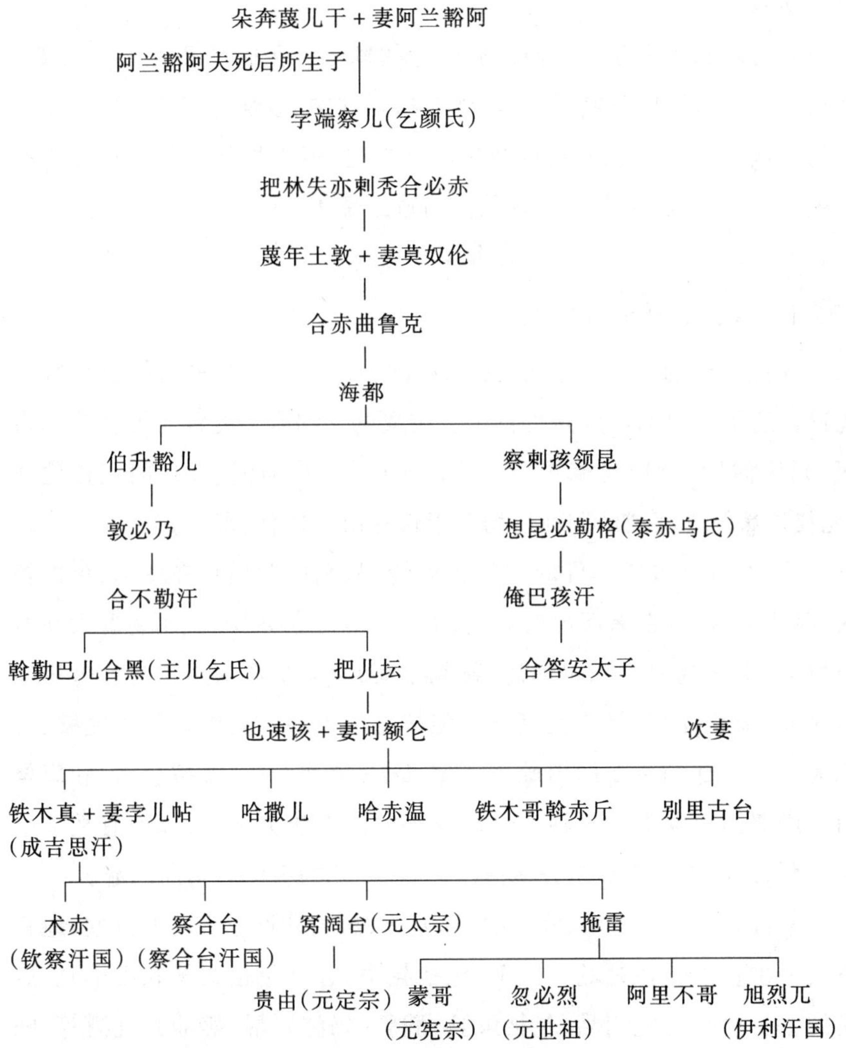

图27-1 成吉思汗家系谱

27.2 帝国的摇篮

蒙古高原北起贝加尔湖，南与华北相接，东至大兴安岭，西抵阿尔泰山，平均海拔1500米。在地理上分为漠南(大致为我国内蒙古)与漠北(今蒙古国)两个单元，相互隔大漠而南北相望。大漠即戈壁，而漠北史称瀚海。

蒙古高原历来就是草原民族逐鹿的舞台。在成吉思汗之前，匈奴、突厥、辽、金、西夏等游牧民族都曾在这片辽阔、富饶的草原上展现了各自的英武。但与他们短暂的演出不同的是，成吉思汗不仅在这片土地上统一了蒙古族、缔造了旷古盖世的草原帝国，而且将这片土地永远地铭刻上了蒙古族的印记——蒙古高原。

27.2.1 成吉思汗时代的蒙古高原

蒙古高原的东部为丘陵、平原和湖沼区，是高原海拔最低处，牧场优良。这里主要的山脉是肯特山。主要的大河有黑龙江上源支流鄂嫩河(元代称斡难河)与流入我国呼伦湖(元代称为俱仑泊)的克鲁伦河(元代称怯绿连河或胪朐河)，均源于肯特山，自西向东流。

杭爱山(在成吉思汗时代称杭海岭)从东向西横亘在中部，色楞格河(薛凉哥水)水系诸河由南向北，最终汇入贝加尔湖，其中主要大河有土拉河(土兀剌河)、鄂尔浑河(斡儿寒河)及其上源塔迷尔河。这里河川纵横，绿草如茵，是漠北高原的传统政治中心。其中南部为戈壁，史称大漠。西部的主要的山脉为阿尔泰山(史称金山，或按台山)和唐努山。唐努山以北的主要河流是叶尼塞河的上源欠河，山以南有札卜哈河，阿尔泰山以南有额尔齐斯河(元代称也儿的石河)，均向西流。

蒙古高原远离海洋，降水少，温差大，属大陆性温带草原气候，地宜畜牧。主要的牲畜是驼、马、牛(包括牦牛)、羊(包括绵羊和山羊)。居民的主要食物是乳制品，包括鲜乳、酸乳(奶酪)、酥(奶油)、乳酒等，间以渔猎所获补充，只有富人才能经常食肉食。据史书记载，一匹母马可供三人饮用，凡有一马者通常有六七只羊。牧民们生活在称为“格儿”的毡帐之中，逐水草而居，以黑车帐白饮为家。每年春夏草青时，牧民们便驱赶牲畜，以车载庐帐移至背阴夏营地（牧民称为夏窝子），以利牲口上膘；而至秋暮北风起时，则转场至向阳背风的冬营地（即冬窝子）。牧民们平时分散游牧渔猎，每年秋冬部落通常举行大猎，部民从四方将野兽向会猎点会聚，供贵族射猎。游牧民以此方式来操演兵事。

牧民最基本的社会单位是氏族，氏族成员有共同的血缘。血缘相近的氏族组成部落。辽金时代蒙古高原的主要游牧部落及其居地大致为：

（1）东部。今蒙古国东部与我国的呼伦贝尔草原，是塔塔儿人的居地。唐代蒙古高原的“三十姓鞑靼”就得名于它。处于其东的是宏吉剌部。

（2）北部。游牧于今蒙古国色楞格河（薛灵哥水）下游两岸的是蔑儿乞部。

（3）中部。今蒙古国杭爱山以东鄂尔浑河（斡耳寒河）与土拉河（土兀剌河）流域，是丘陵起伏的肥美草原，曾孕育过突厥、回鹘汗国，为强大的克烈部控制。克烈人信奉聂思脱里派基督教，深受突厥文化影响。

（4）南部与西部。大漠以南，长城以北地区为汪古部所据；蒙古高原西北部阿尔泰山区分布着乃蛮部。此两部均操突厥语，且信奉聂思脱里派基督教。

“林木中百姓”分布于蒙古高原以北，今贝加尔湖东、西。这里丛山起伏，分布着成片的松、云杉和白桦树原始森林。“林木中百姓”主要以狩猎为业，兼捕鱼和采集，他们饲养的牲畜主要是驯鹿。冬季出行时主要依靠滑雪工具。他们没有庐帐，居住在以树棍、树皮及茅草搭建的棚屋里。他们涵盖许多部落，有森林兀良哈、巴尔忽（即唐代之拔也古）、秃马惕、豁里（即唐代的骨利干）、斡亦剌惕、客思的迷等。

蒙古部所活动的地域是蒙古高原的东部，包括我国的呼伦贝尔草原与蒙古国的东部及俄罗斯的毗邻地区，是蒙古高原水草最为肥美的草原地带。在这里成吉思汗度过了其青少年时代，并积蓄了统一蒙古高原、向外征服的知识与力量。

27.2.2 成吉思汗崛起的秘密

成吉思汗的青年时代,蒙古部处于分裂状态,他受到部内两股最大的势力——泰赤乌氏与札答兰氏的排挤和迫害。草原地域宽广,但人口和物产相对稀少,草原贵族一般没有数量上绝对强大的军队和百姓,常常通过互相结盟的方式,发展、巩固自己的势力。铁木真通过与其父也速该生前好友克烈部贵族脱斡里勒(后来称王罕)和他的好友蒙古部札答兰氏札木合结盟,发动了对蔑儿乞人的战争并一举击败蔑儿乞部。此战是铁木真兴起的转折点,使他摆脱了破落贵族的身份,重新掌握了武力,有了同盟者。战后,铁木真的势力迅速增强,不但其父也速该死后脱离他们的部民纷纷来归,原先属于其他贵族的属民,甚至贵族也来投靠他。大约在1181年,铁木真被部众推举为汗。

通过结盟铁木真初步建立了自己的领地,但真正使他成就霸业的因素除了他过人的军事、政治才华和当时特殊的政治局势外,还有一点不可忽视——他制定了一套适合草原地区军政制度。

成吉思汗称汗后,建立了护卫军,命自己的近侍分别担任豁儿赤(箭筒士)、云都赤(带刀者)、宝儿赤(厨师)、火你赤(羊倌)、阿塔赤(管骟马人)、阿都兀赤(马倌)、抹赤(木匠)等。这些官号与其职掌富含草原色彩,均受铁木真领导,常在他身边。草原游牧行国不同于汉地,没有常备军制度。由于牲畜需要草场,属民平时分散游牧射猎,在战时在首领号令下自备乘马弓矢聚集起来。故而强大的部落首领,甚至强盛一时的游牧帝国,也可能因敌人的一次偷袭而突然失败。铁木真建立具有常备军性质的护卫军是有开创意义的行动,其官制虽然简朴,但却使他与其他游牧部落首领有了根本差别,为他最终成为草原群雄角逐的胜利者创造了条件。

牧民驻营时,通常将勒勒车围成一圈,毡帐就坐落在车仗圈中,称为古列延。一个古列延的人日常生活、劳作都在一起,关系最为密切,也是最熟悉的人。故而在作战时,军队的编成也往往以古列延为单位。成吉思汗后来因与札木合关系破裂而进行的决战中,双方的军队均由13个古列延组成，史称“十三之翼之战”。札木合取得了战争的胜利，但他战后大肆残杀战俘，引起部民的反对，许多人转而投向铁木真，使他的力量在战后反而增强。此战双方出动兵力高达6万人，均是蒙古部成员。从这个意义上说，它是蒙古部统一过程中的重要战斗。此后铁木真平定了内部主儿乞贵族的叛乱，1200年与王罕联兵击败泰赤乌氏。

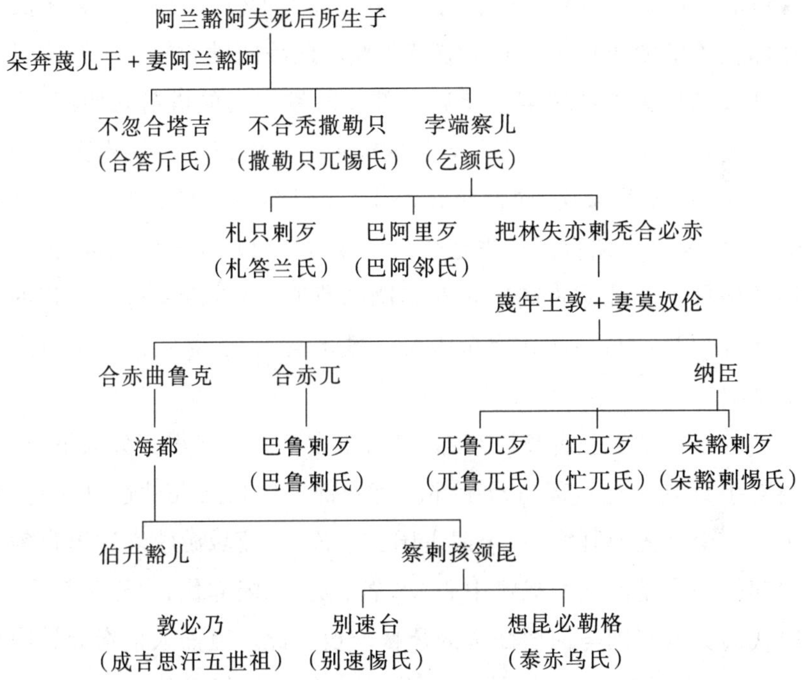

图27-2 蒙古氏族谱

27.2.3 称霸蒙古高原

当时大漠南北诸部为争夺牲畜、牧场与人口而互相攻战不休。各部内部的贵族为争权夺利不停地争斗。而辽金王朝却奴役各部，时而挑动各部间的矛盾，从中渔利。成吉思汗青年时代，蒙古高原的群雄割据，东部是蒙古族与塔塔儿，北部是蔑儿乞，中部是克烈，西部是乃蛮。乱世为铁木真提供了演出英雄剧的舞台。他击败蔑儿乞部，统一蒙古部后，成了蒙古高原霸主的有力争夺者。高原的东部，东起大兴安岭西麓,西面包括今蒙古国的克鲁伦河、鄂嫩河流,北越中俄界河额尔古纳河,以今呼伦贝尔草原为中心,是一片起伏的丘陵草原,坡度平缓,一般海拔不高,天然植被茂密,水草丰美,河流交错,湖泊棋布,是极为优良的天然牧场,载畜条件好,同时又邻近金朝统治区,在历史上更多地受到汉地的影响。谁控制了这块肥美的草原和在这里生活的游牧民,谁就能成为蒙古草原上最为强大的首领。为此贵族们在这里不停地争斗。

塔塔儿部是蒙古部的近邻,也是蒙古部的世仇。1195年,铁木真与克烈部脱斡里勒汗联兵打败了塔塔儿部。此战的胜利树立了铁木真在蒙古部宗亲氏族中的威望。此后东部反对铁木真的塔塔儿残部、宏吉剌部纠集在札木合周围,聚兵于今海拉尔河下游以北。铁木真会同王罕沿斡难河(今鄂嫩河)向捕鱼儿海子(今贝尔湖)进攻,打败了他们。1202年,铁木真率蒙古部兵进至今东乌珠木沁旗乌拉根河地区,消灭了塔塔儿残部。至此蒙古高原东部丰饶的草原,与生活在这片辽阔的土地上的各部兵员与马匹就完全听命于铁木真,为建立蒙古帝国奠定了坚实基础。

铁木真控制了蒙古高原东部以后,蒙古草原上变得三分天下:他的主要对手只剩下克烈部与乃蛮部。克烈部即唐代之九姓达旦,一直在蒙古高原中部的斡耳寒河(今蒙古国鄂尔浑河)流域游牧。这里自匈奴时代起就一直是漠北的战略中心,水草丰美,丘陵起伏,史称于都斤,隋唐时代的突厥汗国与回鹘汗国的牙帐均设于此。克烈人信奉聂思脱里派基督教,深受突厥文化的影响。蒙古乞颜氏贵族自从也速该时代以来,一直与克烈部贵族保持着联盟。铁木真在父亲死后,依靠克烈部王罕的帮助开始称汗,他与王罕以父子相称,并在王罕的支持下统一了蒙古高原东部,同时他也尽力帮助王罕。当克烈部王族内乱,王罕失败后出逃西辽时,他向王罕伸出援手,协助他复辟。铁木真提供的帮助也使克烈部成为蒙古高原上实力最为强大的集团,其势力东深入蒙古高原东部,西与占据阿尔泰山区的乃蛮相接。

乃蛮人游牧于阿尔泰山南北和额尔齐思河上游,这里是突厥人的故乡,也是沟通蒙古高原与中亚地区的要道。历史上北匈奴、西突厥均中从这里西迁中亚。金末耶律大石也经由这里前往中亚，建立西辽王朝。这条通道被学者们称为东西交通的“草原之路”。乃蛮人操突厥语，信奉聂思脱里派基督教，深受畏兀儿人的影响。在辽金时代乃蛮是蒙古高原上文化最高的部落。铁木真崛起时，乃蛮部王族兄弟不和，兄长为塔阳汗，此称号来自汉语“大王”，臣属于西辽，统治着阿尔泰山之北的丘陵草原地区，其地水草极为丰美。其弟不亦鲁黑汗率另一部分属民居于阿尔泰山区及其南的额尔齐斯河流域。

1203年和1204年，经过一系列战争，成吉思汗分别消灭克烈部乃蛮部，整个蒙古高原都处在铁木真的统治之下。

27.2.4 蒙古武力的秘密——蒙古马

蒙古族是马背上的民族，蒙古军队战斗力超强的原因之一就是他们胯下的蒙古马。体形较小、善于长途跋涉的蒙古马使蒙古铁骑具备了高度的机动性和较强的远程作战能力。

蒙古高原是马的原产地之一，其主要的马种是蒙古马，与曾存在于准噶尔盆地中的野马——普烈热瓦尔斯基野马相当接近。野马是经过近6000万年进化而来的一个生物物种，远古时代曾广泛遍布于世界各地，至19世纪仅存于我国新疆、甘肃、内外蒙荒漠草原上。1878年为沙俄地理学家普热瓦尔斯基(Przewalskii)在新疆准噶尔发现，并向世界介绍，被定名为普氏野马(Equus Przewalskii)，也称为亚洲野马、蒙古野马。野马被运至欧美各地圈养，而生存于自然界的野马后来由于滥捕和自然条件的恶化反而绝灭了。普氏野马体型小，背毛为土黄色，鬃毛、鬣毛直立；其最大的特征是头颈粗大，膝盖以下黑色；尾形接近驴尾，善于奔跑。

蒙古草原的主要马种是蒙古马。蒙古马从外形上看毛色棕红、白或黄红，体态结实，肌肉发达，背腰平直，四肢短而强健，蹄质坚硬，额宽头大，体形相对矮小。它最大的优点是有持久的耐力，善于奔跑，8小时可行60公里左右路程。同时蒙古马生命力极强，耐暑耐寒，宜放牧，抗病力强，对自然气候与环境条件有较强的适应性。蒙古马虽然不如西域的阿拉伯马和汗血马那样高大、威风，但它耐力与生命力强的特点，使它平时最宜游牧民族放牧、转场与射猎，而战时则是冷兵器时代骑兵的最佳战马。

游牧部落与定居民族在人口与兵员对比上处于劣势。为了对抗定居民族以设防坚固的城池为主的防御体系，他们军队的战斗力主要体现在其高度的机动性上。蒙古马种群数量大，获取较易。故蒙古军长途行军或奔袭时，常一人随带二、三匹马，在行军中不时更换，以维持高速行进。这样蒙古军常常会出其不意地发动进攻。游牧民族军队的这种机动性，在成吉思汗手中发挥到极致。

当代在世界各地赛马场上最常见的是阿拉伯(中国古称大西马)的后裔——纯血马。这种马颈长体高，四肢修长，身体各部位棱角分明，线条清晰，轮廓流畅，极为优美。其最大的特点是速度快，幼驹在出生后数小时便能跟着母马自由运动，成年的马匹时速可以达到60公里，一步便可跨出4、5米远。它最大的缺点是耐力差，不能长途奔跑，其高速奔跑距离一般不超过2公里，不宜用作战马。

另一个世界著名的马种是阿哈尔捷金马，即汗血宝马(我国元明两代又称为阿鲁骨马)这种马头细颈高，四肢修长，皮薄毛细，步伐轻盈，力量大、速度快、耐力强。但它主要食用苜蓿，较为娇贵，不耐粗放，无法大量放养，只能用作统帅的乘骑，不可能作为战马大量武装部队。

27.2.5 成吉思汗的政治创举

1206年，铁木真在斡难河源之地召集贵族大会，上尊号曰“成吉思汗”，其国家称“也客·蒙古·兀鲁思”(Yeke Mongghol Ulus)，即“大蒙古国”。成吉思汗为蒙古国奠定了一系列制度：

(1)封95千户：在出兵征服乃蛮之前，成吉思汗已经把自己的军队划分为千户和百户。成吉思汗建蒙古国后，又进一步把全蒙古百姓划分为95千户，分别授予自己的功臣，由他们分任千户长，世袭统治。各千户的人数并不固定。千户之上置4个万户长。千户之下分为若干个百户，百户之下为十户。千户、百户制度取代了旧日的氏族部落组织，蒙古草原的牧民被严密地组织起来。平时游牧射猎，战时出兵成阵。千户那颜们成为成吉思汗家族统治的支柱。这95个千户是成吉思汗军队的核心与骨干。

(2)建护卫军：草原游牧部落无常备军，男丁凡力能挽弓者，战时皆为战士，平时则各归部落。故部落贵族平时只有贴身护卫在侧，自古游牧强部其兴也忽，其亡也速。成吉思汗对游牧军事制度进行了革命性的改造：征服乃蛮之前，他就开始建立护卫军——一支常在可汗身边的武装力量，使蒙古部在军事上比同时代的任何部落都要强大。建立国家后，成吉思汗把护卫军扩大到一万人，包括一千名宿卫，一千名箭筒士和八千名散班。其主要职责是保卫可汗的金帐并负责汗廷的各项事务。成吉思汗规定了严格的护卫制度：护卫分为四队，轮番值宿，号称“四怯薛”。怯薛(kešig)是轮番值护卫的意思。任何人未经怯薛许可，不得接近宫帐。四怯薛之长由成吉思汗四名最亲信的那可儿博尔忽、博尔术、木华黎和赤老温家族世袭。战时却薛由可汗亲自统率，居于战阵的中军。怯薛作为可汗的近侍，在平时是部落内部汗权的象征，战时则成为军队的核心。后来怯薛在蒙、元上层政治生活中发挥了巨大的作用。怯薛成员调任外官多担任重要职务，是蒙古贵族弟子步入政坛的最便捷途径。

(3)设大断事官：蒙古军旅之事由万户、千户掌管，而刑政则由断事官处置。断事官蒙古语称为“札鲁忽赤”(Jarquči)。蒙古立国之前，已有此官。1206年成吉思汗命养弟失吉忽秃忽为“普上断事官”(大断事官)，其职责是掌管民户和司法之权，相当于汉制的丞相。这一职务虽然简古，具有浓厚的草原文化色彩，但使其国家有了初始的民政系统。断事官的这种地位一直保持到元世祖忽必烈初年。此外诸王、贵戚的分地也置断事官治理本部百姓。

(4)定札撒：早在成吉思汗建国以前，蒙古人中就存在着“古来的约孙”。约孙有“道理”“规矩”等意义，蒙元时代通常译为“体例”。它包含了草原民族在长期的历史过程中形成的种种社会习惯和行为规范。札撒则是统治者颁布的法令，它在契丹人中已经存在，辽代译称为“闸撒”。蒙古国建立时尚无文字,早期的札撒只是口头宣布的号令和训言。西征之后,札撒的编集工作最终完成。札撒全集被称为“大札撒”。书写于纸卷上,收藏于金匮宝库之中。在元代,凡宗王大会,诵读成吉思汗札撒成为制度。《大札撒》的全文已经失传,但其部分内容依赖中外各种史书保存了下来。

(5)创制蒙古文:成吉思汗攻灭乃蛮后,抓获在乃蛮为官的畏兀儿人塔塔统阿,并缴获他的携带的印信。铁木真不知印信为何物。塔塔统阿答称收发公文,出纳钱粮均需盖印以示信用。成吉思汗遂命塔塔统阿以畏兀儿字拼写蒙古语,教诸皇子。这种蒙古文以后迭经改进,一直行用至今。明末东北的女真部落受蒙古文影响,创制了满文。

蒙古国的建立是大漠南北历史上划时代的伟大事件。在此之前,大漠南北诸游牧部落各有名号,蒙古只是其中一个部落的名称。蒙古国建立后,受成吉思汗统治的诸游牧部落都成为蒙古的属部,采用蒙古作为他们的总名。一个统一的蒙古民族共同体出现在历史舞台上。自唐末回鹘汗国瓦解之后,在长达350多年的时间里,蒙古草原诸部长期处于分裂状态,不但各部落之间为争夺草场、人口而不断互相仇杀,世世不绝,而且各部落内部贵族们也为争权夺利内争不断。这种乱世所带给普通牧民的苦难是难以历数的。因此,结束草原诸部四分五裂的局面是历史的呼声,统一蒙古高原是符合绝大多数贫苦牧民的愿望之举。这也是成吉思汗得以成功的基本社会动力。

27.3 草原以外的内陆亚洲——绿洲世界

在中国古代众多的帝王当中,大概只有成吉思汗是最具有世界性影响力的人物,之所以如此,在很大程度上是由于成吉思汗及其子孙进行了西征。但被部分西方史学家和政治家称为一场天灾、一场浩劫,一场来自东方野蛮人的黄祸的西征,并非成吉思汗的本意。

成吉思汗祖孙在蒙古高原进行的一系列征讨,基本的出发点是为报杀父之仇、为雪夺妻之耻,为自己的家族建立一个稳定的家园。他统一蒙古高原后本来是想与西域诸国和平相处、沟通往来，但一场东西方商业冲突迫使他不得不改变初衷，进而改变了世界的发展方向。

印度前总理尼赫鲁先生在《翻开看世界历史》一书中曾客观地分析了成吉思汗西征与经商的关系，他说：成吉思汗在占领"朝鲜、唐古特之后，本想停止扩张。他并没有打算攻占西方诸国，而且想要同花剌子模沙拉和平相处。但是沙拉的一个督统杀了蒙古商人。在这种情况下，成吉思汗仍然是希望和平相处，派使团要求处理杀死蒙古商人的督统。沙拉不但没有同意成吉思汗的要求，反而杀害了使团团长，其余的成员被剃光胡须押出国境。成吉思汗当然不能容忍这种无理行径，做好准备后于1219年进攻并摧毁了花剌子模。""沙拉杀了成吉思汗的使者，这是血仇，所以成吉思汗攻打花剌子模，报了仇。"

27.3.1 东亚与中亚往来已久

蒙古草原与中亚北部草原同属广义的欧亚草原，之间没有截然的界限与难以逾越的自然障碍。东亚与中亚的游牧民之间有着密切的往来。漠北游牧民在历史上多次西迁中亚草原，在那里立国。历史上的月氏西迁后来建立了强大的贵霜王朝。雄居中亚草原的乌孙、西突厥、歌逻禄与西辽也是典型的例子。

游牧民族从蒙古高原东部迁往中亚的主要路线是，沿注入我国呼伦池的蒙古国克鲁伦河（怯绿连河）一路西行，至土拉河（土兀剌河）上游，再沿土拉河而下，历蒙古国首都乌兰巴托附近，至鄂尔浑河（斡耳寒河）上游的古回鹘城（即于都斤，元代之哈剌和林），沿鄂尔浑河向北下行，至与塔迷河汇流处，沿塔迷河上溯，沿杭爱山（杭海岭）西行，至札不罕河上源，沿此河流域一路西行，至今科布多。

由此分两道。常行之道为取额尔齐斯河（也儿的石河）上源之一布尔干河南下，越金山（阿尔泰山），进入今我国新疆阿勒泰州，越准噶尔南下，至天山，顺北麓沿今乌鲁木齐—伊犁西行，至伊犁出境，至伊塞克湖，北越天山复至天山以北至碎叶川，再西行至塔剌思。另一道为从今蒙古国科布多取额尔齐斯河上源之一布尔干河一路西行，至此河与乌龙古河汇流处，再沿乌龙古河沿金山北麓西行，至乞则里八寺海（今新疆福海）；或沿额尔齐思河主源西行，至乞则里八寺海，越金山而至霍博（今新疆和布赛尔），一路西行至叶密立（今新疆塔城额敏），沿叶密立河（今额敏河）西行出境，至今哈萨克斯坦境，沿阿拉套山南下，至伊犁河，与前路汇合。

27.3.2 花剌子模

就在成吉思汗建立蒙古国的1206年，花剌子模背叛西辽。花剌子模（Khwarezm）为中亚古国，位于阿母河下游。古代花剌子模人为东伊朗人的一支，其语言被学者们命名为“花剌子模语”，与粟特语、和田塞语相近。居民原来信奉祆教，以灌溉农业为生计。阿拉伯征服中亚后，伊斯兰教自粟特地区向北传播，同时来自咸海东北的操突厥语康里、古思的诸游牧部落也不断南下，使这里的民族成分和文化面貌发生改变。至12世纪时，花剌子模的居民已经基本上突厥化。但其王仍沿用旧号，称为“沙”（Šāh）。西辽建立后花剌子模沙阿即思（’Azīz）称臣，每年邀纳贡赋为3万金“抵纳”（dīnār）。〔1〕随着西辽国势的衰落，花剌子模于1206年杀死西辽索取贡赋的使臣。蒙古和花剌子模的崛起，是西辽统治迅速瓦解的决定性因素。成吉思汗除灭乃蛮后，亚洲大陆中部几乎同时兴起的两大势力在忽阐河流域东部已经互相结壤。

花剌子模的国力所依靠的，基本上是阿母河、锡尔河两大内陆河沿岸引水灌溉所形成的绿洲农业经济及其周围草原的游牧经济。中亚引水灌溉的历史虽然久远，但绿洲的面积都不大，其经济规模也很小。其境内最大的撒麻耳干（今乌兹别克斯坦撒马尔罕）与不花剌（今乌兹别克斯坦布哈拉）绿洲其纵横也不过百余公里，人口与经济规模都十分有限。其最大的绿洲密集区—费尔干那盆地（今分属乌兹别克斯坦、塔吉

〔1〕〔明〕“四夷馆本”《回回馆杂字》增续部分“珍宝门”序号第117（894）词“دينار（dīnār），金钱，底纳儿”，即此。〔明〕陈诚、李暹所著《西域番国志》解释“抵纳”为“银钱重八分者”。巩珍在记述忽鲁谟斯国时亦说那里“以银铸钱，名底那儿，径官六分而底有纹，官称重四分，通行使用”——《西洋番国志》，向达校注本，页42。可见دينار（dīnār）并不一定指金币。参见拙著《〈回回馆杂字〉与〈回回馆译语〉研究》，中国人民大学出版社，2008年，页367。

克斯坦与吉尔吉斯斯坦三国),也不过3万余平方公里。绿洲之间为广袤的沙漠阻隔,交通不便。在这种经济基础上建立的国家,是难以威胁东亚大陆的,这就是为什么历史上从来没有发生过中亚强国征服东亚的根本原因。

花剌子模的领土分为两部分,与西辽接壤的忽阐河(今锡尔河)以北、以东地区是广袤的中亚草原,是两汉时代乌孙与唐代西突厥故地。草原上零星分布着草原城镇,规模一般都很小。另一部分是天山以南的绿洲农耕区,其自然条件与我国新疆的绿洲非常类似。中亚地区与东亚一样,北方游牧民族与南方农耕定居民之间有着既相互对立又相互依存的关系。但中亚地区的绿洲的面积远小于东亚大江大河中下游的冲积平原,其人口数量与经济规模也远小于汉地,这就使得中亚绿洲在与北部草原的对抗中长期处于劣势。

而成吉思汗所占据的是曾经形成过匈奴、鲜卑、柔然、突厥、回鹘诸游牧强国的蒙古草原,其南方与辽阔的汉地农耕区为邻。汉地的农业经济和人口的规模,超过中亚绿洲的许多倍。成吉思汗在西征之前已经攻下了东北、华北的大片地区,并得到了畏兀儿、哈剌鲁、西辽诸降附地区的人力物力的支援。他所掌控的草原游牧民族的武力与邻近汉地农耕经济力量之和,比较花剌子模的国力来,要占据明显的优势。

27.3.3 花剌子模的覆灭

中亚自阿拉伯入侵以后逐渐伊斯兰化,但是宗教、民族的变化并不能改变这里绿洲经济的特征和地处中、西文明的中间的地理位置。规模狭小的绿洲经济需要与邻近地区维持经常性的商品交换,而地处东、西文明之间的地理位置又使长途贾贩成为当地人谋生的重要手段。草原游牧民因为生活流动性大,只能发展简单的手工业,因此贸易是游牧经济的重要补充。蒙古与花剌子模两大强国的领土相连大大便利了回回贾客。成吉思汗在东西商路上设置守卫,颁布札撒鼓励商贾前来经商。

由于蒙古同花剌子模直接接壤,往来方便,与蒙古贸易又有厚利可图,因此不少回回商贾前往东方贸易。但在花剌子模边城讹打剌城

(Otrar,位于今哈萨克斯坦锡尔河中游土耳其斯坦),当地守将哈只儿·只阑秃贪图成吉思汗的一个由450人组成的庞大商队的财物,杀害了所有成吉思汗的商使。花剌子模统治集团的暴行使蒙古朝廷为之震动。成吉思汗并未立即诉诸武力,他派出使臣前往花剌子模,指责摩诃末沙违背两国保护商使的协约;要求引渡肇事元凶,否则蒙古将进行报复。摩诃末沙竟又下令处死成吉思汗的一名使臣,并对使团的两名蒙古使臣大加侮辱。成吉思汗的和平努力归于失败。讹答剌所发生的骇人听闻的惨剧和暴行成了后来成吉思汗西征的直接起因。但根本上,西征是因蒙古草原与中亚绿洲贸易摩擦而引发的战争。

元太祖十四年(1219年)夏成吉思汗率大军西行拉开西征序幕。花剌子模在战略决策上严重失策——将全国为数达40万的骑兵编成为几个重兵集团,分屯各战略要地。以绿洲农耕为主业的花剌子模,各地封建主均依托本绿洲而存在,采取这一防御策略并不奇怪。但以这种依托各绿洲分别防御游牧民族入侵的战略,使花剌子模无法集中力量与蒙古军决战,反而便于机动性很高的蒙古军骑兵四下出动。蒙古军队采取分割包围、各个击破的战术,使花剌子模在整体上处于被动挨打的境地。

1920年,蒙古大军在乃蛮故地也儿的石河(今额尔齐斯河)驻夏,而后向西南行至海押立,首先攻取曾经屠杀蒙古商使的讹答剌城。讹答剌位于忽阐河与其支流阿雷斯(Арысь)河的汇流处,是10—14世纪忽阐河中游最重要的商业城市,从中国内地经漠北、中亚草原前往伏尔加河下游以至欧洲的必经之地。在讹答剌郊外,成吉思汗将蒙古军分为四路进攻花剌子模诸城。战斗持续了5个月,最终以哈只儿·只阑秃被俘,蒙古军把讹答剌夷为平地而告终。

1220年3月,蒙古大军占领花剌子模重要的绿洲城市不花剌(Bukhara)和撒麻耳干(Samarqand),此两城为中亚传统的政治与经济、文化的重心。不花剌为撒曼王朝的故都,西辽曾在撒麻耳干设河中府,是花剌子模的新都。

蒙古军队横扫花剌子模全境,成吉思汗三位年长的皇子术赤、察合台、与窝阔台攻占了花剌子模本土，即今阿姆河注入咸海的三角洲地区（今分属土库曼斯坦与乌兹别克斯坦，位于此两国北境接壤处）；成吉思汗幼子拖雷越阿母河攻入呼罗珊西部（今土库曼斯坦、阿富汗与伊朗三国交界处）；成吉思汗大将哲别与速不台追击花剌子模沙进入伊朗北部，生俘花剌子模王妃子女，继而越太和岭（今高加索山）进入钦察草原（今俄罗斯、乌克兰伏尔加河、乌拉尔河中下游草原），击败斡罗思（今俄罗斯）诸王公的联军；而成吉思汗则自将大军渡阿母河而南，至越大雪山（今兴都库什山，位于今阿富汗），在印度河畔（今巴基斯坦境）击败花剌子模新王札兰丁后，才班师东回。

27.4　中国历史上最辽阔的版图

成吉思汗统一蒙古高原后，其南部的政权主要有三个：西南部的西夏、东南部的金，以及长江以南的宋朝。从1205年成吉思汗首次征讨西夏开始，到1276年忽必烈灭宋，历经71年征战，成吉思汗及其子孙先后击败这三个政权，实现了对中原的统一。忽必烈灭宋后建立的元朝政权包括蒙古高原和汉地，西北的吐蕃和西南的云南首次进入中国的版图。

27.4.1　草原和汉地的依赖和对抗

蒙古高原所处的欧亚内陆的北部，地处高纬度地区，远离海洋，其主要的植被是草原与森林，自古生活在这里的人们发展畜牧与采集。而欧亚大陆的南部，其沿海地区处东南季风带，多雨湿润，农耕是主要生产方式。由于土地承载能力的不同，草原地区的人口远远少于农耕区。而因为自然条件的不同，游牧经济抵御自然灾害的能力也远弱于农业经济。这种游牧民与定居民对自然资源的占有不同，形成了他们不同的生活与思维方式。同时北方草原与南方农耕区之间的毗邻地理位置，使游牧民族与定居民族之间在历史上演绎着一种既相互对立，又相互依赖的关系。以汉地与蒙古草原的为例：大漠南北是自古是汉地战马的主要来源,草原所出产的皮裘、牲畜也为汉地居民所需。而汉地所出产的谷物、茶叶是草原牧民重要的食物;金属器具、陶瓷器皿也是汉地输向草原的传统商品。在和平时期,双方通过关市贸易互通有无。在草原发生天灾,牧民无以为生时,或在双方处于战争状态时,入掠汉边是游牧行国的经常行为。而当汉地王朝向游牧部落用兵,深入草原作战时,掠取牧民的马匹、牲畜也是军事行动的主要目的。

从人口上来说,整个大漠南北所有游牧部落加起来,也抵不上汉地一个州郡。草原游牧民能与汉地王朝相对抗的,是全民皆兵的军事动员制度和军事力量的游动性。双方的军事思想也有很大的不同。中原王朝自古视兵者为国家大事,把军事行动作为一件系统工程来对待:且不说征集军队,补充装备需长期准备,单是为大军准备给养便是一件极为重要的工作,任何一位统帅也不敢忽视,所谓兵马未动粮草先行。而游牧民从小在马上生活,逐水草而居,平时射猎,战时凡力能挽弓者皆为战士。每候秋季马肥,便是大军出动之时,士卒不鞍而骑,军队不备粮草,驱牲畜同行,随时就地取得给养。

在这种情况之下,汉地与草原的角力不但具有不对称性,且有整体对抗性质:当草原上的强大的部落统一大漠南北,游牧诸部形成合力时,就会对汉地形成巨大威胁。如果此时汉地处于统一状态,能够集中调用整个农耕区的人力物力,则可能最终击败游牧帝国,两汉与匈奴及隋唐与突厥的关系就是典型。而成吉思汗兴起时,在东亚大陆处于分裂时期:辽、金王朝先后割据北方,宋退居南方,而西北和西南则有西夏、高昌回鹘、西辽、吐蕃与大理。这些政权之间的争夺消耗着它们的国力,使它们不能全力抵抗游牧民族的入侵。

27.4.2 六攻西夏

西夏人称自己的国家为"白高"国,西夏是宋人的称谓,而蒙古人则称之为"河西"。西夏是羌族的一支党项建立的民族政权。1038年,党项族首领李元昊称帝建国,定都兴庆府(今宁夏银川市),国号大夏,史称西夏。疆域东据黄河,西界玉门,南临萧关,北控大漠。其最盛时疆土包括今宁夏全境、甘肃的大部、陕西北部与青海东部，内蒙古的西南部，及蒙古国的邻接部分。

党项人原本是游牧民族，建立国家后其统治地域扩及农耕区。其农耕区集中于今宁夏引黄灌区和河西的武威、张掖地区。而其牧区主要在今陕北、内蒙古的鄂尔多斯与阿拉善的额济纳地区和青海。西夏不但农耕畜牧兼具，而且矿冶与手工业也十分发达。西夏出产的镔铁刀与甲胄当时名扬天下，盐与土特产是其大宗出产。西夏从宋输入的有丝织品、粮食、茶、药品等，输往宋境的主要是药材等物。

西夏北境与克烈、乃蛮相接，早有交往。克烈部与西夏的关系尤为密切。成吉思汗首次进攻西夏的原因，是因为克烈王子桑昆逃入其地。1205年3月，成吉思汗灭乃蛮后，第一次越大漠南下侵入西夏，攻破其边城力吉里寨，并进入邻近诸地抢掠。1207年，成吉思汗复以西夏不肯纳贡称臣为由再度入侵，破兀剌海城。1209年，成吉思汗准备攻金。为保障侧翼安全，发兵第三次侵夏，从兀剌海以西进入河西，击败西夏太子率领的大军，进围兀剌海城，并克服之。蒙古军长驱直入，进攻西夏都城中兴府（今宁夏银川）外要地克夷门，又克之，进而围攻中兴府。夏主李安全纳女请和，愿每年入贡。成吉思汗达到离间金夏交往的目的后退兵。1217年，成吉思汗决定出兵西域，命西夏征兵随行，遭到拒绝后立即派遣一支军队攻入西夏，再次包围中兴府。西夏君主逃到河西，遣使请降。成吉思汗决定暂不灭夏，专事西征。在成吉思汗西征期间，西夏朝野就联蒙还是联金的问题多进行争论。成吉思汗发现西夏的异谋，命经略华北的木华黎之子孛鲁征讨。1224年秋，孛鲁率蒙古军入侵，攻破银州，杀夏军数万。

1225年，成吉思汗从西域回军，遣使责西夏背盟。次年蒙古大举攻夏。西夏军民进行了英勇的抵抗，蒙古军凡攻破一城便大肆屠杀，使西夏境内遭到极大的破坏。消灭了夏军主力之后，成吉思汗留一部分军队围攻中兴府，自率大军进攻与西夏邻接的金、宋领土。

1226春，成吉思汗出猎时不慎从马上摔下，此后一直未能痊愈。1227年夏，成吉思汗病重。他在临逝前指示：秘不发丧，防止被敌人探知消息，以等待西夏的投降。同年，8月25日，成吉思汗逝世，享年66岁。蒙古军对西夏封锁消息，秘密将成吉思汗灵柩移向漠北。蒙古军围攻中兴达半年之久，城中食尽，不得不投降。西夏立国190年，至此灭亡。

27.4.3 横扫华北

金政权主要盘踞在华北地区，1125年金灭辽，契丹人不断进行反金斗争，常有人逃往漠北，愿意帮助蒙古人攻金。在攻灭乃蛮大战前，为金防守边墙的汪古部也投靠蒙古。

1210年金在边墙构筑乌沙堡，遭成吉思汗大将哲别袭击，揭开了蒙—金战争的序幕。次年成吉思汗亲率大军南下漠南，再度攻破乌沙堡，陈兵抚州（今河北张北县），金发重兵驻守野狐岭。在两军的交战中，金尽丧精锐。与此同时，另一支蒙古军在术赤、察合台与窝阔台的率领下，靠降蒙的汪古部的协助，从金西南路侵入金境。成吉思汗率领主力进攻金西京（今山西大同）时中矢受伤，被迫撤兵。1212年，成吉思汗卷土重来，再次由野狐岭攻入长城，与金决战于怀来。金尽出其精兵，仍遭败迹，蒙古军迫近居庸关。金在居庸关严密布防，成吉思汗却避实就虚，移兵袭破紫荆关，攻入长城。在攻掠左近州县后，各路蒙古军在金中都（今北京）城外会师。1214年，面对强敌进逼，金权臣胡沙虎弑君内乱，完颜永济被杀。新君金宣宗选择求和，向成吉思汗献出永济的女儿岐国公主及大量钱财，以换取成吉思汗退兵。蒙古兵撤围后，金宣宗迁都南京（今开封）。同年留守中都的乣军发动叛乱，投降蒙古。成吉思汗再度南下进围中都。攻城之战持续近一年。1215年5月，中都城破，此后蒙古军继续南下，渡黄河企图威胁金南京（开封），但遭到金军坚决抵抗，只得撤回。此后成吉思汗将注意力转向西方，他封大将木华黎为太师国王，与仅剩半壁江山的金对峙。

攻金之战使成吉思汗收获匪浅。在统一蒙古高原的过程中，成吉思汗的作战地域在他所熟悉的蒙古高原，其对手都是与他一样的游牧领袖，敌军的组成、装备、补给方式与战术与蒙古人大致相同。但金是完全不同的对手。金的中心区在华北,是人口与城镇密集的地区。金军中除了边界各族的武装组成的乣军之外,其主力是汉地武装,其作战方式与蒙古军完全不同。金军依托长城防守,在战争中常常集中精兵于坚城之中,屯集大量兵器与粮草长期据守。数年的攻防战使蒙古军熟悉了定居民族作战方式。金军各种先进装备也为蒙古军所了解。此时成吉思汗不仅占有了整个蒙古高原,金北方大片领土也沦为蒙古所有。游牧与农耕经济的结合,使蒙古国的实力超越了历史上曾经有过的任何游牧帝国。

蒙古征服战争并未随成吉思汗的去世而结束。元太宗窝阔台即位后,蒙金宋重启兵端。1234年,金亡。灭金之战是战争史上利用骑兵的机动性长途袭击敌后,使敌援军千里回援,疲于奔命,再加以歼灭的典型战例。

27.4.4 灭宋

金亡后蒙宋战争便在山东、两淮、汉水上游与四川展开,为时达30年。南宋凭借淮东的水网、襄阳的坚城与四川的堡垒坚决抵抗。元宪宗蒙哥本人在四川前线受伤而亡后,宪宗的两个弟弟忽必烈与阿里不哥之间爆发了争夺帝位之战,蒙宋战争暂停。忽必烈获胜后,蒙宋战争重启。至元九年(1273)蒙军元帅伯颜率师攻克扼守汉江上游的南宋要塞襄阳后,乘船顺汉江而下进入长江,再沿江东下攻下建康(今南京)。至元十三年(1276)临安(今杭州)沦陷,南宋灭亡。残宋势力在宋宗室与文天祥等人的领导下退往南方继续抵抗,但均遭失败。在蒙宋战争期间,蒙古军还降服了吐蕃与云南,使这两个地区第一次正式进入中国版图。

27.5 失败的海外征服

蒙古人是马背上的民族,原本不懂水战。随着蒙宋战争的进行,蒙古军在与南宋水军的战争中熟悉了水师与水战。灭宋后,蒙古军在东亚大陆的边疆延伸到海上，有了海外邻国。南宋的灭亡使大批宋军水师落入元世祖忽必烈手中，使蒙古统治者掌握了庞大的海上力量，遂发动了规模空前的海外征服，即征日本、征占城、安南与征爪哇之役，但这些征战均以失败告终。

27.5.1 征日本

忽必烈登位之初，曾数度遣使日本，企图使日本通聘朝贡，但屡遭拒绝。至元十一年(1274)元廷设征东元帅府，命高丽造船。同年冬蒙、汉、高丽军二万余人渡对马海峡发动征日之役，进入九州岛的博多湾，但遭失败。南宋灭亡后，忽必烈再次发动了征日本之战。元十八年(1281)夏，他命大将忻都等率南宋降将范文虎以及十余万水师数千艘船只分道从高丽与江南出动，向日本进攻，航行7日后到达日本九州近海的鹰岛，因诸军将领不和，对进攻策略意见不一，迁延逾月，将战船缚系为一体，形成水寨。至8月，台风突起，兵船相互碰撞，造成大量毁坏，军士大批溺死。忻都、范文虎等逃回，遗下的将士在鹰岛登岸，遭到日本人的进攻，全军覆没。征日本之役遂告失败。近年来在日本九州的鹰岛近海，学者们发现了元军征日水师的沉船与元军留下的大批文物。

27.5.2 征占城、安南

占城(Champa)即今越南南方，地扼经南海南来北往的海上通路。灭宋之后，元廷一再强使占城为元廷过往船舶提供给养，引起占城的强烈不满，不断反抗。至元十九年(1282)冬，元将唆都率数千元军从广州登船向占城出动，抵占城港(今越南南方归仁)。占城守军拒绝唆都的招降，筑水寨抵抗，元水师经过苦战破城。占城王退入山中据险不降，唆都率领元军占据海岸亦不解去。至元二十一年(1282)向元廷上表请降。此年，忽必烈遣皇子脱欢率军沿陆路进入安南，唆都奉令由占城北上会攻。安南军队坚决抵抗，使元军遭到重大伤亡，水军统帅唆都战死。三年后，脱欢再度进攻安南，在付出沉重代价之后仍未能得手。安南方面因力量对比悬殊，也希望以向元称臣来停止战争，双方才恢复和平。

27.5.3 征爪哇

爪哇为当时南海强国。在唆都出征占城的同时,元朝廷开始不断向爪哇遣使诏谕,要求爪哇国主亲自来朝,但始终未得同意,有一次爪哇还将元使黥面逐回。元廷遂以国使受辱为由,决定出动水军远征。至元二十九年(1292)冬,元水师在史弼、高兴与亦黑迷失率领下从泉州启程,航行2个月抵爪哇北岸杜并足(今厨闽),元军随船骑兵登陆,水军仍取水路,期于八节涧会师。其时爪哇国内乱,其贵族麻喏巴歇(满者伯夷)首领土罕必阇耶(即满者伯夷王朝创始者)企图利用元军的力量,遂遣其相呈献户籍与地图请降。元水陆两军在八节涧会合后,协助土罕必阇耶击败对手。战后,土罕必阇耶借口要回麻喏巴歇取所藏物献进给元廷,秘密组织抵抗。元军轻信土罕必阇耶,派200士兵送其归回,在途中土罕必阇耶发动突袭,并会集诸军进攻准备班师的元军。元军仓促应战,退回海边登舟撤回。征爪哇之役以失败告终。

元代的海外征服是13世纪末以前亚洲历史上规模最大的海上活动,也是明代郑和航海的先驱。

27.6 横跨欧亚的草原帝国

成吉思汗和他建立的地跨欧亚的蒙元王朝是人类历史上的奇迹。成吉思汗统一了蒙古族,征服了近半个世界,其疆域北逾北极圈,南抵东南亚及印度,东起太平洋,西达地中海,比希腊亚历山大帝国、罗马帝国、伊斯兰帝国和苏联占领的地盘都辽阔,其规模只有殖民时代的大英帝国可与之相较。而成吉思汗不仅是蒙古民族的民族英雄,是在中国历史上勘比秦皇、汉武的伟大帝王,也是世界公认的打破东西方壁垒的千年伟人。

27.6.1 蒙元帝国的历史地位

自唐末黠戛斯击破回鹘汗国以后,大漠南北游牧民族群龙无首,互相残杀达350年。成吉思汗顺应历史的趋势,统一了蒙古高原,使游牧各部汇聚于蒙古的名号之下。因此可以说他是蒙古民族的创造者。自有文字记载的历史以来,大漠南北的游牧强国与草原民族英雄是联系在一起的,如冒顿单于与匈奴帝国、土门与密点密可汗与突厥汗国。但他们的统治区均未及于汉地。因此,成吉思汗带领蒙古人在极短的时间里崛起于大漠南北,并由此走向世界,使蒙元帝国在中国历史上的地位与重要性远远超过此前的匈奴帝国与突厥汗国。

8世纪中叶"安史之乱"结束以后,中国北方长期陷于割据状态。契丹割占燕云十六州之地后,河北的白沟成为宋辽国界,河北三镇之地几乎被宋人视为化外之地。金灭辽后,女真人将国界推至淮河。陇右有西夏,西域有高昌回鹘与西辽,西南有吐蕃与大理,中国四分五裂。这些政权只图画疆自守,毫无统一中国雄心。成吉思汗开创的蒙古国结束了中国长达400年之久的分裂局面,成就了中国统一大业,不愧为一代天骄,在中国历史上勘比秦皇、汉武。

在元代,蒙古人以成吉思汗的远征而自豪。用他们自己的话来说,就是"成吉思皇帝降生,日出至没,尽收诸国"(《元典章》语,意为"天生成吉思汗,征服了东起日出之地、西至日落之处的所有国家")。蒙古征服的步伐并未随1226年8月元太祖成吉思汗的去世而停止。从成吉思汗逝世至元宪宗蒙哥时代,蒙古人在成吉思汗后裔的统率下,一再向西发动征服战争,其中最重要的是元太宗时代发动的"长子西征"与元宪宗蒙哥时代进行的旭烈兀西征。成吉思汗及其子孙的武功使元朝的疆域远超汉唐,是中国历史上疆域最广的王朝,也是人类历史上直至14世纪空前的大帝国。其最盛时,北逾北极圈,南抵东南亚及印度,东起太平洋,西达地中海。

成吉思汗之后蒙古大汗(即皇位)先后由其第三子元太宗窝阔台及其子元定宗贵由继任,此后帝位转入成吉思汗第四子拖雷之子元宪宗蒙哥手中,后来帝位一直稳定在拖雷家族中。自元世祖忽必烈起,元朝皇帝即蒙古大汗的直辖地仅包括蒙古本土及汉地,这里是东亚大陆的政治、经济与文化的中心。除此而外,蒙元帝国还包括三个西北宗藩之国,即钦察汗国、察合台汗国与伊利汗国,由成吉思汗其他后裔统治。

西北三汗国的统治者尊奉元朝皇帝为宗主，其领土也在元朝的疆域范围之内。

27.6.2 钦察汗国

又称金帐汗国，为成吉思汗长子术赤之子拔都所建，在《元史·地理志》中称为月即别（Üzbek，拔都后裔）大王位下。成吉思汗分封诸子时，其长子术赤在也儿的石河（今额尔齐斯河）流域，并宣布由此向西所有蒙古马蹄所及之地均归其管辖。成吉思汗西征时，其大将哲别与速不台率军从波斯（今伊朗）北部经宽定吉思海（今里海）西岸，越太和岭（今高加索山）攻入亦的勒河（今伏尔加河）与札牙黑水（今乌拉尔河）下游的钦察草原，于1223年阿里吉河（位于今乌克兰日丹诺夫市北）战役中击败钦察与斡罗思（今俄罗斯）诸王公的联军。这两位蒙古将领孤军深入敌后、率蒙古铁骑长驱转战上万公里的史迹，成为世界战争史上最著名的战例和奇观之一。

从术赤封地的也儿的石河（今额尔齐斯河）流域至乌拉尔山，再由此向西是广袤无际的欧亚草原，一直延续到欧洲中部，其间没有艰险的自然障碍。游牧于札牙黑水（Jayaq，今乌拉尔河）、亦的勒河（Itil，今伏尔加河）中下游草原的钦察人（Qipčaq），曾经收留了在统一蒙古高原过程中被打败的蔑儿乞残部。成吉思汗曾遣使要求钦察部交出蔑儿乞仇人，遭到钦察人的拒绝。1235年，元太宗窝阔台命令各支宗王的长子统兵，公主与驸马及万户以下各级那颜亦以长子从征，以拔都为统帅、速不台为先锋，发动“长子西征”。远征大军从蒙古草原启程，经中亚北部草原西行。1237年，灭伏尔加河流域的诸部，攻入斡罗思（今俄罗斯）。1241年，拔都分兵两路，侵入孛烈儿（波兰）、马札儿（Majar，匈牙利人的自称），在里格尼茨（位于今波兰）一役，大败孛烈儿、捏迷思（斯拉夫人对德意志人的称呼）联军，并攻下马茶城（布达佩斯），进入奥地利，震动了整个欧洲。1242年，拔都闻元太宗窝阔台逝世才率军东返，留驻亦的勒河（伏尔加河）下游，建立钦察汗国，统治所征服的钦察、斡罗思等地区人民。

钦察汗国其最盛时疆域东起也儿的石河、西至斡罗思(今俄罗斯)、北达北极圈、南越太和岭(今高加索山)。蒙古人并未进驻斡罗思各城镇,而是一直留在草原地区,满足于斡罗思诸王宫向他们称臣纳贡。来到钦察汗国的蒙古人人数很少,很快被周围操突厥语的游牧部落所同化。其后裔即今俄罗斯的鞑靼族(我国称塔塔尔族)。1420年以后钦察汗国分裂为大帐汗国与失必儿汗国(西伯利亚汗国)、克里米亚汗国、阿国斯特拉罕汗国。1502年钦察汗国灭亡。俄罗斯在蒙古统治下为时两个半世纪以上。今哈萨克斯坦将自己的国史追溯到钦察汗国中的白帐汗。

27.6.3 察合台汗国

成吉思汗分封诸子时,其次子察合台的封地在天山以北草原,以今伊犁河流域为中心。其三子窝阔台(即后来的元太宗)的封地在按台山(今阿尔泰山)乃蛮故地。成吉思汗西征结束后,察合台留镇西域。后来察合台的后裔诸王吞并窝阔封地,并向外扩张,占据了元帝国的中部,形成察合台汗国,在《元史·地理志》中称为笃来帖木儿(Döre Temür,察合台后裔)大王位下。其最盛时疆域东至吐鲁番、北抵今新疆塔城、西及阿母河、南越兴都什山。其中心为阿力麻里(今新疆霍城境)附近的忽牙思草原。14世纪40年代后汗国分裂为东西两部分。其西部主要是今乌兹别克斯坦与阿富汗,受蒙古巴鲁剌思氏贵族控制,后来发展成帖木儿帝国,那里的蒙古人被周围操突厥语的居民所同化。今乌兹别克斯坦的主体民族乌兹别克人认为他们是成吉思汗的后裔,其称谓来源成吉思汗的后裔“月即别”(Üzbek),帖木儿被视为其民族英雄。其东部主要是今我国新疆,为察合台后裔统治,直至清初。这里的蒙古人逐渐同化于今维吾尔族之中。

27.6.4 伊利汗国

由蒙古国波斯北部之地与旭烈兀所征服和管辖的土地发展而来,在《元史·地理志》中称为不赛因(Abū Sa'id,旭烈兀后裔)大王位下。

成吉思汗西征时,其大将哲别与速不台为追击花剌子模沙摩诃末在波斯北部大肆征剿。成吉思汗班师后,蒙古朝廷在这里设立统治机构,即后来的阿母河等处行尚书省。元宪宗蒙哥即位后,于1252年遣同母弟旭烈兀率军征讨尚未臣服的西域诸国。这支西征军除从所有的蒙古诸王的属民中抽调十分之二组成外,还包括从汉地征发来的长于使用火药武器的炮手。当时以报达城(Bagdad——今伊拉克首都巴格达)为首都的黑衣大食(阿巴斯王朝)已经衰落,其实际辖境仅为报达城周围地区。1258年1月旭烈兀兵临城下,发动猛攻,顷刻间立国500余年的黑衣大食就宣告灭亡。旭烈兀继续西征,进入苫国(今叙利亚),并要求埃及纳地投降,整个西亚为之震动。这时旭烈兀得其兄元宪宗蒙哥死讯,留前锋怯的不花镇守,自己东回。不久埃及出兵抵抗蒙古军,双方大战于叙利亚的阿音·札鲁特(位于今以色列北部),蒙古军战败,怯的不花阵亡。蒙古西征的势头终于被遏制住。

旭烈兀的子孙留驻波斯,建立伊利汗国。其征服的地区与原阿母河等处行尚书省辖地,原是成吉思汗家族的公产,后来在元世祖忽必烈的敕命下为旭烈兀家族所有。伊利汗国其最盛时,其疆域东起阿母河、南抵印度洋、北达太和岭、西迄鲁迷(今小亚半岛)。后被蒙古札剌亦儿部贵族建立的王朝取代。波斯的蒙古人后来接受了伊斯兰教,逐渐同化于波斯人。

27.7 拉开人类全球化的序幕

蒙古西征的确给中亚与西亚的人民带来了苦难,对当地的经济、文化与社会发展造成了消极影响。但疆域辽阔的蒙古帝国建立,打破各民族此疆彼界的限制,东西交通为之大开。

蒙元政府建立了历史上空前的遍布整个帝国的驿站系统,从中原到地中海之滨畅通无阻。而宋代兴起的从福建经南海、印度直抵波斯湾的海路成为联系元朝与伊利汗国的主要交通线。中外交流进入了一个新的历史时期。中国四大发明中的火药与指南针都是在这一时代传到西亚,进而再传到欧洲的。中国的丝、茶、瓷器与钱币大量输往中国以外，中国的医药学、历史学、绘画、审美观也传到西亚。而东地中海地区的医药、希腊科学的大地球形说，穆斯林世界的天文、历算、工程、医药、制酒与饮食也为中国人民所接受。

伊利汗国汗室与元朝皇室同出于成吉思汗第四子拖雷，在西北三汗国中与元朝的关系最为密切。因此蒙元时代也是古代历史上中国与波斯往来最为频繁的时期。波斯模仿元朝发行的纸币中统宝钞、至元交钞，在波斯也发行了纸币。至今波斯语中对纸币的称呼仍然是čau，即源自汉字“钞”。伊利汗朝在编纂其国史《史集》时，从中国去的元枢密副使孛罗是主要顾问，写作班子中还有中国文人，所以这部《史集》的体例深受中国影响，不但有古代蒙古、突厥诸部的历史、成吉思汗列祖列宗的传记，从成吉思汗到元成宗六代皇帝的本纪，还如同中国的官修正史包括有四夷传与外国传一样，包括有波斯周边地区的历史如：《乌古斯可汗传》(突厥史)、《中国史》(上起三皇五帝、伏羲女娲、秦皇汉武，下迄辽金)、《印度史》《以色列史》(近东史)与《弗浪史》(欧洲史)，堪称当时的世界史。中国的龙凤的图案也传入波斯与中亚，成为当时美术作品中常见的图案，影响着伊斯兰世界的审美观。

在蒙古征服的过程中，大批西域各族人民随蒙古军来到汉地，形成空前的移民运动。这些外来移民被划入当时中国社会的第二等级——色目人，后来通称为“回回”，即今日回族的先民。回回人所通用的波斯文成为元代三种官方文字(蒙古文、汉文与波斯文)之一。通过穆斯林的中介，东地中海地区的天文学、地理学、数学、矿物学、医学知识大规模传入中国。中国人知道了大地是球形的，以及经纬度说，还知道了欲纳尼(希腊人)、亦思刊达而(亚历山大大帝)、阿黎西他塔里西(亚里士多德)等。

元代人明确地意识到他们生活在一个前所未有的时代。元末汪大渊说：“皇元混一声教，无远弗届，区宇之广，旷古所未闻。”他还说：“岛夷无虑数千国，莫不执玉贡琛，以修民职，梯山航海，以通互市。中国之往复商贩于殊庭异域之中者，如东西州焉”(《岛夷志略》后序)。海路交通是维持元朝廷与波斯伊利汗国之间往来的主要渠道之一。蒙元的使臣经常奉命远航印度洋和非洲。当时跋山涉水来到中国的外国人也很多,摩洛哥旅行家伊本·拔图他就是其一。他经由波斯、中亚和印度航海来到泉州,还顺大运河而上到过杭州。

中国与欧洲的直接而经常性的联系也在这一时代开始建立起来。教皇英诺森四世的使臣普兰·伽尔辟尼(Giovanni de Pano Carpini)与法国国王路易九世的使臣威廉·鲁卜鲁克(Guillaume de Rubruquis),先后经驻牧伏尔加河下游的金帐汗拔都的协助,穿越欧亚草原来到蒙古高原,觐见了元定宗贵由与元宪宗蒙哥,他们在漠北见到不少欧洲人。教皇派出的蒙特高维奴(Giovanni di Monte Corvino)在元大都(北京)建立了天主教堂,与汪古部驸马阔里吉思与密切往来,还为其子,即后来的赵王施行洗礼,为他起名为约翰(汉名术安,即约翰的音译)。蒙特高维奴派传教士安德烈等人赴福建泉州建立教堂,安德烈后来逝于泉州,其墓碑在20世纪被发现。直至元末代皇帝元顺帝在位时,教皇还派使臣马黎诺里来到上都,进献欧洲的良马。见惯了蒙古马的蒙古人与汉族士人看到西方的高头大马十分惊奇,文人纷纷作诗庆贺。

从中国前往西方的人也空前增多。元世祖忽必烈时代,大都的聂思脱里教徒列边扫马(Rabban Sauma)与东胜州人麻古思(Markos),沿陆路西行至伊利汗国。后来麻古思于1281年被推举为聂思脱里教派总主教,称为雅卜·阿罗诃(Yahbh-Alhah)三世,驻于报达城(今巴格达)。而列边扫马则被伊利汗派遣出使欧洲,经黑海到达君士坦丁堡(今土耳其伊斯坦布尔)、罗马和巴黎,会见了拜占庭东正教总主教、教皇、法国国王与英国国王。

辽阔的疆土、多民族的国家与多元文化的共存大大扩展了元人的视界和地理知识。元中期编写的政书《经世大典》中所含《经世大典图》以方格形式绘出西北三宗藩的地图,列出了数十个察合台汗国、钦察汗国与伊利汗国的地名,而《元史》的地理志中专门列有"西北地附录",也将西北宗藩的辖区列于元朝领土之内。明洪武年在元代的地理知识的基础上绘出了一幅题为"大明混一图"的珍贵地图。这是人类历史上第一幅涵括整个欧亚非三大陆的地图,东起西太平洋,西至大西洋,其中包括欧洲与非洲的地名近百个。特别应当指出的是,此幅地图是世界历史上第一次正确地绘出非洲大陆的地图。今存的朝鲜王朝初期所绘"混一疆理历代国都之图"即与此图有密切关系。全国人大原委员长李鹏访问南非时,还将此图的复制品作为国礼和中国人民和非洲人民友好往来的象征赠送给当时南非的曼德拉总统。

最值得提及的是世界著名旅行家意大利威尼斯人马可波罗父子循陆路东来,在中国居留十余年后,取海道返回。重归故乡后,他将自己在中国的经历详加口述,由他人笔录成书,成为《马可波罗游记》。这部书在欧洲广为流传,马可波罗所描述的蒙古大汗统治的中国的繁荣与富足吸引了许多欧洲王公、商人与航海家。由于15世纪时中近东受奥斯曼帝国的统治,传统的前往东亚的航路受阻,意大利航海家哥伦布一心要寻求到中国的新航路,他基于大地球形说,坚信从欧洲向西航行也能到达中国。经过坚忍不拔的努力,最终到达美洲。因此可以说,哥伦布的远航肇端于马可波罗,源于对成吉思汗所创造的蒙元帝国的向往。

还有,虽然欧洲人自古希腊时代起就知道地球是圆形的,但从未有过科学意义上的跨越大洋的探索性远航。由于中国的磁罗盘与火炮技术的西传,使欧洲海船的攻击力与防卫力空前提升,并可在茫茫大洋中进行海船的地理与航向的定位。这样即使是只船片帆也具备了远航未知海域的能力。15世纪开始的西方殖民者的大航海与地理大发现正是建立在这一基础之上的。从这个意义上讲,成吉思汗和他开创蒙元帝国开启了人类全球化时代的序幕。

链接:成陵之谜

寻找成吉思汗陵墓一直是国际考古的热点,成陵的具体方位有多种说法,但都很难定论。部分原因是蒙古族先来就有"逝者不应被打扰"的安葬习俗,蒙古显贵们去世后的安葬尤为秘密。

1227年成吉思汗在灭亡西夏之战结束前逝于六盘山清水。成吉思汗青年时代生活在斡难河(鄂嫩河)、怯绿连河(克鲁仑河)与土兀剌河(土拉河)三河之源泉的不儿罕山(今肯特山)。在此山中有一个山谷称为“起辇谷”(迭却里谷),风光秀丽,成吉思汗十分喜爱。他曾明确表示,自己百年之后要葬在这里,他的子孙也以此处为葬身之地,并交代近臣记住这个地方。成吉思汗死后,他的灵柩被移送到三河之源泉的萨里川的阿老徒行宫以后,才公开发丧。成吉思汗下葬履土之后,不封丘塚。数年后,这里生长起茂密的林木。以至于元代在此守陵的牧民也不能指其确切地点。此后历代元帝逝后,均葬在起辇谷。

起辇谷的大致方位1925年就已经被苏联专家确认过。近年来,国外考古学界兴起了一股在蒙古国寻找成吉思汗陵的热潮。

20世纪末,日本人曾利用卫星摄影、遥感技术,拍摄了整个肯特山,但除了在肯特山附近发现了两三百座古墓外,一无所获;

2001年7月底,一支由美国富商莫里·克拉维茨率领的研究小组,宣称在乌兰巴托东北方约320公里处发现了不下60处未被发掘的坟墓,但并非元帝陵;

次年,美国考察队在乌兰巴托东北322公里处又发现了一座古墓,古墓部分被森林覆盖,三面有围墙,长3.2公里,墙残高2.7—3.6米,里面至少包括30座没有打开过的陵墓。但蒙古政府不允许他们发掘。

2004年夏,一支日本和蒙古联合考古队宣布:他们在距乌兰巴托以东250公里的阿卜拉格(Abrag)地区找到了一座13—15世纪建在四方形基座上的灵堂遗址。灵堂之下是一座几乎已成废墟的石平台,平台下方有许多坑洞,里面埋葬着许多战马的骨灰和遗骨。从战马遗骸的数目之众来看,墓主地位非同寻常。在灵堂之南侧,出土了刻有作为皇帝象征——龙的纹样的香炉。这个考察队认为这就是成吉思汗的“灵堂”。他们相信,在此方圆12公里的范围内,会找到成吉思汗陵墓。

其实,不仅成吉思汗的墓葬准确地不知何在,而且所有蒙元时代的帝陵与重要贵族的墓园一个也没有被找到过。现在蒙古国政府允许一些外国考察队去蒙古探查,但即使探查出来,能否得到蒙古政府的批准进行考古发掘,是有很大疑问的。事实上蒙古民众对外国考察队活动的反对声相当大,蒙古政府受到很大的压力。前些年蒙古国总统访华时,中国记者在采访中曾向他提起这个问题,总统回答:“根据成吉思汗传承下来的一个遗嘱,也就是他去世时所说的一段话,他说,让他的陵墓永远不让世人知道。因此,我们遵循成吉思汗的这一遗嘱。我认为,成吉思汗陵墓在什么地方就在什么地方,这并不重要……让它永远成为一个谜底似的问题,使那些愿意猜谜底的人继续猜这个谜底吧。"这就是说,蒙古国政府的确并不主张打搅祖先的亡灵。

(原刊于《森林与人类》,2006年5月号,页16-41。收入本书时略有修改。)

28　世界历史新时代的创造者
——纪念成吉思汗诞辰850周年

850年前，即1162年，正当蒙古部与塔塔儿部在呼伦贝尔草原上激战时，蒙古部中一个名叫铁木真的婴儿呱呱坠地，他就是后来中华民族的英雄、世界的伟人——成吉思汗。

铁木真的父亲也速该是蒙古部的一位首领。在当时的蒙古草原的周围，有许多强大的国家和显赫的统治者，如与蒙古人比邻的金，其统治者被蒙古人称为Altan Khan，即“金主”，“金汗”；为避金人兵锋而从中原南渡、重新建都于临安（今杭州）的南宋，蒙古人称之为“蛮子”，或“南家”；在河西有自称为“白高国”的西夏，蒙古人称为唐兀或沿用汉称“河西”；在中亚的天山东段南北，有唐末自漠北迁来畏兀儿，即回鹘；在以碎叶川（今哈萨克斯坦与吉尔吉斯斯坦两国交界处的楚河流域）为中心的地区，有辽亡后契丹残余势力在此建立的西辽，蒙古人称为哈剌契丹，其统治者称为古儿汗；在西亚，有阿拉伯帝国阿巴斯王朝哈里发政权；在东欧，有以基辅罗斯为首的俄罗斯各公国；在欧洲，有教皇的势力与十字军联盟。

上述这些王国和政权中，可以说随便哪一位王公、君主的儿子，都要比这位刚诞生的名叫铁木真的婴儿要高贵，他们的生活、环境、教育与日后发展的条件要比铁木真不知优越多少倍。用今天的话来说，就是铁木真同他们相比，已经输在起跑线上了。但历史却最终证明，英雄不问出身。850年过去了，今天全世界人民传颂的不是上述这些王公、君主的王子们的故事，而是成吉思汗的名字和他的业绩。那么，今天我们应当怎样来评价他和他创造的世界与时代？作为一位研究蒙元代历史的学者，我想借此机会谈以下几点想法。

28.1 个人和家族命运的改变

我们先从成吉思汗赖以起家的蒙古部说起。铁木真出身于蒙古部的一个贵族家庭，其直系五世祖父屯必乃、四世祖父合不勒，均曾为蒙古部的汗。但至祖父把儿坛时代，其家族已经被排挤出蒙古部核心阶层圈，部落的权力为屯必乃的叔父察剌孩领昆的后裔泰赤乌氏族所控制。铁木真幼年丧父后，其家庭迅速中落，不但时常受到泰赤乌氏的欺凌，后来蒙古部移营时连其父的属民也抛弃了他们而迁走。这时其全家包括也速该长妻诃额仑夫人与她所生的4子1女，及次妻所生2子共10口人和仅剩的一个女仆，财产只有9匹马。铁木真的母亲诃额仑夫人像所有普通的蒙古母亲一样，为抚养孩子，做一切能做的事。蒙古草原丰富的物产为他们提供了衣食之源。她亲自采摘野果，挖掘野菜。少年时代的铁木真也带领诸弟渔猎。童年时代所经历的生活变迁和苦难，成为铁木真改变家庭命运，重振家业的最直接动力。

当时的大漠南北，诸游牧部落之间为争夺牲畜、牧场与人口攻战不休，而各部内的贵族也在为争权夺利内争不断，而下层牧民则困苦不堪。群雄割据的乱世，为草原英雄们提供了展示自身才能的舞台。铁木真依靠蒙古部中旁系贵族札答兰氏首领札木合与比邻的克烈部首领王罕的帮助，重新掌握了武力，在先后打败了蔑儿乞部与控制蒙古部的泰赤乌氏之后，其家族重新崛起，而铁木真本人也被推为蒙古部的汗。

28.2 民族命运的改变
——蒙古民族的形成

蒙古草原是游牧帝国的摇篮，两千多年来，獫狁、匈奴、鲜卑、铁勒—突厥—回鹘—辖戛斯先后在这里称雄。在唐末至12世纪中叶的300年中，这里诸部相争，没有再次出现强大的游牧政权。而年轻的铁木真经过“十三之翼之战”，统一了蒙古部；利用金兵北征之机，联合克烈部王罕，击败了控制蒙古高原东部的宿敌塔塔儿部。这样，以呼伦贝尔为中心的丰饶的草原,与生活在这片辽阔的土地的上各部的人力物力就完全听命于铁木真调遣,为他后来建立蒙古帝国奠定了坚实基础。

在击败塔塔儿部之后,整个蒙古草原三分天下,铁木真已有其一:他的主要对手只剩下居于漠北草原中部的克烈部,与控制杭爱山以西的乃蛮部。在灭亡克烈与乃蛮之后,铁木真建立蒙古国,其疆域东起今大兴安岭,西抵今新疆额尔齐斯河。蒙古国的建立是大漠南北历史上划时代的伟大事件,此前蒙古草原上诸游牧部落各有名号,蒙古只是其中一个部落。蒙古国建立后,铁木真受称号成吉思汗,其治下诸游牧部落均成为蒙古属部,采用蒙古作为共名——一个统一的蒙古民族共同体出现在历史舞台上,蒙古民族的命运从此改变。

28.3 国家命运的改变

——中华民族大统一的事业

中国自古是多民族国家。多民族国家不仅意味着国民的多元,也包含各民族均参与国家的重大政治生活的过程。中国历史,从公元316年西晋灭亡到元的约900年时间内,经历了各北方民族入居中原,数度建立地方性政权,到最终建立疆土包括全中国在内的王朝的过程。而蒙古国的建立,是这个过程中极为重要的一个转折环节。

东亚大陆从整体来讲,可区分为受西太平洋季风强烈影响的南部农耕区与高纬度,降水较少的森林—草原地区。北方草原与南方农耕区之间的毗邻地理位置,使数千年来游牧民与定居民之间在演绎着既相互对立,又相互依赖的关系。大漠南北是自古是汉地战马的主要来源,草原所出产的皮裘、牲畜也为汉地居民所需。而汉地所产谷物、茶叶则是草原牧民重要的食物;金属品、陶瓷器皿与各种手工业品与药物,也是汉地输向草原的传统商品。

从土地承载能力看,草原地区的人口远少于农耕区,整个大漠南北所有游牧部落加起来,其人口往往也抵不上汉地一个州郡。在这种人力资源对比悬殊的条件下,草原游牧政权赖以与汉地王朝相对抗的,是其全民皆兵的动员制度和军事力量游动性。双方的军事思想也有很大的不同。中原王朝视兵者为国之大事，将军事行动作为系统工程来处理：且不说征集兵员、补充装备需长期准备，单是准备给养，便是任何一位统帅也不敢忽视的头等大事，即所谓“兵马未动，粮草先行”。而游牧民自幼生活在马背上，逐水草而居，平时射猎，战时凡力能挽弓者皆为战士。士卒不鞍而骑，军队不备粮草，驱牲畜同行，随时就地取得给养。

如以游牧文化为主的北方民族在古代中国政治生活中的作用为视角来观察，可以发现以下几个重要特点：

(1)在号称中国正史的“廿四史”中：专门或主要描述少数民族所建王朝的计有：《魏书》《北齐书》《北史》《周书》《新五代史》《旧五代史》《辽史》《金史》《元史》，共计9部；占总数的3/8，约40%。

(2)自秦统一中国以后，中国历史上有几个重要的南北分治时代：

十六国——东晋(316—420，共104年)，南北朝(420—589，共169年)，五代——十国(907—960，共53年)，宋辽金夏(916—1274，共358年，西夏、回鹘、吐蕃、大理等)，总共684年，占据秦统一中国至清亡(公元前221—1911)历史的684/2132，即约1/3。即便去除五代至辽金夏间重复计算的数十年，这一比例也基本没有变化。

在中国名闻世界历史的四大一统王朝(汉、唐、元、清)中，由北方民族建立的有两个，即元与清，从数量上，元、清居其二，占50%。从国家的强盛与世界影响来看，元、清两代是勘比汉唐盛世的王朝。从王朝延续时间看，元从成吉思汗建蒙古国(1206)至明军攻入大都(1368)，共积162年。清从1644年入山海关至辛亥革命，共存在267年；元、清两代共计429年。与之相较，中国历史上的四大一统王朝汉(公元前206—190，共396年)、唐(618—907，共289年)、元(1206—1368)、清(1644—1911)总计存在了1114年，其中元、清两代的时间超过1/3。

(3)在其他重要朝代，北方民族事务也在国家政治事务中占有极为重要的地位，如：汉之匈奴、西域、羌；唐之高句丽、突厥、回鹘、吐蕃；宋之辽、金、西夏；明之明与鞑靼、瓦剌等。

元朝的建立，就是北方民族从建立地方性政权到全国性政权的转折。成吉思汗的父祖与他本人的青年时代,蒙古与其他草原游牧部落均曾为辽金的属部。蒙古族从成吉思汗起,历经70年时间,经太宗窝阔台、定宗贵由、宪宗蒙哥与世祖忽必烈五代君主,积其祖孙三代人之努力,终于统一中国,并使吐蕃、云南首次进入中国的版图。因此,元朝不但是北方民族首次建立的疆域包括整个中国的政权,也是将我们前面提到的数千年来形成的农耕区与草原的相邻关系,发展成共生关系的重要时期。元代在为前朝编修历史时,将辽、金、宋均视为正统,就是这一观念的最好体现。因此今天我们可以讲,中华文明,既包括了以农耕为基础的从仰韶、龙山等文化发展起来的中原主流汉文化,也包括前面提到的以猃狁、匈奴、鲜卑、铁勒—突厥—回鹘—辖戛斯、蒙古为发展脉络的草原文化。因此我们可以用一句话来概括:各民族共同创造中国历史论——是一个有充实内容的论断,这就是成吉思汗留给全中国人民的伟大遗产。

28.4 世界命运的改变

——新时代的创造者

成吉思汗和他的子孙们建立的蒙元帝国,是中国历史上疆域最为辽阔的时期,其国土东起朝鲜,西与地中海之滨的叙利亚、小亚半岛的拜占庭,以及西欧为邻的斡罗斯,北及北冰洋,南临印度洋。元代国土之辽阔,蒙汉各族人民皆知。用蒙古人自己的话来说,就是“成吉思皇帝降生,日出至没,尽收诸国,各依风俗。”[1]用今天的话来讲,就是上天降生成吉思汗,东起日出之地太平洋之滨,西达日没之处地中海的所有土地人民,均为蒙元所治。

元代人明确地意识到他们生活在一个前所未有的时代。这种记忆甚至在当时社会地位最低的南人知识分子中,也一直保持至元末。元

〔1〕《大元圣政国朝典章》刑部,卷19,典章57,“禁回回抹杀羊做速纳”条,中国广播电视出版社影印元刊本,1998年;陈高华、张帆、刘晓、党宝海点校:《元典章》,中华书局/天津古籍出版社,2011年3月。

末航海旅行家汪大渊说:“皇元混一声教,无远弗届,区宇之广,旷古所未闻。海外岛夷无虑数千国,莫不执玉贡琛,以修民职;梯山航海,以通互市。中国之往复商贩于殊庭异域之中者,如东西州焉。”〔1〕而根本没有出过国门的王礼也写道:皇元“四海为家,声教渐被,无此疆彼界”,而“适千里者如在户庭,之万里者如出邻家”。〔2〕除知识分子之外,普通市井小民,尽管并不清楚自己国家的都城元大都的来历,〔3〕但也意识到元帝国前无古人的疆域,在《事林广记》的一个元代版本中的“大元皇帝”条项下记:“际天薄海,莫非王土;开□[辟?]以来,提封之广,未有如今日之广也。”〔4〕

人类历史上,不止一个民族建立过疆土辽阔的大帝国。如公元前6世纪波斯人建立的阿黑门尼德王朝(Akhmanids),公元前4世纪马其顿人建立的希腊亚历山大帝国,中国的汉、唐王朝、公元前后的罗马帝国,公元7世纪阿拉伯人建立的大食帝国,近代海上强国葡萄牙,西班牙,荷兰,英吉利建立的海外殖民帝国与近代的俄罗斯帝国等。而蒙元帝国是文艺复兴时期以前,人类历史规模空前的大帝国,其领土之广只有近代的大英帝国可与之相较。那么它在世界历史上有何意义呢?

半个世纪之前,韩儒林先生在纪念成吉思汗诞辰800周年时撰文提到:“成吉思汗把东西交通大道上的此疆彼界扫除了,把阻碍经济文化交流的堡垒削平了,于是东西方的交往开始频繁,距离开始缩短了。”他还说:“这样东西畅通无阻的时代,古代史上曾经出现过几次?”〔5〕今天我们回过头来看这些话,仍然没有过时。但当代不同的是,全人类步入了一个新时代——全球化时代。因此,时代给了我们机会,重新审视

〔1〕汪大渊:《岛夷志略》“后序”,苏继庼校释本《〈岛夷志略〉校释》,中华书局,1981年。

〔2〕王礼:《麟原文集》,前集,卷7,四库本。

〔3〕〔宋〕陈元靓《事林广记》元至顺间(1330—1333)建安椿园书院刻本元代增入的“大元皇帝”条下,记“奄有天下,混一南北,建国定都,以燕山府为大兴府,号称中都。山河之固,都邑之盛,宫室之美,前古之未有。美哉万世帝王,子孙之基业也。”——《事林广记》卷3,中华书局影印,1963年。

〔4〕《事林广记》卷3,中华书局影印。

〔5〕韩儒林:《论成吉思汗》,载于《历史研究》,1962年第3期;收入《穹庐集》,河北教育出版社,2000年,见页187。

草原帝国的奇迹，探求成吉思汗这位草原英雄留给人类的遗产。

“东方”与“西方”几乎是当代世界历史上永恒的话题。在13世纪以前，东西方虽然有着间接、继续的交往，但其历史与文明是各自沿着其固有轨迹前进的。蒙元帝国在欧亚草原方向，一直延伸到东欧；在西亚达地中海之滨，第一次使中欧与西欧人从踏上钦察汗国的国土起，使阿拉伯与地中海沿岸各民族的人从进入伊利汗国的国境起，就进入了这个辽阔的国度。这就大大便利了东西方各民族的往来。历史上已经存在的东、西方之间直接或间接的、陆续的联系，变成了持续不断的直接交往，来自西欧的教皇英诺森四世的使臣普兰·伽尔辟尼（Giovanni de Pano Carpini）、法国国王路易九世的使臣威廉·鲁卜鲁克（Guillaume de Rubruquis）、驻大都的主教蒙特高维奴（Giovanni di Monte Corvino）、福建泉州的传教士安德烈，教皇的使臣马黎诺里；来自摩洛哥的航海旅行家伊本·拔图塔；从大都赴伊利汗国的聂思脱里教徒、后来被伊利汗派遣出使欧洲，经黑海到达君士坦丁堡（今土耳其伊斯坦布尔）、罗马和巴黎，会见了拜占庭东正教总主教、教皇、法国国王与英国国王列边扫马（Rabban Sauma）、从东胜州赴伊利汗国，于1281年被推举为聂思脱里教派总主教，称为雅卜·阿罗诃（Yahbh-Alhah）三世，驻于报达城（今巴格达）的麻古思（Markos）等，均成为中外东西交通史著述中常见的名字。而其中之最著名者，就是马可波罗。

马可波罗所描述的蒙古大汗统治的中国的繁荣与富足，吸引了许多欧洲王公、商人与航海家。由于15世纪时中近东受奥斯曼帝国的统治，传统前往东亚的航路受阻，西方航海家不断努力寻找通往东方的新航路：葡萄牙船海家选择了绕过非洲好望角的航线，意大利航海家哥伦布基于大地球形说，坚信从欧洲向西航行也能到达中国。经过坚忍不拔的努力，最终到达美洲，标志着人类历史新时代的到来。而追根溯源，大航海时代肇端于马可波罗，起源于欧洲人对成吉思汗所创造的蒙元帝国的向往。

虽然欧洲人自古希腊时代起就知道地球是圆形的，但并没有能力从事跨越大洋的远航。正是因为蒙元时代中国的磁罗盘与火炮技术的西传,使海船的攻击力与防卫力空前提升,并可在茫茫大洋中做地理与航向的定位,使只船片帆也具备了远航未知海域的能力。15世纪开始的西方殖民者的大航海与地理大发现正是建立在这一基础之上的。由此,世界各地区的历史连为一体。而只有在世界市场形成的基础上,才会出现工业和科学技术的革命。在这个意义上讲,成吉思汗和他开创蒙元帝国,拉开了人类全球化时代的序幕。

因此,身处全球化时代的我们,在认识到成吉思汗打通了东西方经济文化交流壁垒的基础上,进一步看到了蒙元帝国的建立,改变了世界历史发展的方向,拉开了人类活动全球化的序幕。在这一层意义上看,成吉思汗不仅是蒙古民族的英雄,是中国历史上堪比秦皇、汉武的明君,也是开启人类历史新纪元的千年伟人。

29 无私的奉献者与不倦的探索者

——周清澍先生八十喜寿贺词

非常感谢内蒙古大学组织这次活动。在此请允许我代表中国元史研究会、南京大学元史研究室全体同仁并以我个人的名义，向周清澍先生贺寿。

我们虽然远在南京，但因为学术同行的关系，特别是我们的老师韩儒林教授"文革"前曾任内大副校长，数十年来，一直与周先生与内蒙古大学的师友们保持着密切的联系。我本人是"文革"后走上治学之路的。进入南京大学之初，便参加了筹备中国元史研究会的工作，主要工作是编写《元史研究文献目录》。在一年的资料收集工作中，逐渐熟悉了周清澍先生的名字。1980年，在南京举行的中国元史研究会成立大会上，我与其他研究生一起担任会务工作，同时也提交了一篇论文《读〈定宗征拔都〉》。这次会议使我们这些刚登上学术舞台的学子，有机会结识了国内元史学界最重要的学者们，其中包括周清澍先生。周先生当时才50岁，意气风发且睿智健谈，是我们讨教的主要师长之一。

我与周先生多数是在元史研究会的学术年会中会面的。一届又一届的年会过去了，周先生已经年届八十，我也早已过了花甲之年。在三十年来向周先生的求教过程中，在阅读周先生论著的过程中，使我认识到，从事研究不能满足于查检、引证几条史料、讨论一两个问题，而是要在了解元史研究的整个学科、明了前人讨论过什么问题的基础上，在专题上深入下去。

治史的基础是什么？是史料，那么元史研究的主要史料是哪些？在哪里？周先生在多年的研究中，对国内各图书馆中所藏元代文集做过认真的调查。他将这些知识和所收集的资料，视为中国元史学界的共同财富，毫无保留地介绍给南京大学元史研究室。我清楚地记得，80年代周先生将一些珍贵文集的微缩胶卷寄到南京，记得有北图藏刘敏中撰《中庵集》的元刊本与《师山集》《水云村泯稿》等。收到这些微缩胶卷后，我在南京大学元史研究室协助将这些微缩胶卷复印、装订出来。这些资料对我们这些初学者在较短的时间里熟悉元史史料起了极大的作用。直至今日，这些复印件依然收存在元史室的书库中，并惠及一代又一代的青年学子。

三十年来，有一件事我始终铭记在心。1980年秋，我赴内蒙古大学收集资料，有更多的机会接触周先生。周先生向我介绍了许多有关元人文集版本的信息，还告诉我，他对这些元人文集的版本的资料作有详细笔记。我斗胆向周先生提出，能否将此笔记借给我看，周先生爽快地同意了。这样，我白天在蒙古史所的书库中看书，晚上在招待所中抄录周先生的笔记。花了两个半晚上，将它全文抄了下来。回到南大后，我向邱树森先生谈起此事，邱先生即与周先生联系，询问能否将此笔记出版，以为整个元史学界所用。此事很快得到周先生肯定的答复，1983年此书在南京大学印行。这本小册子至今还是我们指导青年研究生了解元人文集的入门书，几年前我室的青年教师杨晓春还为此书中收集的元人诗文集编写了一个索引，使它更为便于使用。书中的一些印刷错误，是我们当年校勘不精所致，在此要向周先生致歉。三十年来，周先生多年心血所积累的知识就是这样，哺育了一代又一代从南京大学元史室毕业的研究生们，许多后辈学人从中得益。

此后，在南京大学元史室举行了《中国大百科全书》“元史卷”与《中国历史大辞典》辽金夏元分册的通稿会，周先生是这两项工作的主要负责人之一。我与姚大力、高荣盛虽然也撰写了一些词目，但主要是作为工作人员参会。会期长达十余天，每天上、下午韩先生、蔡美彪、周清澍与杨讷、陈高华、周良霄、与元史室各位老师，都汇集在南大西南楼的元史室中集体通稿，我们利用元史室的藏书从事资料准备与核查工作。周清澍先生在读稿时，每当感到有内容要补充时，均公开提出。周先生这些前辈学者们这种坦诚、认真的治学态度使我们深受影响。

我1981年在南京大学举行硕士论文答辩,1985年在中国社科院民族研究所举行博士论文答辩时,周先生都参加了。我的硕士论文在讨论都哇攻陷火州究竟是在至元十二年(1275)还是至元二十二年(1285)时,曾经有过反复。论文答辩时我曾持至元二十二年说,后来修改出版时,又放弃至元二十二年说,改为至元十二年说。周先生一直关注这一点。周先生在撰写《中国通史》第7册时,曾经引述过《永乐大典》1978“局”字韵中保存的史料,其文为:

别十八里局。至元十二年,为别失八里田地人匠,经值兵革,迁移京师,置局织造御用领袖、纳失失等段匹。十三年,置别十八里诸色人匠局,秩从七品。今定置大使一员,副使一员。

我写作硕士论文时,未注意到这一研究成果,特别是这段史料中有关至元十二年的描述,仍然采纳了冯家升先生的旧见,误以为别十八里局既然名为别十八里,则应设于别十八里。直1996年见周先生在《元史论丛》第6辑刊出的题为《关于别十八里局》的论文时,才发现自己的理解有误。周先生指出,上引《永乐大典》中至元十二年别十八里“值经兵革”一语,应指此年都哇入侵事,为火州之战发生于至元十二年的有力证据,使我深受教益。

后来在写作博士论文时,我发现波斯文《完者都史》中有至大、皇庆年间元军金山前线的边将Tūγāčī的资料,查《多桑蒙古史》、日本学者加藤和秀的论文,均未发现他们对此有过专门研究。后来在查阅周先生有关汪古部研究系列论文时,发现周先生注意到至大年间与哈剌哈孙先后在和林行省任丞相的脱火赤(又写作脱禾出),并引刘敏中《赵王世德碑》有关他驻守于也儿的石河以南的记载,因此才肯定波斯文史料中提及的Tūγāčī,应当就是汉文史料中的这位脱火赤。后来日本学者杉山正明与北大党宝海在此基础上又做深入研究。科学就是这样,在每一位学者为后人搭建向上攀登的阶梯上,一步一步地向前发展的。

周先生近年来,仍然积极地活跃在学术舞台上。他利用访日的机会,搜集有关史料,归国后先后撰写了《日本所藏元人诗文集珍本》与《元代汉籍在日本的流传和翻刻》等论文,介绍自己访学所得,为中国元史学界扩大史料搜集范围,为中日两国元史学界的交往做出了很大贡献,真正体现了一位学者活到老学到老,研究到老的精神。

昨日抵呼和浩特后,面见周先生时,见周先生身体健康,非常高兴。值此恭贺周先生八十华诞之际,请允许我祝愿我们蒙元史学界无私的奉献者与不倦的探索者,我们的智慧宝库——周清澍先生健康长寿。

30 《明四夷馆鞑靼馆及〈华夷译语〉鞑靼“来文”研究》序

东亚大陆自古以来便是一片众多民族居住的地方。近两千多年来,中华民族历史演进的主线之一,便是以黄河、长江流域为中心,以定居农耕文化为代表的汉族人,与大漠南北草原游牧民之间的政治、经济与文化交往。语言是不同民族之间交往的主要障碍。汉以前,中原周边各族多未有文字,因此这个时代不同民族间的交往主要依靠舌人——即双语人的口头翻译来沟通。魏晋以后,东亚大陆的经济、社会与文化持续发展,中原周边各族陆续创制了自己的文字,各族间的交流也变得更为多彩,因而研习其他民族语言文字的学问——译学也应运而生。

译学史研究可以有不同的切入点,而原始资料的丰富与否则是影响学者选择研究视角的主要因素之一。遗留至今的有关中国古代译学史的主要资料集中于三个时期,各有其代表性主题:一是宋以前亚洲各民族间以研习、传播佛教为主的文化交流;其次是明代官办番语教习及与四夷馆有关的文献;其三是明中期以后随着传教士的入华而开始的西方文献的汉译。乌云高娃的专著《明四夷馆鞑靼馆及〈华夷译语〉鞑靼“来文”研究》关注的是上述第二个时期。

既往学界与蒙古学有关的《华夷译语》研究,多集中于元明两代各种蒙汉对译字汇,乌云高娃的研究从非母语研习的角度入手,深入地考察了明四夷馆的生徒录取程序、教学内容,考核制度、学制、教师来源和师生待遇等问题,在此基础上,作者进而将研究推进至明鞑靼馆教学以外的职能,特别是首次对鞑靼馆来文做了非常深入的研究。

在东亚大陆,与明清两代并存的李氏朝鲜王朝也模仿四夷馆设置了外语教学机构——司译院，其中包括“四学”，即汉学、蒙古学、野人学（清代称清学）与倭学。因此，乌云高娃的上述研究，不但展示了明代官办蒙古语教育的主要方面，为前述农耕与草原两大文明交往史研究提供了新的样本，而且对近代以前中国乃至亚洲各国的外语教学史和中外关系史研究，也有重要的参考价值。

乌云高娃自幼入学后一直接受蒙古语教育，至入南京大学攻读博士学位时开始以汉文写作。她在自己的博士论文《明四夷馆及朝鲜司译院研究——以“蒙古语学”为中心》答辩通过之后，以十年之力悉心修改。现在奉献给读者的，是原论文迭经丰富增补以后的有关明四夷馆部分的内容，相信不同学科背景的读者，均能从中汲取有益的营养。

31　中国元史研究会锡林浩特学术讨论会开幕辞

尊敬的内蒙古自治区锡林郭勒盟各位党政领导，

尊敬的内蒙古自治区社会科学院各位领导，

女士们、先生们、各位专家学者们、元史学界的学术同仁们：

三年以前，内蒙古自治区社会科学院吴团英书记与历史所晓克所长在访问南京大学时提出，为了促进内蒙古自治区以及全国的蒙元史研究，有意与中国元史研究会联系，在内蒙古组织系列学术研讨会。此后，在经内蒙古社科院和内蒙古各有关部门的积极努力，在国家重大委托项目“草原工程”中，将这一建议正式列入。

我们知道，近年来，内蒙古自治区锡林郭勒盟有关部门全力以赴，为元上都遗址申报联合国教科文组织“世界文明遗产”而努力工作。以此为契机，去年内蒙古社科院、锡林郭勒盟正蓝旗政府与中国元史研究会在正蓝旗组织了学术讨论会。在会上，锡林郭勒盟党委张书记热情邀请来自全国各地的学者来年到锡林浩特再次举行学术讨论会。会后，内蒙古社科院草原所所长乌恩教授代表内蒙古各有关方，与中国元史研究会保持了密切的沟通，最终确定了会议的主旨、会期与会议地点。在此，请允许我代表中国元史研究会和远道而来的各地与会学者，对锡林郭勒盟政府、自治区社会科学院以及各有关部门为会议的顺利举办所付出的努力，表示感谢。

元上都遗址的申遗工作在紧锣密鼓地进行，今年5月，国家文物局、内蒙古文物局会同外交部、中国社会科学院、国家各有关部门及国内有关专家，在北京审议了申遗小组提议的申遗文件文本。元上都申遗不但是内蒙古社科、文化界以及锡林郭勒盟政府的一件大事，也是全国人民的大事。作为以全国推进蒙元史研究为主旨的中国元史研究会,也视此为己任,尽管去年已经在锡林郭勒盟的正蓝旗政府组织了学术讨论会,仍然继续积极地组织与联系各地学者。

参加此次学术讨论会的一些来自全国各地的学者,在赴会与散会时需要在北京集散。在接到会期有所变动的通知之后,中国元史研究会会长李治安教授与南开大学王晓欣教授积极与河北张北县政府联系,以考察张北县元中都博物馆与元中都附近各有关元代遗址为契机,联系专车将部分与会学者从北京经张北送抵锡林浩特。因为途中考察日程的安排,这部分学者昨天到得较晚,让锡林郭勒盟党政与内蒙古社科院有关领导久等了,又烦劳费心安排晚餐,我们非常不安,在此向你们致歉。

我们可以从几个角度看元朝在中国多民族国家形成史上的地位:

(1)中国内地,以中原与长江流域的农耕定居文化与大漠南北以游牧文化,是古代东亚大陆的主要文化代表。在历史上,大漠南北地游牧民族与汉地农耕民族之间虽然有过多次征战,但他们也是互相依存的,两大文化的发展历史交织在一起。

(2)从公元前221年秦始皇统治中国开始,迄止于1911年辛亥革命的2100多年的历史中,中国历史出现过汉、唐、元、清四大强盛王朝。元朝为其中之一。在上述2100多年的历史中,出现过两次南北分裂的时期,第一次是从西晋末至隋建立,为时约两个半世纪。第二次是唐末至元。元朝的建立,结束了长达300年的南北分治局面。

(3)元朝是蒙古族入居中原建立的大一统王朝。明初所修记载元朝历史的《元史》是中国历史史籍"廿四"史之一。元朝的历史再清楚不过地证明了一个简单的真理,即各民族共同创造了中国历史的事实。因此认真研究这一历史,对增进各民族对祖国的向心力,对增进民族团结,促进各民族对彼此的了解,有着非常重要的意义。

今天来自于内蒙古、台湾、香港及其他全国各地高校、科研机关的学者们,汇聚于锡林浩特市,举办主旨为"元代漠南城市与经济社会"的学术研讨会,不仅是为了协助元上都遗址的申遗工作,也是为了推进蒙元史研究,进而增进民族团结。

最后,请允许我代表全体与会学者向为组织这些学术讨论会而付出辛勤劳动的所有有关人员表达谢意。预祝会议圆满成功。

参考文献

按作者姓氏汉语(外国作者按其姓氏拉丁转写,日本作者按其姓氏汉字读音)拼音顺序,首字拼音相同者以四声排序,首字完全相同者,按第二字拼音为序,以此类推。作者不明者按书名首字顺序排列。外文文章按相同原则排至每类文献尾部。

一、古典文献

〔清〕阿桂,于敏中,和珅,等. 钦定满洲源流考[M]. 四库本.

〔清〕安岐. 墨缘汇观录[M]. 清道光、光绪间粤雅堂丛书本.

〔明〕贝琼. 清江贝先生文集[M]. 四部丛刊本景清赵氏亦有生斋本.

〔清〕卞永誉,辑. 式古堂书画汇考[M]. 清康熙刻本. 北京大学图书馆藏.

〔清〕斌良,撰. 抱冲斋诗集[M]. 清光绪五年崇福湖南刻本.

〔元〕曹伯启. 汉泉曹文贞公诗集[M]. 元后至元四年曹复亨刊本. 后录配清抄本. 南京图书馆藏.

〔宋〕曹彦约. 昌谷集[M]. 四库本.

〔明〕曹昭,辑. 新增格古要论[M].〔明〕王佐,增补. 影印. 北京:中国书店,[出版时间不详].

〔明〕长谷真逸,辑. 农田余话[M]. 明万历间绣水沈氏刻宝颜堂秘籍本. 天津图书馆藏.

〔明〕陈诚,李暹. 西域番国志[M]//国立北平图书馆善本图书:第1集. 周连宽,校注. 北京:中华书局,2000.

〔元〕陈大震. 大德南海志[M]//宋元方志丛刊:第8册. 元大德刊

本残卷. 中华书局,1990;《元〈大德南海志〉残本,附辑佚》,广东人民出版社,1991.

〔元〕陈孚. 陈刚中诗集[M].〔清〕黄丕烈,跋. 明抄本. 北京大学图书馆藏本.

〔元〕陈基. 夷白斋稿[M]//四部丛刊三编. 上海涵芬楼借常熟瞿氏铁琴铜剑楼藏明抄本影印. 1936.

〔宋〕陈敬. 陈氏香谱[M]. 四库本.

〔元〕陈旅. 安雅堂文集[M]//元代珍本文集汇刊. 国立中央图书馆编印,1960.

〔清〕陈伦炯.《海国闻见录》校注[M]. 李长傅,校注. 陈代光,整理. 郑州:中州古籍出版社,1984.

〔清〕陈衍. 元诗纪事[M]. 清光绪铅印本.

〔明〕陈耀文. 花草稡编[M]. 明万历十一年(1583)自刻本. 南京图书馆藏.

〔清〕陈元龙. 格致镜原[M]. 清康熙五十六年刻. 雍正十三年(1736)印本. 南京图书馆藏.

〔宋〕陈造. 江湖长翁文集[M]. 明万历四十六年李之藻刻本.

〔元〕程端礼. 畏斋集[M]. 民国四明丛书本.

〔元〕程端学. 积斋集[M]. 民国四明丛书本.

〔元〕程钜夫. 楚国文宪公雪楼程先生文集(简称《雪楼集》)[M]. 明洪武二十八年与耕书堂刻本.

〔元〕成廷珪. 居竹轩诗集[M]. 四库本.

大元马政记[M]. 甲类第二集,广仓学窘丛书铅印本,上海仓圣明智大学,民国5年(1916).

大明一统文武诸司衙门官制[M]. 陶承庆,校正. 叶时用,增补. 明刻本. 南京图书馆藏.

〔元〕戴表元. 剡源集[M]. 四部丛刊景明本.

〔明〕戴冠. 濯缨亭笔记[M]. 附礼记集说辨疑一卷,明嘉靖二十六年华察刻本,南京图书馆藏.

〔元〕戴良. 九灵山房集卷[M]. 上海涵芬楼借印罟里瞿氏铁琴铜剑楼藏明正统间戴统刊本,四部丛刊.

〔元〕邓文原. 巴西邓先生文集[M]. 清抄本. 南京图书馆藏.

〔元〕邓文原,选. 编类运使复斋郭公敏行录[M]. 元至顺(1330—1332)年刻本,北京图书馆藏.

〔元〕丁鹤年. 鹤年先生诗集[M]. 傅增湘,校补. 清光绪十四年董金鉴活字印琳琅秘室丛书本. 北京图书馆藏.

〔明〕董斯张,辑. 吴兴艺文补七[M]. 明崇祯六年(1633)刻本,复旦大学图书馆藏.

〔唐〕段成式. 酉阳杂俎[M]. 明刻本,南京图书馆藏.

〔金〕段克己,段成己. 段氏二妙集[M].〔清〕缪荃孙,辑. 缪荃孙,校. 清传抄明成化十七年(1481)刻本. 李木斋据旧刻本校并跋.

〔元〕方回. 桐江续集[M]. 四库本.

〔宋〕方逢辰. 蛟峰方先生集[M]. 明活字印本.

〔清〕方履籛. 金石萃编补正[M]. 清光绪二十年(1894)石印本. 上海图书馆藏.

〔清〕方溶. 潋水新志[M]. 民国铅印本.

〔元〕郭荐,纂. 大德昌国州图志[M]//宋元方志丛刊:第6册. 冯福京,修. 清咸丰刊本. 北京:中华书局,1990.

〔元〕傅若金. 傅与砺文集[M]//北京图书馆古籍珍本丛刊:第92册. 明洪武十七年(1384)刻本. 北京:书目文献出版社.

〔明〕高濂. 雅尚斋遵生八笺[M]. 北京:人民卫生出版社,1994.

〔明〕高儒. 百川书志[M]. 观古堂书目丛刊本。

〔元〕贡师泰. 玩斋集[M]. 明嘉靖刻本.

〔明〕巩珍. 西洋番国志[M]//中外交通史籍丛刊. 向达,校注. 北京:中华书局,1982.

〔明〕管大勋,刘松. 隆庆临江府志[M]. 明隆庆刻本. 天一阁藏.

〔元〕郭畀. 云山日记[M].〔清〕宣统三年(1911)横山草堂刻本.

〔明〕郭经,唐锦,纂修. 弘治上海志[M]. 明弘治(1488—1505)刻本,天一阁藏.

〔晋〕尔雅[M]. 郭璞,注. 四部丛刊景宋本.

〔清〕顾嗣立. 元诗选[M]. 北京:中华书局,2002.

〔清〕顾嗣立,席世臣. 元诗选[M]. 北京:中华书局,2001.

〔明〕顾起元. 说略[M]. 民国金陵丛书本.

〔元〕顾瑛. 玉山名胜集[M]. 杨镰,叶爱欣整理本,北京:中华书局,2008.

〔元〕顾瑛. 玉山璞稿[M]. 杨镰整理本. 清嘉庆宛委别藏本,北京:中华书局,2008.

〔元〕顾瑛,辑. 草堂雅集[M]. 杨镰,祁学明,张颐青,整理. 北京:中华书局,2008.

〔明〕贺复征. 文章辨体汇选[M]. 四库本.

〔宋〕何梦桂. 潜斋先生文集[M]. 明刻本.

〔元〕忽思慧. 饮膳正要[M]. 四部丛刊续编子部. 上海涵芬楼景印中国学艺社借照日本岩崎氏静嘉堂文库藏明刊本.

〔清〕胡聘之. 山右石刻丛编[M]. 稿本. 南京大学图书馆藏.

〔元〕胡古愚. 树艺篇[M]. 明纯白斋抄本. 北京图书馆藏.

〔元〕胡祗遹. 紫山大全集[M]. 四库本.

〔元〕胡助. 纯白斋类稿[M]//丛书集成初编. 北京:中华书局,1985.

〔明〕黄淮,杨士奇等,辑. 历代名臣奏议[M]. 明永乐十四年内府刻本.

〔元〕黄玠. 弁山小隐吟录[M]. 民国四明丛书本.

〔元〕黄溍. 金华黄先生文集M]. 四部丛刊景元抄本.

〔清〕黄彭年,主纂. 畿辅通志[M]. 清光绪刻本.

〔明〕黄润玉. 成化宁波府简要志[M]. 民国四明丛书本.

〔明〕黄省曾. 西洋朝贡典录[M]. 清钱氏指海本.

〔明〕黄虞稷. 千顷堂书目[M]. 瞿凤起,潘景郑,整理. 上海:上海古籍出版社,2001.

〔明〕黄衷. 海语[M]. 明刻宝颜堂汇秘籍四十二种本. 北京图书馆藏.

〔明〕沈朝宣. 嘉靖仁和县志[M]. 清光绪钱塘丁氏嘉惠堂刻武林掌故编本.

〔宋〕潜说友,纂修. 咸淳临安志[M]//宋元方志丛刊:第4册. 清光绪九年(1883)《武林掌故丛编》(第4集)本. 影印本. 北京:中华书局,1990.

〔清〕嵇曾筠. 雍正浙江通志[M]. 四库本.

〔明〕姜南. 蓉塘诗话[M]. 明嘉靖二十二张国镇刻本. 天一阁藏.

〔明〕蒋一葵. 尧山堂外纪[M]. 明刻本.

居家必用事类全集十卷[M]//北京图书馆古籍珍本丛刊:第61册.

〔元〕柯九思. 丹邱生集[M]. 清光绪三十四年柯逢时刻本.

〔元〕孔克齐. 至正直记[M]. 庄敏,顾新,点校. 上海:上海古籍出版社,1987.

〔金〕孔元措辑. 孔氏祖庭广记[M]. 四部丛刊续编景蒙古本.

〔明〕郎瑛. 七修续稿[M]. 明刻本. 扬州市图书馆藏.

〔明〕黎民表. 瑶石山人稿[M]. 清道光粤十三家集本.

〔元〕李存. 俟庵集[M]. 明永乐三年李光刻本.

〔元〕李道谦. 终南山祖庭仙真内传[M]. 明正统道藏本.

〔明〕李日华. 六研斋三笔[M]. 四库本.

〔唐〕李商隐. 樊南文集笺注[M].〔清〕冯浩,笺注. 清乾隆德聚堂刻本. 南京图书馆藏.

〔清〕李慎儒.《辽史·地理志》考[M]. 清光绪二十八年刻本.

〔明〕李时珍. 本草纲目[M]. 清光绪张氏味古斋重刻本.

〔清〕李文田.《元史》地名考[M]//续修四库全书:第294册. 景印胡玉缙抄本. 上海:上海古籍出版社,2004.

〔宋〕李心传. 建炎以来朝野杂记[M]. 清乾隆三十八年(1773)武英殿活字印武英殿聚珍版.

〔宋〕李心传. 建炎以来系年要录[M]. 清广雅书局丛书本.

〔明〕李诩．戒庵老人漫笔[M]．明万历三十四年李铨前书楼刻藏说小萃十集本．

〔元〕李志长．长春真人西游记[M]//王国维．蒙古史料四种校注:《长春真人西游记》校注．明正统道藏本．台北:正中书局,1962．

〔清〕厉鹗．宋诗纪事[M]．四库本．

〔清〕厉鹗．樊榭山房集[M]．四部丛刊景清振绮堂本．

〔明〕林世远,王鏊等．正德姑苏志[M]．明正德(1504—1521)刻、嘉靖(1522—1566)增修本．

〔意〕利玛窦,〔比〕金尼阁．利玛窦中国札记[M]．何高济等,译．北京:中华书局,1997．

〔明〕陈善,纂．《万历杭州府志》[M]．刘伯缙等,修．万历七年刊本影印本．台北:成文出版社有限公司,1983．

〔明〕刘昌．中州名贤文表[M]．四库本．

〔元〕刘敏中．中庵集[M]//北京图书馆古籍珍本丛刊:第92册．元刊本．书目文献出版社影印本．

〔元〕刘敏中．平宋录[M]．〔清〕王筠,校并跋．叶景葵,跋．清道光二十四年(1908)钱氏据墨海金壶版重编增刻守山阁丛书一百十二种本．

〔金〕刘祁．归潜志[M]．崔文印,点校．北京:中华书局,1983．

〔元〕刘仁本．羽庭集[M]．四库本．

〔元〕刘因．静修集[M]．四部丛刊景元本．

〔元〕刘郁．常德西使记[M]．明刻历代小史本．南京大学图书馆藏．

〔元〕刘岳申．申斋刘先生文集[M]//国立中央图书馆编印:元代珍本文集汇刊．台湾中央图书馆藏清嘉庆年间杭州赵完伯从其家藏明初抄本传录本．1960．

〔元〕柳贯．柳待制文集[M]．上海商务印书馆缩印元至正刊本．四部丛刊．

〔朝鲜〕龙飞御天歌[M]．金圣七,译注．汉城:韩国印刷株式会社,[出版时间不详]. 中国社会科学院民族研究所藏.

〔元〕陆文圭. 墙东类稿[M]. 清光绪常州先哲遗书本.

〔明〕陆应阳. 广舆记[M]. 清康熙刻本.

〔明〕马欢原. 明钞本《瀛涯胜览》校注[M]. 万明,校注. 北京:海洋出版社,2005.

〔宋〕马廷鸾. 碧梧玩芳集[M]. 民国豫章丛书本.

〔元〕马臻. 霞外诗集[M]. 明刻元人十种诗本.

〔元〕马祖常. 马石田文集[M]. 元后至元五年扬州路儒学刻本. 北京图书馆藏.

麻赫默德·喀什噶里.《突厥语大辞典》第1卷. 何锐,丁一,仲校彝等,译. 北京:民族出版社,2002.

麻赫默德·喀什噶里.《突厥语大辞典》第2卷. 仲校彝,刘静嘉,译. 北京:民族出版社,2002.

麻赫默德·喀什噶里.《突厥语大辞典》第3卷. 仲校彝,译. 北京:民族出版社,2002.

〔明〕茅瑞征. 皇明象胥录[M]. 明崇祯茅氏芝园刻本.

〔明〕茅元仪. 暇老斋杂记卷[M].〔清〕李文田,批校. 清光绪李文田家抄本.

〔宋〕孟珙. 蒙鞑备录[M]//王国维,编. 蒙古史料四种. 台北:正中书局,1972.

〔宋〕孟元老. 幽兰居士东京梦华录[M]//元代史料丛刊. 王颋,点校. 元刻本. 杭州:浙江古籍出版社,1992.

〔清〕穆彰阿,潘锡恩,等. 重修大清一统志[M]. 四部丛刊续编景旧抄本.

〔元〕廼贤. 河朔访古记[M]. 清武英殿聚珍版丛书本.

〔元〕廼贤. 金台集[M]. 明末汲古阁刊本.

〔元〕倪瓒. 清閟阁遗稿[M]. 明万历二十八倪珵刻本. 北京图书馆藏.

〔元〕欧阳玄. 圭斋文集[M]. 涵芬楼刊本.

〔明〕偶桓辑. 乾坤清气集[M]. 四库本.

〔明〕平显. 松雨轩诗集[M]. 清嘉庆宛委别藏本.

〔宋〕彭大雅. 黑鞑事略[M]//王国维.《黑鞑事略》笺证.〔宋〕徐霆疏,证. 蒙古史料四种本. 台北:正中书局,1972.

〔元〕浦道源. 闲居丛稿[M]. 元至正刻本.

〔宋〕蒲寿宬. 心泉学诗稿[M]. 清乾隆翰林院抄本(四库底本). 南京图书馆藏.

〔清〕钱大昕. 廿二史考异[M].〔清〕李慈铭,校. 清乾隆四十五年刻本.

〔明〕钱谷. 吴都文粹续集[M]. 四库本.

〔清〕钱谦益,辑. 列朝诗集[M]. 清顺治九年毛氏汲古阁刻本.

〔清〕钱熙彦. 元诗选补遗[M]. 北京:中华书局,2002.

〔清〕全祖望. 鲒埼亭集外编[M].〔清〕臧镛,批点. 缪荃孙,录.〔清〕严元照,校并记. 清嘉庆十六年刻本.

〔明〕秦镛,纂修. 崇祯清江县志[M]. 明崇祯刻本.

〔元〕仇远. 山村遗稿[M]. 清抄本. 北京大学图书馆藏.

〔元〕萨都剌. 雁门集[M]. 上海:上海古籍出版社,1982.

〔元〕邵亨贞. 野处集[M]. 四库本.

〔元〕邵亨贞. 蚁术诗选[M]. 上海涵芬楼影印故宫博物院图书馆藏宛委别藏本. 四部丛刊三编.

〔元〕释大訢. 蒲室集[M]. 元至元刻本.

〔元〕释念常. 佛祖历代通载[M]. 元至正七年释念常募刻本.

〔明〕释如惺. 大明高僧传[M]. 明万历刻径山藏本.

〔元〕释心泰. 佛法金汤编[M]. 明万历二十八年(1600)刻本. 北京大学图书馆藏.

〔元〕释志磐. 佛祖统纪[M]. 明刻本. 北京大学图书馆藏本. 大正新修大正藏本.

〔明〕申时行,赵用贤,等. 大明会典[M]. 明万历十五年内府刻本. 南京图书馆藏.

〔清〕沈垚．落帆楼文集[M]．民国吴兴丛书本．

〔清〕盛庆绂，辑．越南地舆图说[M]//小方壶斋舆地丛钞光绪十年刻本：第10帙．

〔明〕施耐奄．水浒传[M]．上海：上海人民出版社，1975．

〔宋〕施谔．淳祐临安志[M]//宋元方志丛刊：第4册．清光绪九年(1883)《武林掌故丛编》(第4集)本．影印本．北京：中华书局，1990．

〔清〕史简．鄱阳五家集[M]．四库本．

事林广记[M]．元至顺间(1330—1333)建安椿庄书院刻本影印本．北京：中华书局，1963．

事林广记[M]．元后至正六年(1346)郑氏积诚堂刻本影印本．北京：中华书局，1998．

顺风相送[M]//两种海道针经．向达校注本．1961年版，1982年重印本．

〔明〕宋濂．浦阳人物记[M]．清知不足斋丛书本．

〔明〕宋濂．宋学士文集[M]．涵芬楼李氏藏明正德本影印．四部丛刊．

〔明〕宋濂等．元史[M]．点校本．北京：中华书局，1976．

宋史全文[M]．四库本．

〔元〕宋褧．庸庵集[M]．四库本．

〔明〕宋詡．宋氏家规部[M]//北京图书馆珍本丛刊：第61册．明刻本．北京图书馆藏，1988．

〔元〕苏伯衡．苏平仲文集[M]．上海涵芬楼借江宁邓氏群碧楼藏明正统壬戌刊本景印．四部丛刊初编集部．

〔元〕苏天爵．滋溪文稿[M]．陈高华，孟繁清，点校．北京：中华书局，1997．

〔元〕苏天爵．元名臣事略[M]．姚景安，点校．北京：中华书局，1995．

〔元〕苏天爵．元文类[M]．清光绪己丑(1889)江苏书局刊本．上海涵芬楼影印元至正杭州西湖书院刊本．四部丛刊初编集部．

〔明〕孙凤. 孙氏书画钞[M]. 民国上海商务印书馆涵芬楼秘籍影印抄本.

〔清〕孙星衍,邢澍. 环宇访碑录[M]. 清嘉庆七年刻本. 华东师范大学图书馆藏.

〔明〕孙原理,辑. 元音[M]. 四库本.

〔元〕陶宗仪. 南村辍耕录[M]. 点校本. 北京:中华书局,1980.

〔元〕陶宗仪.《书史会要》续卷[M]. 明崇祯二年朱氏寒玉馆刻. 清初朱统鉷重修补刻本.

〔明〕田汝成. 西湖游览志[M]. 明嘉靖刻本.

〔明〕田艺蘅. 留青日札[M]. 明万历三十七年徐懋升刻本. 南京图书馆藏.

〔元〕同恕. 榘庵集[M]. 四库本.

通制条格[M]//元代史料丛刊. 黄时鉴,点校. 杭州:浙江古籍出版社,1986.

〔元〕脱脱等. 金史[M]. 点校本. 北京:中华书局,1976.

〔元〕脱脱等. 辽史[M]. 点校本. 北京:中华书局,1974.

〔元〕脱脱等. 宋史[M]. 点校本. 北京:中华书局,1977.

〔元〕脱因,俞希鲁至顺镇江志[M]//宋元方志丛刊:第3册. 清道光二十二年刻本. 北京:中华书局,1990.

〔元〕汪大渊. 岛夷志略[M]. 苏继庼,校释. 北京:中华书局,1981.

〔清〕汪辉祖.《元史》本证[M]. 姚景安,点校. 北京:中华书局,1984.

〔明〕汪砢玉,辑. 珊瑚网[M]. 民国刻适园丛书本.

〔元〕汪元量. 水云集[M]. 清光绪武林往哲遗著本.

〔元〕王逢. 梧溪集[M]//北京图书馆古籍珍本丛刊,第95册. 元至正、明洪武间刻景泰七年陈敏政重修本. 书目文献出版社影印本.

〔金〕王寂. 辽东行部志[M]. 清光绪丁氏竹书堂抄本.

〔元〕王冕. 竹斋集[M]. 清光绪邵武徐氏丛书本.

〔元〕王士点,商企翁. 秘书监志[M]. 高荣盛,点校. 杭州:浙江古籍出版社,1992.

〔明〕王士性. 广志绎[M]. 清康熙十五年刻本. 北京图书馆藏.

〔清〕王太岳. 四库全书考证[M]. 武英殿聚珍版丛书本.

〔明〕王圻. 续文献通考[M]. 杭州:浙江古籍出版社,2000.

〔元〕王喜. 治河图略[M]. 清嘉庆十三年至十六年张海鹏刻墨海金壶一百十五种本. 北京图书馆藏.

〔宋〕王象之. 舆地纪胜[M]. 清影宋抄本.

〔明〕王行. 半轩集[M]. 四库本.

〔明〕王祎. 王忠文集[M]. 四库本.

〔元〕王沂. 伊滨集[M]. 四库本.

〔明〕王彝. 王常宗集[M]. 四库本.

〔元〕王元恭,王厚孙,徐亮. 至正四明续志[M]//宋元方志丛刊:第7册. 清咸丰刊本. 北京:中华书局,1990.

〔元〕王恽. 秋涧先生大全文集[M]. 四部丛刊景明弘治十一年马龙、金舜臣刻本.

〔明〕乌斯道. 春草斋集[M]. 民国四明丛书本.

〔宋〕文天祥. 文山先生全集[M]. 四部丛刊景明本.

〔元〕吴澄. 临川吴文正公集[M]. 四库本.

〔明〕吴宽. 匏翁家藏集[M]. 四部丛刊景印明正德(1506—1521)刊本.

〔宋〕吴渭. 月泉吟社[M]. 四库本.

〔宋〕吴自牧. 梦粱录[M]. 清学津讨原本.

无上秘要[M]. 清传抄正统道藏本. 北京大学图书馆藏.

〔元〕危素. 危学士全集[M]. 清乾隆二十三年刻本.

〔宋〕魏了翁. 重校鹤山先生大全文集[M]. 四部丛刊景宋本.

〔元〕夏庭芝. 青楼集[M]. 明钞说集本.

〔元〕鲜于枢. 困学斋杂录[M]. 清知不足斋丛书,畿辅丛书本.

〔元〕萧𣄊. 勤斋集[M]. 清抄本. 南京图书馆藏.

〔宋〕谢翱．晞发集[M]．明万历四十六年郭鸣琳刻本．

〔元〕谢应芳．龟巢稿[M]．上海涵芬楼借江安傅氏双鉴楼藏抄本景印．四部丛刊三编．

〔明〕解缙等，纂．永乐大典残卷[M]．北京：中华书局，1986．

〔元〕熊梦祥．《析津志》辑佚[M]．北京：北京古籍出版社，1983．

〔元〕熊太古．冀越集记[M]．〔清〕吴翌凤，黄丕烈，校并跋．清乾隆四十七年吴翌凤抄本．

〔明〕徐贲．北郭集[M]．上海涵芬楼借江安傅氏双鉴楼藏明成化本景印．四部丛刊三编．

〔明〕徐㶿．笔精[M]．民国芋园丛书本．

〔宋〕徐梦莘．三朝北盟汇编[M]．清许涵度校刻本．

〔清〕徐松辑．宋会要辑稿[M]．国立北平图书馆民国25年(1936)影印本．

〔明〕徐树丕．识小录[M]．民国涵芬楼秘籍影稿本．

〔明〕徐象梅．两浙名贤录[M]．明天启元年徐氏光碧堂刻本．南京图书馆藏．

〔明〕徐应秋．玉芝堂谈荟[M]．四库本．

〔元〕徐元瑞．吏学指南[M]．元刻本．北京图书馆藏．

〔清〕吴仰贤．清光绪嘉兴府志[M]．许瑶光，修．清光绪五年刊本．

〔元〕许有壬．至正集[M]//北京图书馆古籍珍本丛刊：第95册．国家图书馆藏清抄本．北京：书目文献出版社．

〔元〕杨奂．还山遗稿[M]．〔民国〕适园丛书本．

〔元〕杨譓．至正昆山郡志[M]//宋元方志丛刊：第1册．清宣统刻本．北京：中华书局，1990．

〔宋〕杨万里．诚斋集[M]．四部丛刊景宋写本．

〔元〕杨维桢．东维子文集[M]．四部丛刊景旧抄本．

〔元〕杨维桢．铁崖古乐府集[M]．四部丛刊景明成化本．

〔元〕杨瑀．山居新话[M]．上海：上海古籍出版社，1991；

〔元〕杨瑀．山居新语[M]．余大钧，点校．北京：中华书局，2006

〔元〕杨载．翰林杨仲弘诗集[M]．四部丛刊景明嘉靖(1522—1566)本．

〔元〕姚燧．牧庵集[M]//四部丛刊初编:集部．上海商务印书馆缩印清武英殿聚珍版．

〔元〕耶律楚材．西游录[M]．向达校,注．陈得芝,张广达,补注．北京:中华书局,1981.

〔元〕耶律楚材．湛然居士文集[M]．谢方,点校．北京:中华书局,1986.

〔元〕叶盛．水东日记[M]．魏中平,点校．中华书局,1997.

〔阿拉伯〕伊本·白图泰．伊本白图泰游记[M]．马金鹏,译．银川:宁夏人民出版社,1985.

〔元〕尹廷高．玉井樵唱[M]．四库本．

〔清〕于敏中,窦忨鼐等．日下旧闻考[M]．北京:北京古籍出版社,2001.

〔元〕余阙．青阳先生文集[M]．四部丛刊续编景明本

〔元〕虞集．道园学古录卷[M]．上海涵芬楼景印明景泰翻元小字本．四部丛刊初编集部．

〔元〕虞集．道园遗稿[M]．元至正十四年金伯祥刻本．北京图书馆藏．

〔元〕虞堪．希澹园诗集[M]．民国刻殷礼在斯堂丛书本．

〔元〕虞堪．虞山人诗补遗[M]．殷礼在斯堂丛书．民国刻本．

〔明〕郁逢庆辑．书画题跋记[M]．清风雨楼丛书本．四库本．

〔明〕余寅．同姓名录[M]．明万历刻本．南京图书馆藏．

〔元〕宇文懋昭．大金国志[M]．北京:中华书局,1986.

元朝秘史[M]//四部丛刊三编:史部．上海涵芬楼影印元钞本．上海:商务印书馆,1935.

元代画塑记[M]．北京:人民美术出版社,1983.

元典章[M]．影印元刊本．北京:中国广播电视出版社,1998.

元高丽纪事[M]. 广仓学窘丛书铅印本. 上海仓圣明智大学,民国5年(1916)甲类第2集.

〔金〕元好问. 元遗山集[M]. 四部丛刊影明弘治本.

元遗山诗集笺注[M].〔清〕施国祁,笺注. 清道光二年南浔瑞松堂蒋氏刻.

〔金〕元好问. 中州集[M]. 四部丛刊景元刊本.

〔元〕元明善. 清河集[M]. 清光绪刻藕香拾零本.

〔明〕袁华. 可传集[M]. 四库本.

〔明〕袁华. 玉山纪游[M]. 四库本.

〔明〕袁华. 耕学斋诗集[M]. 清抄本. 南京图书馆藏.

〔元〕袁桷. 清容居士集[M]. 缩印元刊本. 四部丛刊卷初编缩本. 上海:商务印书馆.

〔元〕袁桷. 延祐四明志[M]//宋元方志丛刊:第6册. 清咸丰刊本. 北京:中华书局,1990.

〔元〕袁凯. 海叟集[M]. 明万历三十七年张所望刻本. 南京图书馆藏.

〔元〕袁士元. 书林外集[M]. 明正统刻本. 北京图书馆藏.

〔明〕曾显撰. 弘治直隶凤阳府宿州志[M].〔明〕弘治增补刻本.

〔明〕查继佐. 罪惟录[M]. 涵芬楼影印吴兴刘氏嘉业堂藏抄本. 四部丛刊三编.

〔元〕张伯淳. 养蒙文集[M]. 四库本.

〔明〕张丑. 清河书画舫[M]. 清乾隆二十八年池北草堂刻本. 北京大学图书馆藏.

〔明〕张宁. 方洲集[M]. 四库本.

〔元〕张铉. 至正金陵新志[M]//宋元方志丛刊:第6册. 清嘉庆刻本. 北京:中华书局,1990.

〔元〕张宪. 玉笥集[M]. 清粤雅堂丛书本.

〔明〕张燮. 东西洋考[M]. 谢方,点校. 北京:中华书局,1981.

〔元〕张养浩. 归田类稿[M]. 四库本.

〔宋〕张炎．山中白云词疏证[M]．民国十一年朱祖谋辑刻强村丛书本．

〔明〕张以宁．翠屏诗文集[M]．石光霁，编．张淮，续编．据明成化刻本抄．北京大学图书馆藏．

〔明〕张昶．吴中人物志[M]．明隆庆四年(1570)张凤翼，张燕翼刻本．南京图书馆藏．

〔元〕张昱．张光弼诗集[M]．四部丛刊续景明抄本．

〔元〕张雨．句曲外史贞居先生诗集[M]．四部丛刊本．

〔元〕张之翰．西巖集[M]．四库本．

〔元〕张仲深．子渊诗集[M]．四库本．

〔元〕张翥．张蜕菴诗集[M]．四部丛刊续编景明本．

〔清〕赵宏恩．乾隆江南通志[M]．四库本．

〔元〕赵孟頫．松雪斋集[M]．四部丛刊景元本．

〔明〕赵琦美．赵氏铁网珊瑚[M]．四库本．

〔宋〕赵汝适．诸蕃志[M]//《诸蕃志》校注．冯承钧，校注．北京：中华书局，1956．

〔元〕赵天麟．太平金镜策．元刊本．北京图书馆藏本．

〔元〕郑元佑．侨吴集[M]//北京图书馆古籍珍本丛刊：第95册．明弘治九年(1496)张习刻本．影印本．北京：书目文献出版社．

〔元〕郑元祐．遂昌杂录[M]//四库笔记小说丛书：9种合刊本．上海：上海古籍出版社，1991．

〔明〕郑真．荥阳外史集[M]．四库本．

指南正法[M]//两种海道针经．向达，校注．1961．

〔明〕止云居士，编．万壑清音[M]．白云山人，校．台北：学生书局，1987．

〔明〕钟嗣成等．录鬼簿续编[M]．上海：上海古籍出版社，1978．

〔元〕周伯琦．近光集[M]．四库本．

〔元〕周达观．真腊风土记[M]//《真腊风土记》校注．夏鼐，校注．北京：中华书局，1981．

〔宋〕周密．癸辛杂识[M]．吴金明，点校．北京：中华书局，1997.

〔宋〕周密．云烟过眼别录[M]．民国重印明宝颜堂秘籍本.

〔宋〕周密．志雅堂杂抄[M]．清粤雅堂丛书本.

〔宋〕周淙．乾道临安志[M]//宋元方志丛刊：第4册．清光头绪七年(1881)《武林掌故丛编》(第1集)本．影印本．北京：中华书局，1990.

〔元〕周致中．异域志[M]．陆峻岭校注本．北京：中华书局，1981.

〔元〕朱德润．存复斋文集[M]．涵芬楼秘籍本.

〔明〕朱存理．楼居杂著[M]．四库本.

〔元〕朱晞颜．瓢泉吟稿[M]．四库本.

〔宋〕祝穆．事文类聚前集[M]．四库本.

〔法〕Ferrand G. Relation de Voyages et Textes Geographiques Arabes, Persans et Turcs Relatifs a L'Extreme-Orient Du VIIIe au XVIIIe Siecles(《八—十八世纪阿拉伯、波斯、突厥文中与远东有关的航海与地理资料》)[M]. Traduit. Revus et Annotes par Gabiel Ferrand Tome Premier. Paris:Ernest Leroux,1914.

〔波斯〕Hafiz-i-Abru. A Persian Embassy to China Being An Extract From Zubdatu't Tawarikh of Hafiz-i-Abru(《沙哈鲁遣使中国记》)[M]. Translated by K. M. Maitra. Lahore: M.A. Profess of Persian Dyal Singh College, 1970.

〔波斯〕无名氏. The Region of the World (《世界境域志》)[M]. tr. and exlanined by V. Minorsky. London:[s. n.],1970.

〔伊〕Juvaini. The History of the World-Conqueror (《世界征服者史》)[M]. tr. by John Andrew Boyle. Manchester: Manchester University Press, 1958.

Mahmud al-Kašgharī. Diwan Lughat at-Turk, Compendium of the Turkic Dialects(《突厥语大辞典》)[M]. ed. & tr. Robert Dankoff, in collaboration with James Kelly. [S. l.]:Harvard University Printing Office, 1982—1985.

The New English Bible(《新英语圣经》)[M]. Oxford: Oxford University Press, 1970.

Abu'l Qasem Ibn 'Ali Ibn Mohammad al-Qashani. The History of Uljaytu(《完者都史》)[M]. ed. by Mahin Hambly. Tehran:[s. n.], 1969.

〔伊〕جامع التواريخ . رشيد الدين فضل اللاه همدانى(Rašīd al-Dīn Faẓl Allāh Hamadānī, Jām'i al-Tawārīkh ,《史集》)[M]. تهران, 1373/1974.

Рашид-ад-Дин. Сборник Летописей,т.1, кн.1(《史集》第1卷第1册)[M]. Москва-Ленинград, 1952.

Рашид-ад-Дин. Сборник Летописей,т.1, кн.2(《史集》第1卷第2册)[M]. Москва-Ленинград, 1952.

Рашид-ад-Дин. Сборник Летописей,т.2(《史集》第2卷)[M]. Москва-Ленинград, 1968.

Рашид-ад-Дин. Сборник Летописей,т.3(《史集》第2卷)[M]. Москва-Ленинград, 1968.

Ta'rih-i-Mubarak-i-Gazani des Rashid al-Din Fadl Allah Abi-L-Hair, Geschichte der Ilhane Abaga bis Gaihatu, 1265—1295 (《吉祥合赞史,阿八哈—海合都时代伊利诸汗史,1265—1295年》)[M]. Leiden:[s. n.], 1957.

〔波斯〕Nizam al-Din Abd al-Wasi Sami, Histoire des conquêtes de Tamerlan intitulée Zafarnama (《帖木儿征服史》)[M]. Praha:[s. n.], 1937.

〔德〕Erich Haenisch. MANGḤOL UN NIUCA TOBCA'AN (YÜAN-CH'AO PI-SHI) Die Geheime Geschichte der Mongolen aus der Chinesischen Transkription (Ausgabe Ye Têh-hui) im Mongolischen Wortlaut Wiederhergestellt(《元朝秘史》拉丁字转写本)[M]. Wiesbaden : Franz Steiner Verlag GMBH, 1962.

B. Sumyabatar. The Secret History of the Mongols(《元朝秘史》蒙古文还原、拉丁字转写与汉文原文合璧本)[M]. ed. by L. Manlajav. Ulaanbaatar: Ts. Shangdarsuren, 1990.

二、近人专著

阿·克·穆尔. 一五五〇年前的中国基督教史[M]. 郝镇华,译. 北京:中华书局,1984.

蔡美彪. 元代白话碑集录[M]. 北京:科学出版社,1955.

蔡美彪. 脱列哥那后史事考辨[M]//蒙古史研究:第3辑. 呼和浩特:内蒙古人民出版社,1989.

陈得芝. 蒙元史研究丛稿[M]. 北京:人民出版社,2005.

陈得芝. 十三世纪以前的克烈王国[M]//中国元史研究会. 元史论丛第1辑. 北京:中华书局,1986.

陈得芝. 赤那思之地小考[M]//中国元史研究会. 元史论丛第6辑,北京:中国社会科学出版社,1996.

陈得芝.《元史·李孟传》订补[M]//元史及民族与边疆研究集刊第23辑. 上海:上海古籍出版社,2010.

陈得芝."从销金锅儿"到民族熔炉——元代杭州与蒙古色目人文化的演变[M]//李治安,宋涛,主编. 马可波罗游历过的城市——元代杭州研究文集. 杭州:杭州出版社,2012.

陈高华. 论元代的站户[M]//陈高华. 元史研究论稿. 北京:中华书局,1991.

陈高华. 元代维吾尔、哈剌鲁资料辑录[M]. 乌鲁木齐:新疆人民出版社,1991.

陈高华. 元史研究论稿[M]. 北京:中华书局,1991.

陈高华,史卫民. 中国经济通史·元代经济卷上下册[M]. 北京:经济日报出版社,2000.

陈高华,吴泰. 宋元时期的海外贸易[M]. 天津:天津人民出版社,1981.

陈桓. 元西域人华化考[M]. 上海:上海古籍出版社,2000.

大理白族自治州回族学会,《大理回族文化丛书》编委会,编.《咸阳王家乘》考释[M]. 马元恭,录并收藏. 马颖生,考释. 影印孤本. 昆明:云南民族出版社,2010.

额尔登泰,乌云达赉,阿萨拉图.《蒙古秘史》词汇选释[M]. 呼和浩特:内蒙古人民出版社,1980.

高荣盛. 元代海外贸易研究[M]. 成都:四川人民出版社,1998.

高荣盛. 元史浅识[M]. 南京:凤凰出版社,2010.

高荣盛. 元大德二年的珍宝欺诈案[M]// 中国元史研究会. 元史论丛第9辑. 北京:中国广播电视公司出版社,2004.

高荣盛. 元沙不丁事迹索考[M]//郝时远,罗贤佑. 蒙元暨民族史论集——纪念翁独健先生诞辰一百周年. 北京:社会科学文献出版社,2006.

韩儒林. 穹庐集[M]. 上海:上海人民出版社,1982.

韩儒林. 成吉思汗十三翼考[M]//穹庐集. 上海:上海人民出版社,1982.

韩儒林. 韩儒林文集[M]. 南京大学元史研究室,编. 南京:江苏古籍出版社,[出版时间不详].

韩儒林. 西北地理札记·乌鹆,Huiur及Hor[M]//韩儒林. 韩儒林文集. 南京大学元史研究室,编. 南京:江苏古籍出版社,[出版时间不详].

韩儒林. 突厥官号考释[M]//韩儒林. 穹庐集. 上海:上海人民出版社,1982.

韩儒林. 西北历史札记"三、钦察、康里、蒙古之三种伯牙兀台氏"[M]//韩儒林. 穹庐集. 上海:上海人民出版社,1982.

韩儒林. 元代吉利吉思及其邻近诸部[M]//韩儒林. 穹庐集. 上海:上海人民出版社,1982.

韩儒林. 读《史集·部族志》札记(部分)[M]//中国元史研究会编. 元史论丛第3辑. 北京:中华书局,1986.

韩世民,都兴智.《金史》之《食货志》与《百官志》校注[M]. 北京:中国社会出版社,2005.

洪金富. 辽宋金元五朝日历[M]//中央研究院历史语言研究所目

录索引丛刊. 台北:[出版者不详],2004.

胡振华,黄润华. 明代文献·高昌馆课[M]. 乌鲁木齐:新疆人民出版社,1982.

胡振华,胡军. 回回馆译语[M]. 内部印刷. 北京:中央民族大学东干学研究所,[出版时间不详].

黄时鉴. 黄时鉴文集三册[M]. 上海:中西书局,2011.

黄时鉴. 元好问与蒙古国关系考[M]//黄时鉴文集Ⅰ. 上海:中西书局,2011.

贾敬颜,朱风,合编. 蒙古译语·女真译语汇编[M]. 天津:天津古籍出版社,1990.

姜义华,主编. 社会科学争鸣大系历史卷[M]. 上海:上海人民出版社,1991.

李治安. 元代分封制度研究(增订本)[M]. 北京:中华书局,2007.

刘学祥."亚细亚生产方式"问题的论争[M]//姜义华主编. 社会科学争鸣大系:历史卷. 上海:上海人民出版社,1991.

刘迎胜. 西北民族史与察合台汗国史研究[M]. 南京:南京大学出版社,1994.

刘迎胜. 丝路文化(草原卷)[M]. 杭州:浙江人民出版社,1995.

刘迎胜.《回回馆杂字》与《回回馆译语》研究[M]. 北京:中国人民大学出版社,2008.

刘迎胜. 失必儿与亦必儿[M]//历史地理:第4辑. 上海:上海人民出版社,1986.

刘迎胜. 旭烈兀时代汉地与波斯使臣往来考略[M]//中国蒙古史学会. 蒙古史研究第2辑. 呼和浩特:内蒙古人民出版社,1986.

刘迎胜. 关于元代中国的犹太人[M]//中国元史研究会. 元史论丛第8辑. 北京:中国社会科学出版社,1996.

刘迎胜. 蒙哥即位风波中的察合台、窝阔台系诸王[M]//南京大学元史研究室. 内陆亚洲历史文化论集——韩儒林先生纪念文集. 南京:南京大学出版社,1996.

刘迎胜. 从阿合马的身份谈起[M]//中国元史研究会. 元史论丛第9辑. 北京:中国广播电视出版社,2004.

刘迎胜. 钦察亲军左右翼考[M]//中国元史研究会. 元史论丛第11辑. 天津:天津古籍出版社,2009.

刘致平. 中国伊斯兰建筑[M]. 乌鲁木齐:新疆人民山版社,1985.

罗鹭. 虞集年谱[M]. 南京:凤凰出版社,2010.

罗显明. 辽代徽州城址考[M]//阜新辽金史研究第5辑. 北京:中国社会出版社,2002.

马文宽,李兰琴. 马可波罗与宗教[M]//中国国际文化书院编. 中西文化交流先驱——马可波罗,北京:商务印书馆,1995.

那仁朝格图. 吉思汗《大札撒》研究中的几个问题[M]//蒙古史研究:第9辑. 呼和浩特:内蒙古大学出版社,2007.

〔英〕乔治·兰恩. 关于元代的杭州凤凰寺[M]//清华元史第1辑. 刘毓萱,刘迎胜,译. 北京:商务印书馆,2011.

邱树森. 邱树森七十自选集[M]. 香港:华夏文化艺术出版社,2007.

邱树森. 蒙古国时期的回回人[M]//邱树森. 邱树森七十自选集. 香港:华夏文化艺术出版社,2007.

石刻史料新编第3辑[M]. 影印本. 台北:新文丰出版公司,1986.

〔日〕松田孝一. 关于小薛大王分地的来源[M]//中国元史研究会. 元史论丛第8辑:"马可波罗与十三世纪中国"国际学术研讨会论文集. 南昌:江西教育出版社, 2001.

孙楷第. 元曲家考略[M]. 上海古籍出版社,1981.

谭其骧,主编.《中国历史地图集》资料汇编(东北卷)[M]. 北京:中央民族学院出版社,1988.

唐晓明. 古代东方社会的特点[M]//姜义华,主编. 社会科学争鸣大系:历史卷. 上海:上海人民出版社,1991.

屠寄. 蒙兀儿史记[M]. 民国23年(1934)毘陵屠氏结一官刻本. 影印本. 北京:中国书店,1984.

汪维辉,编. 朝鲜时代汉语教科书丛刊四册[M]. 北京:中华书局,2005.

王国维.《圣武亲征录》校注[M]//王国维遗书:第13册. 上海:上海古籍书店,1983.

王国维. 古史新证[M]. 北京:清华大学出版社,1994.

王国维. 鞑靼考[M]//王国维. 观堂集林:第14卷. 影印本. 北京:中华书局,1999.

王国维. 耶律文正公年谱[M]//王国维. 王国维遗书:第11册. 上海:上海古籍书店,1983.

王庆生. 金代文学家年谱[M]. 南京:凤凰出版社,2005.

王曾瑜. 金朝军制[M]. 保定:河北大学出版社,2004.

吴建伟. 回回旧事类记[M]. 银川:宁夏人民出版社,2002.

〔美〕谢弗:唐代的外来文明[M]. 吴玉贵,译. 北京:中国社会科学出版社,1995

徐屏,贾敬颜,编. 辽金时代蒙古考[M]. 呼和浩特:内蒙古自治区文史研究馆,1984.

〔英〕亚历山大·莫顿. 元代杭州凤凰寺回回墓碑考[M]//清华元史第1辑. 刘毓萱,刘迎胜,译. 北京:商务印书馆,2011.

杨志玖. 元史三论[M]. 北京:人民出版社,1985.

杨志玖. 元代回族史稿[M]. 天津:南开大学出版社,2004.

杨志玖. 关于元朝统治下"经济的破坏"问题[M]//杨志玖. 元史三论. 北京:人民出版社,1985.

姚从吾. 姚从吾先生全集[M]. 台北:正中书局,1982.

姚从吾. 元好问癸巳上耶律楚材书的历史意义与书中五十四人行事考[M]//姚从吾. 姚从吾先生全集. 台北:正中书局,1982.

姚奠中,主编. 元好问全集[M]. 山西:山西人民出版社,1990.

姚景安. 元史人名索引[M]. 北京:中华书局,1982.

亦邻真. 关于十——十二世纪的孛斡勒[M]//中国元史研究会编. 元史论丛第3辑. 北京:中华书局,1986.

札奇斯钦.《蒙古秘史》新译并注释[M]. 台湾:联经出版事业公司,1980.

张持平. 中国是否有过奴隶社会[M]//姜义华. 社会科学争鸣大系历史卷. 上海:上海人民出版社,1991.

张金铣.《元典章》校注[M]. 时代出版传媒股份有限公司,黄山书社,2011.

张文辉. 回回先贤卜哈提亚氏古墓园变迁始末[M]//政协杭州市委员会文史委. 杭州文史资料:23辑. 1999.

张锡彤,张广达. 试论俄国东方学家瓦.弗.巴托尔德对蒙古史的研究及其《突厥斯坦》一书[M]//元史研究会. 元史论丛第1辑. 北京:中华书局,1982.

张修桂等.《辽史》地理志汇释[M]//谭其骧,主编. 正史地理志丛刊. 合肥:安徽教育出版社,2001.

赵琦. 金元之际的儒士与汉文化[M]. 北京:人民出版社,2004.

纪念郑和下西洋580周年筹备委员会,中国航海史研究会,编. 郑和家世资料[M]. 北京:人民交通出版社,1985.

中国古代地图集(明代)[M]. 北京:文物出版社,1994.

中国史研究编辑部,编. 中国古代史研究概述[M]. 江苏:江苏古籍出版社,1987.

周良霄. 卢布卢乞东游记注[M]. 北京:中国社会科学出版社,1983.

周良霄.《元史》校点献疑[M]//南京大学元史研究室. 内陆亚洲历史文化研究——韩儒林先生纪念文集. 南京:南京大学出版社,1996.

周清澍. 元蒙史札[M]. 呼和浩特:内蒙古大学出版社,2001.

周清澍. 汪古部统治家族——汪古部事辑之一[M]. 文史第9辑,北京:中华书局,1980;收于周清澍. 元蒙史札,呼和浩特:内蒙古大学出版社,2001.

朱诚如,主编. 辽宁通史[M]. 沈阳:辽宁民族出版社,2009.

朱江. 从《马可波罗游记》联想到的几点[M]//中国国际文化书院.

中西文化交流先驱——马可波罗．北京：商务印书馆，1995.

Barthold W. 12 Vorlesungen ber die Geschichte der T rken Mittel-asiens (《中亚突厥史十二讲》)[M]. Berlin: Deutsche Gesellschaft f r Islamkunde, 1935.

Barthold W. Histoire des Turcs d'Asie Centrale (《中亚突厥史》)[M]. Paris:[s. n.], 1945.

Barthold V. Four Studies on the History of Central Asia(《中亚研究四种》)[M]. tr. by V. Minorsky. Leiden:[s. n.],1956.

〔俄〕B. B. Радлов. Опыть словаря Тюркскиф наречий(《突厥语方言词典》)[M]. Санктпетербург,1893—1911.

〔英〕Clauson S. An Etymological Dictionary of Pre-Thirteenth-Century Turkish (《十三世纪之前的突厥语辞源学辞典》)[M]. Oxford: [s. n.], 1976.

〔德〕Doerfer G. T rkische und Mongolische Elemente im Neupersichen (《新波斯语中的突厥语、蒙古语成份》)[M]. Wiesbaden: [s. n.], 1963—1968.

〔美〕Farquhar D. The Government of China under Mongolian Rule — a Reference Guide (《元史·百官志译注》)[M]. Stuttgart: Franz Steiner Verlag , 1990.

Howorth H. History of the Mongols (《蒙古史》)[M]. London: Longman, Green & Co. , 1876—1888.

〔日〕海野一隆．东洋地理学史研究·大陆篇[M]．大阪：[出版者不详]，2004.

〔日〕宫纪子．モンゴル帝国が生んだ世界图[M].[出版地不详]：日本经济新闻出版社，2007.

〔澳大利亚〕Igor de Rachewiltz. The Secret History of the Mongols, A Mongolian Epic Chronicle of the Thirteenth Century, Translated with a Historical and Philoligical Commentary (《元朝秘史》英文译注本)[M]. Leiden and Boston: Brill, 2006.

〔澳大利亚〕Igor de Rachewiltz. Yeh-lü Ch'u-ts'ai (1189—1243): Buddhist Idealist and Confucian Statesman, Confucian Personalities (《耶律楚材〔1189—1243〕——佛家理想主义者与儒学政治家》)[M]. Stanford:[s. n.], 1962.

〔日〕金田章裕,杉山正明,藤井让治,编. 大地の肖像——绘图、地图が语る世[M].[出版地不详]:京都大学学术出版会,2007.

Kamus Indonesia-Inggris(《印度尼西亚语-英语辞典》)[M]. Jakarta:[s. n.], 1990.

Laufer B. Sino-Iranica, Chinese Contributions to the History of Civilization in Ancient Iran, with Special Reference to the History of Cultivated Plants and Products(《中国对古代伊朗文明的贡献——聚焦于农作物及其产品史》)[M]. Chicago:[s. n.], 1919.

〔法〕Pelliot P , Hambis L. Histoire des Campagnes de Gengis khan, traduit et annoté (《圣武亲征录译注》)[M]. Leiden:[s. n.],1951.

〔法〕Pelliot P. Notes on Marco Polo(《马可波罗注》)[M]. Paris:[s. n.],1973.

〔日〕杉山正明,弓场纪知,宫纪子,等. 文明の道——5モンゴル帝国[M]. 日本放送协会(NHK). 2004.

〔英〕Strange G. The Lands of the Eastern Caliphate — Mesopotamia, Persia and Central Asia from the Moslem conquest to the time of Temur(《东大食国地志——伊斯兰征服至帖木儿时代的美索不达米亚、波斯与中亚》)[M]. Cambridge: [s. n.], 1930.

Б.Я.Владимирцов.Общественный строй Монголов- Монольский кочевой феодализм (《蒙古社会制度史》)[M]. Ленинград: Издательство Академии Наук СССР, 1934.

三、学术论文

白寿彝. 杭州出土伊斯兰教先贤墓碑拓片(一)(二)[J]. 禹贡半月刊,1936(5—11).

白音查干．九十九泉与匈奴文化[J]．内蒙古师范大学学报，2006(1).

蔡美彪．辽金石刻中的“韃靼”[J]．北京大学国学季刊，1952，7(3).

蔡美彪．拉施特《史集》所记阿合马案释疑[J]．历史研究，1999(3).

才盛．成吉思汗《大札撒》逻辑思维研究[D]．呼和浩特：内蒙古师范大学，2008.

常谦．北魏长川古城遗址考略[J]．内蒙古文物考古，1998(3).

陈得芝．元和林城及其周围[J]//南京大学历史系元史组．元史及北方民族史研究集刊第3集．南京大学学报专辑，1978.

陈得芝．元岭北行省建置考(上)[J]，南京大学历史系元史组编．元史及北方民族史研究集刊第9集．南京大学学报专辑，1985.

陈得芝．元岭北行省建置考(中)[J]，南京大学历史系元史组编．元史及北方民族史研究集刊第11集 南京大学学报专辑，1987.

陈得芝．元岭北行省建置考(下)[J]，南京大学学报：元史及北方民族史研究集刊，1989/1990(12/13).

陈得芝．成吉思汗墓葬所在与蒙古早期历史地理[J]，中华文史论丛．2010(01).

陈连庆.《大德南海志》所见西域南海诸国考实[J]．文史，1986(27).

程彤．杭州凤凰寺波斯文阿拉伯文碑铭——兼谈元代穆斯林在杭州的足迹[J]．上海文博论丛，2006(01).

岑仲勉．定宗征把秃[J]．国立中央研究院历史语言研究所集刊：蒙古史札记(5)．第5本第4分，1935.

党宝海．元朝延祐年间北方边将脱忽赤叛乱考——读《大元赠岭北行省右丞忠愍公庙碑》[J]．西域研究，2007(2).

丁国范.《静斋至正直记》三议[J]．元史及北方民族史研究集刊第11辑，1987.

冯家昇. 辽金史《地理志》互校[J]. 禹贡半月刊,1935—1936(1-4).

冯雪红,吴建伟. 元代回回高克恭存逸画目推索[J]. 回族研究,2001(3).

〔日〕高桥正. 东渐せる中世イスラーム世界図——主として混一疆理歴代国都之図について——. 龙谷大学论集,1963.

〔日〕高桥正.《混一疆理歴代国都之図》再考. 龙谷史坛,1966.

〔日〕高桥正.《混一疆理歴代国都之図》続考——中世イスラーム世界図との关系について——. 龙谷大学论集,1973.

郭成美. 杭州回回坟考[J]. 中国穆斯林,1986(4).

郭成美. 启蒙老师马寿千[J]. 中国穆斯林,2008(2).

郭成美,郭群美. 杭州伊斯兰教历707年碑、730年碑考[J]. 回族研究,1993(3).

顾寅森. 元代官寺大护国仁王寺研究[D]. 南京:南京大学,2010.

何兆吉. 元代回回乌马儿史事札记[J]. 西北第二民族学院学报,1998(4).

洪金富. 元《析津志·原庙·行香》篇疏证[J]. 中央研究院历史语言研究所集刊第79卷第1分,2008.

洪金富. 元代文献考释与历史研究——称谓篇[J]. 中央研究院历史语言研究所集刊第81卷第4分,2010.

赖秀兰. 成吉思汗《大札撒》中生态法探析[J]. 安徽农业科学,2008(28).

李刚. 修内司窑质疑[J]. 南方文物,1997(4).

李刚. 内窑、续窑和哥哥洞窑辨析[J]. 东方博物,2007(2).

李民举. 浮梁瓷局与御土窑器[J]. 南方文物,1994(3).

李玉年.《大札撒》对元朝立法的影响及其在中华法系中的地位[J]. 史林,2007(6).

李逸友. 北魏九十九泉御苑遗址[J]. 内蒙古文物考古,1998(1).

林松. 字斟句酌推敲细,典雅凝重功力深——读杨敬修(仲明)译本《〈古兰经〉大义》[J],阿拉伯世界研究,1991(3).

刘嘉伟. 乃贤文献情况辑考[J]. 图书馆工作与研究,2004(4).

刘嘉伟. 元代葛逻禄诗人乃贤生平考述[J]. 西北民族研究,2010(2).

刘晓.《全元文》整理质疑[J]. 文献,2002(1).

刘迎胜. 元代摄思廉、益绵、没塔完里及谟阿津等四回回教职考[J]. 西北民族文丛,1984(2).

刘迎胜. 读《定宗征拔都》[J]. 内蒙古社会科学,1982(4).

刘迎胜. 蒙元时代中亚的聂思脱里教分布[J]. 元史及北方民族史研究集刊第7辑, 1983.

刘迎胜. 9—12世纪民族迁移浪潮中的一些突厥、达旦部落[J]. 元史及北方民族史研究集刊第12—13辑,1989—1990.

刘迎胜. 脱火赤丞相与元金山戍军[J]. 南京大学学报,1992(4).

刘迎胜. 察合台汗国疆域与历史沿革研究[J]. 中国边疆史地研究, 1993(3).

刘迎胜.《元史·百官志》武官正三品资阶订误[J]. 历史研究,2009(6).

刘永海. 论《甘水仙源录》的史料价值[J]. 中国道教,2008(1).

马明达. 元代回回画家高克恭丛考[J]. 回族研究,2005(2).

毛海明. 张易史事新证[Z],提交2012年在天津南开大学举行的"元代国家与社会"国际研讨会论文.

孟克巴雅尔. 九十九泉[D]. 呼和浩特:内蒙古大学,2006(6).

孟克巴雅尔. 历史上的九十九泉[J]. 蒙古史研究,2010(10).

默书民. 大蒙古国驿传探源[J]. 内蒙古社会科学,2003(1).

奇格. 再论成吉思汗《大札撒》[J]. 内蒙古社会科学,1996(6).

瞿大凤. 有元一代山西地区的蒙古诸王[J]. 蒙古学集刊,2008(3).

〔日〕杉山正明. 豳王チュベィとその系谱——元明史料と"ムイッズ—アンセブ"の比较通じて(《豳王出伯及其世系——元明史料与〈贵显〉世系之比较》).〔日〕史林,1982(01).

王静如．论阻卜与鞑靼[J]．中国研究院历史语言研究所集刊，第2本第3分，1931.

王磊．《大札撒》中宗教问题探析[J]．政法论丛，2010(3).

吴海航．成吉思汗《大札撒》探析[J]．法学研究，1999(5).

熊寥．元代官窑艺术[J]．河北陶瓷，1993(4).

徐炳昶．阻卜非鞑靼辨[J]．女师大学术季刊，1931(1).

杨洁．论《大札撒》中的野生动物保护法律观[J]．内蒙古财经学院学报(综合版)，2011(3).

杨杰，卫欣．元代画家高克恭“字号”考[J]．新西部，2007(12).

杨志玖．定宗征拔都[J]．中华文史论丛，1979(2).

杨志玖．关于乌马儿任江浙平章的年代问题[J]．中国历史大辞典通讯，1983(1).

杨志玖．回回人与元代政治(五下)[J]．回族研究，1995(2).

亦邻真．起辇谷和古连勒古[J]．内蒙古社会科学，1989(3).

余大均．关于“阻卜”的语源、对音及语义[J]．内蒙古大学学报，1982(1).

张长利．关于成吉思汗大札撒的若干问题[J]．民族研究，1998(6).

张文生，曹永年．隋炀帝所幸启民可汗牙帐今地考[J]．中国边疆史地研究，1998(3).

赵琦，周清澍．蒙元时期的粘合家族与开府彰德[J]．中华文史论丛，2001(2).

周良霄．关于西辽史的几个问题[J]．中华文史论丛，1981(3).

索引[1]

[1]日本与朝/韩文献中的术语按汉语读音混排列。

B

C

D

E

F

G

H

J

K

M

N

O

P

Q

R

S

W

欧亚历史文化文库

X

Y

Z

欧亚历史文化文库

已经出版

林悟殊著:《中古夷教华化丛考》 定价:66.00元

赵俪生著:《弇兹集》 定价:69.00元

华喆著:《阴山鸣镝——匈奴在北方草原上的兴衰》 定价:48.00元

杨军编著:《走向陌生的地方——内陆欧亚移民史话》 定价:38.00元

贺菊莲著:《天山家宴——西域饮食文化纵横谈》 定价:64.00元

陈鹏著:《路途漫漫丝貂情——明清东北亚丝绸之路研究》
定价:62.00元

王颋著:《内陆亚洲史地求索》 定价:83.00元

〔日〕堀敏一著,韩昇、刘建英编译:《隋唐帝国与东亚》 定价:38.00元

〔印度〕艾哈默得·辛哈著,周翔翼译,徐百永校:《入藏四年》
定价:35.00元

〔意〕伯戴克著,张云译:《中部西藏与蒙古人
——元代西藏历史》(增订本) 定价:38.00元

陈高华著:《元朝史事新证》 定价:74.00元

王永兴著:《唐代经营西北研究》 定价:94.00元

王炳华著:《西域考古文存》 定价:108.00元

李健才著:《东北亚史地论集》 定价:73.00元

孟凡人著:《新疆考古论集》 定价:98.00元

周伟洲著:《藏史论考》 定价:55.00元

刘文锁著:《丝绸之路——内陆欧亚考古与历史》 定价:88.00元

张博泉著:《甫白文存》 定价:62.00元

孙玉良著:《史林遗痕》 定价:85.00元

马健著:《匈奴葬仪的考古学探索》 定价:76.00元

〔俄〕柯兹洛夫著,王希隆、丁淑琴译:
《蒙古、安多和死城哈喇浩特》(完整版) 定价:82.00元

乌云高娃著:《元朝与高丽关系研究》 定价:67.00元

杨军著:《夫余史研究》 定价:40.00元

梁俊艳著:《英国与中国西藏(1774—1904)》 定价:88.00元

〔乌兹别克斯坦〕艾哈迈多夫著，陈远光译：
《16—18世纪中亚历史地理文献》(修订版)　定价：85.00元
成一农著：《空间与形态——三至七世纪中国历史城市地理研究》
定价：76.00元
杨铭著：《唐代吐蕃与西北民族关系史研究》　定价：86.00元
殷小平著：《元代也里可温考述》　定价：50.00元
耿世民著：《西域文史论稿》　定价：100.00元
殷晴著：《丝绸之路经济史研究》　定价：135.00元(上、下册)
余大钧译：《北方民族史与蒙古史译文集》　定价：160.00元(上、下册)
韩儒林著：《蒙元史与内陆亚洲史研究》　定价：58.00元
〔美〕查尔斯·林霍尔姆著，张士东、杨军译：
《伊斯兰中东——传统与变迁》　定价：88.00元
〔美〕J. G. 马勒著，王欣译：《唐代塑像中的西域人》　定价：58.00元
顾世宝著：《蒙元时代的蒙古族文学家》　定价：42.00元
杨铭编：《国外敦煌学、藏学研究——翻译与评述》　定价：78.00元
牛汝极等著：《新疆文化的现代化转向》　定价：76.00元
周伟洲著：《西域史地论集》　定价：82.00元
周晶著：《纷扰的雪山——20世纪前半叶西藏社会生活研究》
定价：75.00元
蓝琪著：《16—19世纪中亚各国与俄国关系论述》　定价：58.00元
许序雅著：《唐朝与中亚九姓胡关系史研究》　定价：65.00元
汪受宽著：《骊靬梦断——古罗马军团东归伪史辨识》　定价：96.00元
刘雪飞著：《上古欧洲斯基泰文化巡礼》　定价：32.00元
〔俄〕T.Б.巴尔采娃著，张良仁、李明华译：
《斯基泰时期的有色金属加工业——第聂伯河左岸森林草原带》
定价：44.00元
叶德荣著：《汉晋胡汉佛教论稿》　定价：60.00元
王颋著：《内陆亚洲史地求索(续)》　定价：86.00元
尚永琪著：
《胡僧东来——汉唐时期的佛经翻译家和传播人》　定价：52.00元
桂宝丽著：《可萨突厥》　定价：30.00元
篠原典生著：《西天伽蓝记》　定价：48.00元

〔德〕施林洛甫著，刘震、孟瑜译：

《叙事和图画——欧洲和印度艺术中的情节展现》 定价：35.00元

马小鹤著：《光明的使者——摩尼和摩尼教》 定价：120.00元

李鸣飞著：《蒙元时期的宗教变迁》 定价：54.00元

〔苏联〕伊·亚·兹拉特金著，马曼丽译：

《准噶尔汗国史》（修订版） 定价：86.00元

〔苏联〕巴托尔德著，张丽译：《中亚历史——巴托尔德文集第2卷第1册第1部分》 定价：200.00元（上、下册）

〔俄〕格·尼·波塔宁著，〔苏联〕B.B.奥布鲁切夫编，吴吉康、吴立珺译：

《蒙古纪行》 定价：96.00元

张文德著：《朝贡与入附——明代西域人来华研究》 定价：52.00元

张小贵著：《祆教史考论与述评》 定价：55.00元

〔苏联〕K. A. 阿奇舍夫、Γ. A. 库沙耶夫著，孙危译：

《伊犁河流域塞人和乌孙的古代文明》 定价：60.00元

陈明著：《文本与语言——出土文献与早期佛经词汇研究》

定价：78.00元

李映洲著：《敦煌壁画艺术论》 定价：148.00元（上、下册）

杜斗城著：《杜撰集》 定价：108.00元

芮传明著：《内陆欧亚风云录》 定价：48.00元

徐文堪著：《欧亚大陆语言及其研究说略》 定价：54.00元

刘迎胜著：《小儿锦研究》（一、二、三） 定价：300.00元

郑炳林著：《敦煌占卜文献叙录》 定价：60.00元

许全胜著：《黑鞑事略校注》 定价：66.00元

段海蓉著：《萨都剌传》 定价：35.00元

马曼丽著：《塞外文论——马曼丽内陆欧亚研究自选集》 定价：98.00元

〔苏联〕И. Я.兹拉特金主编，M.И.戈利曼、Γ.И.斯列萨尔丘克著，

马曼丽、胡尚哲译：《俄蒙关系历史档案文献集》（1607—1654）

定价：180.00元(上、下册)

华喆著：《帝国的背影——公元14世纪以后的蒙古》 定价：55.00元

Π. K.柯兹洛夫著，丁淑琴、韩莉、齐哲译：《蒙古和喀木》 定价：75.00元

杨建新著：《边疆民族论集》 定价：98.00元

赵现海著：《明长城时代的开启

——长城社会史视野下榆林长城修筑研究》（上、下册） 定价：122.00元

李鸣飞著:《横跨欧亚——中世纪旅行者眼中的世界》　定价:53.00元
李鸣飞著:《金元散官制度研究》　定价:70.00元
刘迎胜著:《蒙元史考论》　定价:150.00元

敬请期待

贾丛江著:《汉代西域汉人和汉文化》
王永兴著:《敦煌吐鲁番出土唐代军事文书考释》
薛宗正著:《西域史地汇考》
徐文堪编:《梅维恒内陆欧亚研究文选》
李锦绣编:《20世纪内陆欧亚历史文化研究论文选粹》
李锦绣、余太山编:《古代内陆欧亚史纲》
李锦绣著:《裴矩〈西域图记〉辑考》
李艳玲著:《田作畜牧
——公元前2世纪至公元7世纪前期西域绿洲农业研究》
许全胜、刘震编:《内陆欧亚历史语言论集——徐文堪先生古稀纪念》
张小贵编:《三夷教论集——林悟殊先生古稀纪念》
杨林坤著:《西风万里交河道——明代西域丝路上的使者与商旅》
林悟殊著:《摩尼教华化补说》
王媛媛著:《摩尼教艺术及其华化考述》
李花子著:《长白山踏查记》
芮传明著:《摩尼教敦煌吐鲁番文书校注与译释研究》
马小鹤著:《霞浦文书研究》
〔德〕梅塔著,刘震译:《从弃绝到解脱》
郭物著:《欧亚游牧社会的重器——鍑》
王邦维著:《华梵问学集》
李锦绣著:《北阿富汗的巴克特里亚文献》
孙昊著:《辽代女真社会研究》
王永兴著:《唐代土地制度研究——以敦煌吐鲁番田制文书为中心》
韩中义著:《欧亚与西北研究辑》
尚永琪著:《古代欧亚草原上的马——在汉唐帝国视域内的考察》
石云涛著:《丝绸之路的起源》
青格力等著:《内蒙古土默特金氏蒙古家族契约文书整理研究》
尚永琪著:《鸠摩罗什及其时代》
石云涛著:《魏晋南北朝时期的外来文明》
